指导单位　中国社会保障学会

主办单位　华中科技大学社会学院　华中科技大学养老服务研究中心

主　编◎丁建定

副主编◎郭　林　　编辑部主任◎陈　斌　　编辑◎苗菲凡　段雅琳

**编辑委员会**（按姓氏笔画为序）

| | | | |
|---|---|---|---|
| 丁元竹 | 中共中央党校（国家行政学院）教授 | 吴玉韶 | 复旦大学教授 |
| 丁　纯 | 复旦大学教授 | 何文炯 | 浙江大学教授 |
| 丁建定 | 华中科技大学教授 | 张奇林 | 武汉大学教授 |
| 王延中 | 中国社会科学院研究员 | 张思锋 | 西安交通大学教授 |
| 王杰秀 | 浙江工商大学教授 | 青连斌 | 中共中央党校（国家行政学院）教授 |
| 邓　微 | 中共湖南省委党校（湖南行政学院）教授 | 林　义 | 西南财经大学教授 |
| 左　停 | 中国农业大学教授 | 林闽钢 | 南京大学教授 |
| 石人炳 | 华中科技大学教授 | 岳经纶 | 中山大学教授 |
| 申曙光 | 中山大学教授 | 金维刚 | 浙江大学教授 |
| 丛树海 | 上海财经大学教授 | 周　弘 | 中国社会科学院研究员 |
| 吕学静 | 首都经贸大学教授 | 郑功成 | 中国人民大学教授 |
| 朱耀垠 | 北京师范大学教授 | 封　进 | 复旦大学教授 |
| 向运华 | 武汉大学教授 | 钟仁耀 | 华东师范大学教授 |
| 关信平 | 南开大学教授 | 高和荣 | 厦门大学教授 |
| 李连友 | 湖南大学教授 | 席　恒 | 西北大学教授 |
| 李春根 | 江西财经大学教授 | 曹信邦 | 南京信息工程大学教授 |
| 李　玲 | 北京大学教授 | 蒲晓红 | 四川大学教授 |
| 杨立雄 | 中国人民大学教授 | 褚福灵 | 中央财经大学教授 |

# 养老研究
## ELDERLY WELFARE STUDIES

2024年第1卷第1期　总第1期

丁建定 ◎ 主编

中国·武汉

## 内 容 提 要

本书关注中国养老问题，探究中国特色养老发展之路，努力建设中国养老理论体系，为解决世界性养老难题提出中国式方案，尝试为全球养老发展做出独特理论贡献。本书基于社会保障学、公共管理学、公共经济学、政治学等方面的理论，对中国家庭养老、社区居家养老、机构养老、老年精神保障、人口老龄化的影响、养老保障的国际借鉴等进行研究，分析我国养老制度的现存问题，并在借鉴国际经验的基础上提出增强我国养老服务和保障可及性的政策建议，同时总结我国养老机制的历史经验，讲好中国养老保障发展的故事。

**图书在版编目（CIP）数据**

养老研究. 2024年. 第1卷. 第1期：总第1期 / 丁建定主编. -- 武汉：华中科技大学出版社，2024.6. -- ISBN 978-7-5772-0938-8

Ⅰ. D669.6

中国国家版本馆 CIP 数据核字第 2024KG5545 号

### 养老研究（2024年第1卷第1期 总第1期）　　　　　　　　丁建定　主编

Yanglao Yanjiu (2024 Nian Di 1 Juan Di 1 Qi Zong Di 1 Qi)

| | |
|---|---|
| 策划编辑： | 钱　坤　张馨芳 |
| 责任编辑： | 苏克超 |
| 封面设计： | 廖亚萍 |
| 版式设计： | 赵慧萍 |
| 责任监印： | 周治超 |

出版发行：华中科技大学出版社（中国·武汉）　　电话：(027) 81321913
　　　　　武汉市东湖新技术开发区华工科技园　　　邮编：430223

录　　排：华中科技大学出版社美编室
印　　刷：湖北金港彩印有限公司
开　　本：787mm×1092mm　1/16
印　　张：11.25　插页：2
字　　数：227千字
版　　次：2024年6月第1版第1次印刷
定　　价：68.00元

本书若有印装质量问题，请向出版社营销中心调换
全国免费服务热线：400-6679-118　竭诚为您服务
版权所有　侵权必究

# 前 言

PREFACE

人口老龄化是现代社会的一种普遍趋势,养老也就成为现代社会无法绕过的基本问题。关注养老,从一定意义上来说,就是关注民生诉求,关注社会关切,甚至关注人类发展。

关注问题是基础,研究问题是手段,解决问题是目标。反过来说,要更好地解决问题,仅仅关注问题还不够,首先必须要很好地研究问题。这就是我们创办《养老研究》这份学术刊物的基本初衷。

养老研究的起点很重要。弄清楚基本学理问题无疑是最基础和最必要的起点。养老的学理研究既包括如何科学看待人口老龄化的发生,更涉及如何合理判断人口老龄化的经济、政治、社会、文化、道德影响,如何正确理解养老保障制度与养老服务体系的关系,如何揭示人的社会关系属性所决定的养老政策与其他社会政策的关联性,等等。关注学理研究是《养老研究》试图奉献的一份力量。

养老研究的视角很重要。养老具有社会性、普遍性,养老研究就必然具有系统性和体系性。除了人口老龄化研究,还包括养老保障制度研究、养老服务体系研究、健康养老研究、养老产业研究、养老文化研究,以及不同国家、民族在养老方面的各自特色及共同规律。关注系统性研究是《养老研究》试图奉献的另一份力量。

养老研究的方法很重要。研究方法多种多样,各具优势和特色,方法之间不存在优劣之分,只有是否得当之别。方法毕竟不是目的，只是手段，揭示和解决问题才是目的。但是，方法应该服务于目的，也会影响目的的达成。因此，应该关注目的的根本性与方法的适用性，达到方法与目的的有机统一。理论紧密联系实际、实际不断完善理论是基本的方法论。关注理论与实际相结合的研究是《养老研究》试图提倡的研究路径。

养老研究的支撑很重要。经过几十年的发展，中国的社会保障学科及相关学科已经成为具有重要学术和现实影响的学科，发展起一支学术水平高、社会责任感强的研究队伍，取得了一批学术影响大、政策意义好的成果。尤其是近几年，养老研究成为学术界研究所关注的重要问题之一。为研究成果提供一个发表平台是《养老研究》的基本愿望，期待各位专家学者的支持和帮助，这是《养老研究》萌芽和发展的重要依靠。

《养老研究》还是一株幼芽，它能破土而出，就意味着它具有生命力！只要我们培育它、呵护它，它就一定能够茁壮成长！

编 者

**2024 年 4 月 10 日**

# 目录

**001** 中国人口老龄化的决定因素和后果
（乔晓春）

**032** 老年照护体系整体效应
——一个基于北仑经验的政策框架
（唐钧　苏忠鑫　艾静怡　王倩　朱五四）

**053** 长寿时代的人生设计与政策干预
（沈洁）

**072** 基于社区网络和信息技术的养老服务体系现代化
（童星）

**083** 新时代中国养老服务政策、制度和实践的重大创新
（朱耀垠）

**108** 养老服务的三个基本问题
（青连斌）

**124** 未满足的社区养老服务需求与老年人心理健康
——基于 CLHLS 2005—2018 年的追踪研究
（周帅　白雪）

**144** 共享发展理念下普惠性养老服务发展路径
————基于西安市调查数据
（温海红　翟育巍）

**161** 职业养老金的发展及其对英国养老金制度的影响
（丁建定）

# 中国人口老龄化的决定因素和后果

乔晓春

[摘　要]　人口转变理论描述了出生率和死亡率变化带来人口结构变化和人口老龄化。本文对中华人民共和国成立以来中国历年出生率和死亡率变化进行分析，揭示中国人口年龄结构老化的原因，并利用第七次全国人口普查数据展示中国人口年龄结构、老年人口现状和特点，并在此基础上对中国未来50年人口发展进行预测，进一步揭示了中国人口规模和人口年龄结构的长期变动趋势。通过分析人口老龄化过程，本文发现中国人口老龄化的潜在后果主要包括：老年人口特别是高龄老人数量增加和子女数量减少导致家庭养老资源不足，人口老龄化导致不健康和生活不能自理人口激增，以及照护需求快速增加。

[关键词]　人口转变；人口老龄化；出生率；死亡率；总和生育率；人均预期寿命

20世纪中叶，全世界普遍担心的是发展中国家的"人口爆炸"，一些发达国家甚至斥巨资支持发展中国家控制人口增长。1966年，第21届联合国大会通过第2211号决议，要求联合国系统的组织在人口方面向各国提供技术援助。1969年"联合国人口活动基金"成立，其目的是支持和推动发展中国家推行计划生育，控制人口过快增长。受到国际大环境的影响和迫于国内人口快速增长的压力，我国从20世纪70年代初期开始全面推行计划生育政策，严格控制人口快速增长，20世纪90年代，我国妇女生育水平已经大幅度降低。与此同时，改革开放导致经济快速增长，人民生活水平得到极大的改善，人口数量与社会经济、环境资源的矛盾得到明显缓解，人们期望国家能够尽早放开生育政策，让老百姓能够自主地选择生育孩子的数量。2013年，我国出台"单独二孩"政策。2015年底，我国出台"全面二孩"政策。①正当

---

基金项目：国家社科基金重大项目"健康预期寿命与人口群体健康水平测量"（项目编号：17ZDA124）。
作者简介：乔晓春，北京大学人口研究所教授。
① "单独二孩"政策指的是夫妇一方为独生子女的允许生育两个孩子。2015年底，将这一政策扩大到所有夫妇都可以生育两个孩子，这被称为"全面二孩"政策。

大家准备迎接人口"春天"到来的时候,却意外地发现人们渴望的"春天"并没有出现,随之而来的是一个新的人口"冬天":生育率出乎意料地大幅度下降,人口出现负增长,人口年龄结构快速老化。困扰中国数百年的人口数量压力似乎一夜之间转变为人口结构性压力。人口老龄化是中国历史上从未出现过的事件,它所带来的一系列新问题,将是中国政府和人民未来面临的新挑战。

本文将从人口老龄化的原因和后果视角来描述和分析中国人口老龄化的过去、现在和未来,具体分为五部分内容。第一部分介绍人口老龄化产生的一般原因,主要介绍人口转变理论,以及由人口转变带来的人口结构变化和人口老龄化;第二部分介绍中华人民共和国成立以来出生率和死亡率变化,以及由此带来的中国人口年龄结构变化;第三部分利用第七次全国人口普查数据展示中国人口结构和老年人口现状和特点;第四部分将通过人口预测来描述中国未来50年人口规模和人口年龄结构变化,分析人口老龄化发展趋势;第五部分介绍中国人口老龄化的潜在后果,主要包括老年人口特别是高龄老人数量增加,家庭养老资源不足,以及不健康、生活不能自理老人数量和照护需求的增加。

# 一、人口老龄化的决定因素

早在约100年前,就有学者发现出生和死亡的变动存在特定规律,Notestein F. W. 将这一规律表述为"人口转变理论"。① 在人类早期历史上,由于断断续续的瘟疫、战争和饥荒,人类的死亡率②很高,与之相适应的是高出生率③,尽管二者的差异并不稳定,但从长期趋势上看仍然可以维持人类社会的持续存在。当时人口自然增长率非常低,这被称为人口转变的第一个阶段(见图1)。在这一阶段,妇女生育很多孩子,所以一生中的绝大多数时间都是在生育和养育子女中度过的,这成为妇女最重要的角色。人类为了维持生存,将降低死亡率看成最重要的任务,并为此付出了巨大的努力。由于抗生素的出现和卫生条件的改善,很多欧洲和与欧洲血缘关系密切的一些国家(如阿根廷、乌拉圭、美国、加拿大和新西兰)于19世纪中叶和下半叶开始出现死亡率的率先下降,④ 也有一些国家(如法国和德国)死亡率和出生率几乎同时开始下降。⑤ 然而,在这一阶段,由于生育率仍然维持在较高水平,人口增长速度开始加速,人口进入了转变的第二个阶段。由于欧洲的城市化、工业化、生

---

① Notestein F. W., "Population—the long view", *Food for the World*, 1945.
② 死亡率等于年死亡人口除以年平均人口,通常用千分比来表示。
③ 出生率等于年出生人口除以年平均人口,通常用千分比来表示。
④ Reher D. S., "Economic and social implications of the demographic transition", *Population and Development Review*, 2011, 37.
⑤ 顾宝昌:《社会人口学视野:西方社会人口学要论选译》,商务印书馆1992年版。

产方式的转变,以及人们受教育水平的提高和生活条件的改善,在死亡率下降到一个相对低的水平后,保持高生育率的意义已经不大了,人们开始限制生育数量,导致出生率开始下降,此时人口增长率也会随之开始下降,人口转变进入第三个阶段。无论是人口转变的第二个阶段还是第三个阶段,均会导致出生率与死亡率的差距加大,人口自然增长率迅速提升,人口增长加速。因为世界各国死亡率和出生率开始下降的时间差不同、下降速度不同,会导致各国人口增长速度也不同。死亡率下降最早的部分欧洲国家往往出生率下降也很早,二者的差异不是特别大。死亡率和出生率下降比较晚的国家,特别是绝大多数发展中国家,死亡率下降速度要比发达国家快得多,而出生率下降速度会更慢,从而导致人口增长速度更快、人口高增长维持的时间也更长。当出生率和死亡率均下降到较低水平以后,人口增长率会非常低,此时人口转变进入第四个阶段。由于全世界各国人口运动普遍存在这样一个规律,因此西方学者将其称为人口转变"四个阶段"理论。

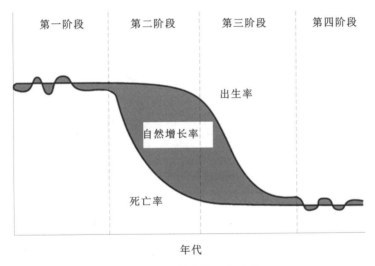

**图 1　人口转变的四个阶段**

实际上,西方学者提出的人口转变"四个阶段"理论是在总结以往人口运动规律后形成的理论。然而,人们发现几乎所有进入人口低出生率、低死亡率和低增长率阶段的国家,并未能将出生率和死亡率相对平衡态势①长期保持下去,而是进入超低生育水平(1.5),欧洲甚至进入"低生育率陷阱"②,很快步入出生率低于死亡率的人口负增长或人口数量绝对减少的阶段。这一阶段的负增长程度和持续时间将取决于第二阶段和第三阶段出生率下降的速度,以及死亡率进一步下降的程度。然而,人口转变理论对这样一种人口态势并未给出估计也未给出解释,Lesthaeghe R. 将其

---

① 相对平衡态势主要是指,总和生育率稳定在更替水平左右,从而使两代人的数量长期保持平衡,人口规模保持稳定。
② 总和生育率一旦降到 1.5 水平以下,就很难或不太可能出现逆转,这被称为"低生育率陷阱"。

称为"第二次人口转变"。① 这一转变持续的时间很有可能比第二阶段和第三阶段持续的时间更长,甚至会像人口转变第一阶段那样处于一个漫长过程。与第二次人口转变相伴随的则是人口年龄结构的快速老化,简称人口老龄化。

人口老龄化指的是老年人口占总人口比例不断上升的过程。人口从高出生率、高死亡率向低出生率、低死亡率的转变必然带来人口老龄化。人口年龄结构的老化过程可以用人口性别年龄金字塔(以下简称"金字塔")的变化形象地表现出来。金字塔纵轴反映的是年龄(或年龄组),最底部为0(或0~4)岁人口,年龄按从小到大依次向上方排序;横轴的中心点为0,左侧为男性,右侧为女性,横向长度反映的是各年龄人口比重或绝对数。图2给出的是泰国1970年和2010年两个人口性别年龄金字塔。当人口处于高出生率和高死亡率,即人口转变的第一个阶段时,金字塔相当于泰国1970年时的人口年龄结构,此时出生人口非常多,各年龄死亡人口也非常多,前者表现为金字塔的底座比较宽,后者表现为各年龄人口从低向高的收缩速度较快。进入人口转变的第二个阶段时,人口仍然处于高出生率阶段,此时金字塔底部基本保持不变,但死亡率出现明显下降,表现为金字塔各年龄人口的收缩速度下降。进入第三个阶段时,出生率开始明显下降,金字塔底部开始出现收缩。由于死亡率基本处于稳定,此时各年龄人口收缩速度仍然较慢,这一结果可以从泰国2010年的金字塔中体现出来。当人口转变进入第四个阶段时,由于出生率进一步下降,出生率和死亡率均处于比较低的水平,会导致金字塔底部进一步收缩,人口年龄重心向上提升,老年人口和高龄人口比例迅速增加,人口进入快速老龄化阶段。

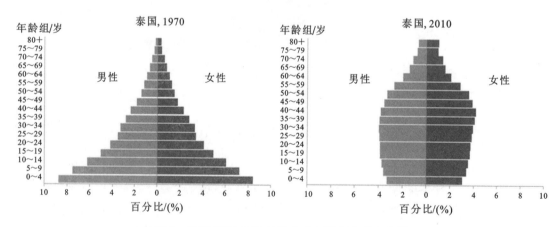

**图2 泰国1970年和2020年人口性别年龄金字塔**

资料来源:Gribble J. N., Bremner J.,"Achieving a demographic dividend", *Population Bulletin*, 2012, 67 (2).

---

① Lesthaeghe R.,"The second demographic transition in western countries: an interpretation", in Karen O. Mason, A. M. Jensen (eds.), *Gender and Family Change in Industrial Countries*, Clarendon Press, 1995.

人口老龄化实际上是出生率下降和死亡率下降共同作用的结果。如果人口老龄化主要是由出生率下降或由金字塔底部收缩带来的，则被称为底部老化，也叫少子老龄化；如果主要是由人口预期寿命提高或由金字塔顶部扩大带来的，则被称为顶部老化，也叫长寿老龄化。

欧洲国家人口转变开始最早、持续时间最长，转变过程和老龄化进程相对缓慢，到目前为止，绝大多数欧洲国家的老龄化水平已经比较高。近年来，尽管东亚和东南亚一些国家人口转变开始时间较晚，但转变过程和人口老龄化进程非常迅速，比如日本、韩国、新加坡、泰国等。老龄化水平高和老龄化速度快的国家都出现过或正在经历超低生育率和预期寿命快速增长的过程。一些国家的总和生育率甚至大大低于超低生育水平（总和生育率等于1.5）的临界值，比如，2020年全球总和生育率最低的国家是韩国，总和生育率只有0.9；其次是新加坡和马耳他，总和生育率分别为1.1和1.2；日本、中国、意大利、西班牙和卢森堡的总和生育率都为1.3。[①] 在预期寿命方面，学者在20世纪80年代普遍认为，在没有外在风险因素作用下，人类个体存在一个自然的生理极限，即人的寿命存在极限，并认为这个极限值在85岁左右。[②] 当时人们认为预期寿命的提高满足logistic增长，即在给定增长极限值后预期寿命与其增长速度成反比。进入20世纪后，有学者研究发现人类寿命的增长并不满足logistic增长，而是服从线性增长。学者Oeppen J. 和 Vaupel J. W. 于2002年5月10日在 Science 上曾发表了一篇题为《打破预期寿命极限》的文章，文中分别拟合了从1840年到2000年这160年内世界有关国家男性和女性的平均预期寿命（见图3），线性拟合结果是，男性线性函数的$R^2=0.980$，斜率$=0.222$；女性线性函数的$R^2=0.992$，斜率$=0.243$。这意味着生育水平和死亡水平在进一步下降，人口结构老龄化仍然在向纵深发展。

## 二、中国人口转变过程和人口老龄化

中国的人口发展也符合前面提到的人口转变理论，但有很多自己的特点，其中最重要的特点是中国的人口出生率下降不是"自发"的，而是计划生育强势推动的结果。1949年，中国已经进入了人口转变的第二个阶段，当时的总人口为5.42亿。从1949年至1958年出生率平均达到35.1‰，几乎没有出现下降趋势，死亡率从1949年的20‰下降到1957年的10.8‰（见图4），人口增长率（图4中两条线之间的距离）从1949年的16.0‰迅速提升到1954年的24.8‰和1957年的23.23‰。1949年至1958年平均总和生育率高达6.1，导致1949年至1958年出生了2亿人，

---

[①] Population Reference Bureau, "World population data sheet", *Population Reference*, 2020.
[②] Fries J. F., "Aging, natural death, and the compression of morbidity", *Gerontological Perspecta*, 1980, 1.

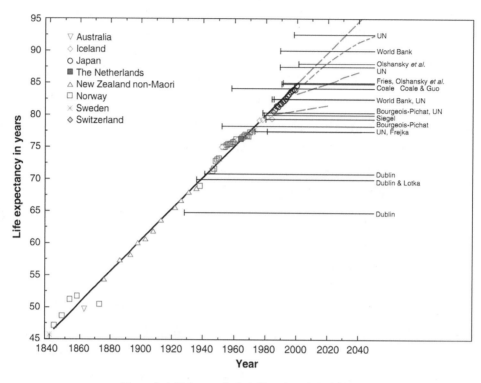

**图3 多个国家160年来女性平均预期寿命变化**

资料来源：Oeppen J., Vaupel J. W., "Broken limit to life expectancy", *Science*, 2002, 296 (5570).

减去这期间的死亡人口，共增加了1.2亿人，这是中国的第一次人口出生高峰。1959年开始三年困难时期，人口剧烈波动，1960年甚至出现了人口负增长，1961年是出生人口数最少的一年，当年出生949万人，出生率为18.0‰，死亡1696万人，死亡率为14.2‰，自然增长率只有3.8‰。1962年，经济开始恢复，迎来了人口第二波高速增长。1962年出生2451万人，出生率为37.0‰，死亡率为10.0‰，自然增长率高达27.0‰，总和生育率为6.0。1963年出生2959万人，出生率高达43.37‰，总和生育率高达7.5，这是有数据记载以来中国历史上人口出生人数最多、出生率和总和生育率最高的一年。1963年至1972年，每年出生人口均超过2500万，合计出生了2.7亿人，刨除这期间的死亡人口，共计新增2亿人，这是中国第二次人口出生高峰[1]。从1962年开始出现的高生育率实际上是对三年困难时期低生育率和高死亡率的一种补偿，这种补偿性的高增长到1970年左右就应该结束了。由于此时死亡率已经下降到非常低的水平，且已经基本稳定，因此可以把1970年看成中国人口转变第三个阶段的开始。

---

① 第二次人口出生高峰也可以看成是1962年至1975年，在这期间每年的出生人口超过2100万，合计出生了3.6亿人，增加了2.7亿人。

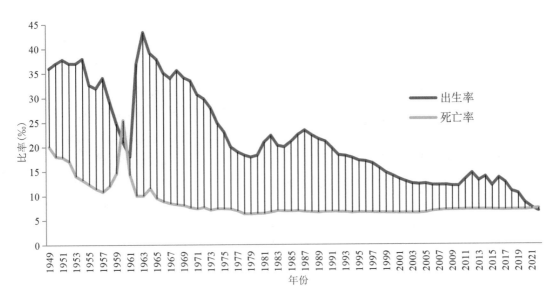

**图 4　中国人口出生率和死亡率（1949—2022 年）**

资料来源：① 国家统计局：《中国统计年鉴2017》，中国统计出版社2017年版。② 国家统计局人口和就业统计司：《中国人口和就业统计年鉴2021》，中国统计出版社2021年版。③ 国家统计局：《中华人民共和国2021年国民经济和社会发展统计公报》，http：//www.stats.gov.cn/tjsj/zxfb/202202/t20220227_1827960.html。④ 国家统计局：《中华人民共和国2022年国民经济和社会发展统计公报》，http：//www.stats.gov.cn/tjsj/zxfb/202302/t20230227_1918980.html。

尽管人口转变第三阶段开始时出生率还在持续下降，但有关部门还是觉得当时的出生人口太多（年出生人口超过2500万），出生率和总和生育率下降的速度不够快，并认为如此巨大的出生人口规模压迫了生产力，影响了人民生活水平的提高，并从1973年开始全面推行计划生育。计划生育初期允许一对夫妇生育两个孩子，虽然工作上强调以宣传教育为主，而不是靠"强迫命令"，出生率和总和生育率继续保持大幅下降趋势。出生率从1972年的29.77‰下降到1980年的18.2‰，总和生育率从1970年的4.98下降到1980年的2.24，这样的下降速度在世界上前所未有。尽管1980年正式提出"一对夫妇生育一个孩子"政策，但是由于这一政策与农村实行联产承包责任制"撞车"，导致20世纪80年代生育率出现了小幅反弹。1984年提出的"开口子"政策①，导致生育率出现了更大的反弹，出生率最高点出现在1987年，当时的出生率为23.33‰，总和生育率为2.55。1982—1991年共计出生了约2.3亿人口，出生率平均值达到21.4‰，人口增长了1.6亿，这可以被看成是中国第三次人

---

① 这一政策主要是指绝大多数省（区、市）农村地区第一孩生育女孩的夫妇允许再生一个孩子，俗称"一孩半"政策；而当时城市仍然坚持"一孩政策"不变。然而，这一政策并不是"一刀切"的，不同省（区、市）存在比较大的差异，绝大多数省（区、市）的农村执行的都是"一孩半"政策，广东和几个少数民族人口较多省（区、市）执行的是两孩政策，3个直辖市以及四川和江苏的农村仍然继续执行一孩政策。

口出生高峰①。20世纪90年代，出生率出现了第二次大幅下降，并且总和生育率开始下降到更替水平以下，从此中国人口进入低生育水平②，即进入了人口转变的第四个阶段。此时出生率从1990年的21.06‰下降到2000年的14.03‰，并从此一路走低，甚至低于1.5的超低生育水平。③"开口子"政策执行了近30年，直到2013年底政府出台了"单独二孩"政策。政策出台后生育率大大低于预期，④随后政府在2015年底果断出台了"全面二孩"政策。尽管两次政策调整使得出生率出现了小幅反弹，2016年出生率提高到13.57‰，出生人口1883万人，但2022年出生率又下降至6.77‰，出生人口自1949年以来首次低于1000万，实际出生人口为956万人，出生率和出生人口均出现明显下降。2020年，总和生育率为1.31。根据官方公布的2021年和2022年出生人口数据，估测出2021年和2022年的总和生育率分别为1.16和1.06，⑤且2022年死亡人口超过出生人口，人口自1960年以来首次出现负增长。与1960年偶然出现的一次性负增长不同，本次出现的负增长有可能会成为未来中国人口长期负增长的起点。

中国第三阶段人口转变开始时间几乎与推行计划生育开始时间同步，计划生育加速了这一转变过程。从20世纪70年代末开始，生育率一直被控制在相对比较低的范围内，尽管20世纪80年代中后期生育率有所反弹，但进入20世纪90年代出生率和生育率均再次出现大幅下降，这个阶段持续了约30年，到2022年人口进入负增长，意味着中国人口转变的第三个阶段结束，并预示着第四个阶段的开始。

从死亡率角度看，1977—2007年中国的死亡率一直在6.0‰至7.0‰之间波动，并没有显示出规律，死亡率从2008年开始超过7.0‰，近年来有上升的趋势。但这并不能真实反映死亡水平，因为这里隐含着年龄结构的作用，如果想要测量真实死亡水平，必须使用人均预期寿命。中华人民共和国成立初期，中国人口平均预期寿命只有40多岁，20世纪60年代开始超过60岁。⑥第三次全国人口普查得出1981年人均预期寿命为67.8岁，1996年超过70岁，2020年为77.9岁，2021年超过78岁。1981年以后的预期寿命均为官方公布的结果，为此我们给出了预期寿命随时间变化

---

① 也可以把第三次出生高峰看成是1981年至1997年，在此期间每年新出生人口都超过2000万人，合计出生了3.8亿人，增加了2.5亿人。
② 人口学一般将总和生育率低于更替水平（一般低于2.1）称为低生育水平。
③ 超低生育水平一般是指总和生育率小于等于1.5时的水平，西方有学者认为低于这一水平，一个国家就进入了低生育率陷阱，即总和生育率很难再回到1.5以上。
④ 乔晓春：《从"单独二孩"政策执行效果看未来生育政策的选择》，《中国人口科学》2015年第2期。
⑤ 乔晓春：《三十年来关于生育水平的争论和对总和生育率的重新估计》，《人口与社会》2023年第1期。
⑥ 1981年以前得出的人口平均预期寿命并不是很准确，原因是一方面得出的死亡数据来自某个特定地区，另一方面尽管涵盖的范围相对比较大，但对全国而言仍然缺乏代表性。而1981年以后得出的预期寿命都是来自全国人口普查或全国1%人口抽样调查，得出的结果相对比较可靠。

的趋势，并得出相应的线性拟合结果（见图5）。其中，确定系数 $R^2$ 为0.98，直线斜率为0.278。这一结果与图3的结果非常相似，且斜率要大于图3的斜率，意味着中国人口平均预期寿命的增长速度还要更快一些。

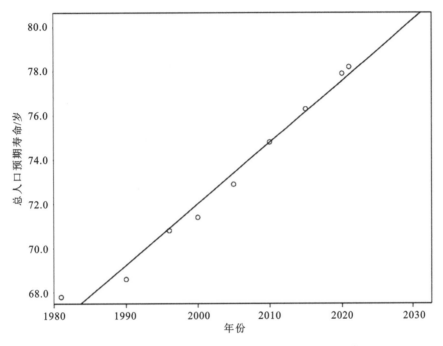

**图5 总人口预期寿命和线性拟合结果（1981—2021年）**

资料来源：① 国家统计局：《中国人口和就业统计年鉴2021》，中国统计出版社2021年版。② 国家卫生健康委员会：《2021年我国卫生健康事业发展统计公报》，https://www.gov.cn/xinwen/2022-07/12/content_5700670.htm。

出生率和死亡率的下降，以及生育水平下降和预期寿命提高的直接后果就是人口年龄结构的老龄化。表1给出了历次全国人口普查、全国1‰人口抽样调查和近两年人口年龄结构的变化数据。在这里，最年轻的人口结构出现在1964年，当时全国0～14岁人口占到全部人口的40.7％，全国有一半人口年龄（年龄中位数）低于21岁，65岁及以上人口只占全国人口的3.6％。1964—1982年，尽管整体人口年龄有所上升，但提升的幅度并不是很大。1982年0～14岁人口仍然约占全部人口的三分之一，65岁及以上人口也只占4.9％，年龄中位数不到23岁，仍属于典型的年轻型人口结构。2000年，0～14岁人口占比下降到22.9％，65岁及以上人口比例达到7％，65岁以下人口比例比1982年提升了2.1个百分点，年龄中位数提高了近8岁，从此中国进入老龄化社会的行列。① 第七次全国人口普查数据显示，2020年0～14岁人口所占比例为17.9％，65岁及以上人口比例为13.5％。2021年中国65岁及以上

---

① 按照联合国给定的标准，65岁及以上人口比例达到7％为老龄化社会，达到14％为高龄化社会，达到20％为超高龄化社会。

人口比例为 14.2%，意味着从这一年开始，中国进入高龄化社会的行列。2022 年这一比例进一步提高到了 14.9%，人口年龄结构仍然在继续老化。

表 1 历次全国人口普查、全国 1% 人口抽样调查和近两年人口年龄结构的变化数据

| 年份 | 0～14 岁人口比例/（%） | 15～64 岁人口比例/（%） | 65 岁及以上人口比例/（%） | 总抚养比/（%） | 少儿抚养比/（%） | 老年抚养比/（%） | 老少比/（%） | 年龄中位数/岁 | 平均年龄/岁 |
|---|---|---|---|---|---|---|---|---|---|
| 1953 | 36.3 | 59.3 | 4.4 | 68.6 | 61.2 | 7.4 | 12.2 | 22.7 | 26.5 |
| 1964 | 40.7 | 55.8 | 3.6 | 79.4 | 73.0 | 6.4 | 8.8 | 20.2 | 24.9 |
| 1982 | 33.6 | 61.5 | 4.9 | 62.6 | 54.6 | 8.0 | 14.6 | 22.9 | 27.1 |
| 1987 | 28.7 | 65.9 | 5.4 | 51.8 | 43.5 | 8.3 | 19.0 | — | — |
| 1990 | 27.7 | 66.7 | 5.6 | 49.8 | 41.5 | 8.3 | 21.0 | 25.3 | 28.7 |
| 1995 | 26.6 | 67.2 | 6.2 | 48.8 | 39.6 | 9.2 | 23.3 | 30.3 | 28.9 |
| 2000 | 22.9 | 70.1 | 7.0 | 42.6 | 32.6 | 9.9 | 30.4 | 30.8 | 32.5 |
| 2005 | 20.3 | 72.0 | 7.7 | 38.8 | 28.1 | 10.7 | 37.9 | 35.0 | 35.7 |
| 2010 | 16.6 | 74.5 | 8.9 | 34.2 | 22.3 | 11.9 | 53.4 | 35.9 | 36.1 |
| 2015 | 16.5 | 73.0 | 10.5 | 37.0 | 22.6 | 14.3 | 63.4 | 37.8 | 37.8 |
| 2020 | 17.9 | 68.6 | 13.5 | 45.9 | 26.2 | 19.7 | 75.4 | 38.8 | 39.2 |
| 2021 | 17.5 | 68.3 | 14.2 | 46.3 | 25.6 | 20.8 | 81.3 | — | — |
| 2022 | 16.9 | 68.2 | 14.9 | 46.6 | 24.8 | 21.8 | 87.7 | — | — |

资料来源：① 2020 年以前数据来自国家统计局：《中国人口和就业统计年鉴 2021》，中国统计出版社 2021 年。② 2021 年数据来自国家统计局：《中华人民共和国 2021 年国民经济和社会发展统计公报》，http://www.stats.gov.cn/tjsj/zxfb/202202/t20220227_1827960.html。③ 2022 年数据来自国家统计局：《中华人民共和国 2022 年国民经济和社会发展统计公报》，http://www.stats.gov.cn/tjsj/zxfb/202302/t20230227_1918980.html。

人口转变导致中国人口性别年龄绝对数金字塔发生显著变化。图 6 给出的是 1953 年、1982 年和 2020 年三次全国人口普查按 1 岁年龄划分的人口性别年龄绝对数金字塔。将 3 个金字塔进行比较，可发现以下特征或差异。第一，人口规模迅速增大。金字塔面积反映的是人口规模。1953 年中国人口为 5.8 亿，1982 年达到 10 亿，29 年间增加了 4.2 亿。2020 年中国人口达到 14 亿，比 1982 年多了 4 亿。第二，人口结构发生较大变化。从金字塔形状上看，1953 年时中国处于人口转变的第二个阶段，死亡率已经开始下降，但出生率仍然维持在较高水平，此时的金字塔比较规范，呈现正三角形。1982 年金字塔上 11 岁及以上年龄人口分布（除了三年困难时期出生人口较少外）基本上处于规范的金字塔型结构，只是 11 岁以下人口出现快速收缩，

这是 20 世纪 70 年代计划生育推动的结果。2020 年人口更像是层层向上叠加的"宝塔",人口出现多次波动。第三,整体年龄向上提升。1982 年存在且到了 2020 年仍然存活的人年龄都涨了 38 岁,成为 2020 年金字塔中 38 岁及以上的人口,与 1982 年比其形状基本未变。而 2020 年 38 岁以下的部分则是 1982 年以后出生的人,2020 年人口年龄中位数为 38.8 岁。第四,老年和高龄人口规模高速膨胀。从面积上比较两个金字塔上 60 岁及以上老年人口规模,以及 80 岁及以上高龄老人规模,很明显,2020 年比 1982 年均有大幅增加。而且 2020 年高年龄人口比 1982 年高年龄人口有了大幅度增加,比如 60 岁及以上人口增长了 2.4 倍,80 岁及以上人口增长了 6.1 倍,90 岁及以上人口增长了 16.9 倍,100 岁及以上人口增长了 28.8 倍(见表 2)。

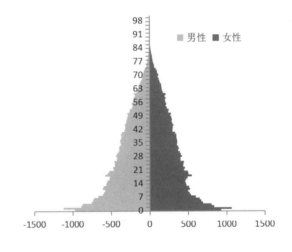

(a) 1953 年(约 5.8 亿人口)

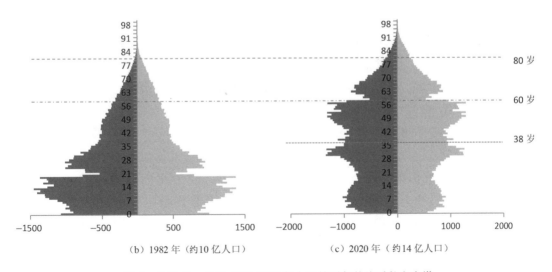

(b) 1982 年(约 10 亿人口)      (c) 2020 年(约 14 亿人口)

**图 6   1953 年、1982 年和 2020 年人口性别年龄绝对数金字塔**

表 2　1982 年和 2020 年总人口、老年人和高龄老人数量增长变化情况

| 年龄段 | 1982年人口/万 | 2020年人口/万 | 增长倍数 |
| --- | --- | --- | --- |
| 总人口 | 100391.4 | 141178 | 0.4 |
| 60 岁及以上人口 | 7663.8 | 26401.8 | 2.4 |
| 80 岁及以上人口 | 505.0 | 3580.1 | 6.1 |
| 90 岁及以上人口 | 25.7 | 459.1 | 16.9 |
| 100 岁及以上人口 | 0.4 | 11.9 | 28.8 |

## 三、中国人口老龄化的现状和特点

第七次全国人口普查为我们提供了中国人口老龄化的最新数据，由此可以描述和揭示中国目前人口老龄化的现状和特点。

### （一）人口老龄化地区差异和城乡差异较大

2020 年中国老龄化水平在省（区、市）间存在较大差异（见表 3）。如果按 60 岁及以上人口比例排序，排在第一位的是辽宁，老年人口占 25.7%，其次是上海，占 23.4%，排在第三和第四位的是黑龙江（23.2%）和吉林（23.1%），紧接着是重庆（21.9%）、江苏（21.8%）以及四川（21.7%）和天津（21.7%），排在倒数第一和第二的是西藏（8.5%）和新疆（11.3%）。如果按 65 岁及以上人口比例排序，排在前七位的分别是辽宁（17.4%）、重庆（17.1%）、四川（16.9%）、上海（16.3%）、江苏（16.2%）以及黑龙江（15.6%）和吉林（15.6%）。除此之外，还可以看出各省（区、市）60 岁及以上老年抚养比同样差异巨大，最高的仍然是辽宁（40.7%），吉林（35.4%）、重庆（35.2%）、上海（35.0%）、黑龙江（34.9%）、四川（34.9%）、江苏（34.7%）和山东（34.7%）紧随其后，排在倒数后三位的是西藏（12.7%）、新疆（17.0%）和广东（18.0%）。

中国人口老龄化的另一个特点是城乡差异巨大。全国城市 60 岁及以上老年人口比例为 15.5%，镇为 16.4%，而乡村为 23.8%，乡村比城市高出 8.3 个百分点，这意味着乡村的老龄化程度要大大高于城市，老龄化问题更为严重。在省（区、市）级单位中，乡村老年人口占比和老年抚养比最高的是重庆，分别为 31.9% 和 60.5%，排在第二位的是江苏（31.8% 和 58.7%），第三位的是辽宁（31.8% 和 54.7%），除此之外，浙江、山东和四川的比例也比较高。城乡差异较大的是重庆和江苏。

表 3　按省（区、市）和城、镇、乡划分的人口年龄结构状况

| 地区 | 0～14岁人口比例/（%） | 15～59岁人口比例/（%） | 60岁及以上人口比例/（%） | 65岁及以上人口比例/（%） | 按城、镇、乡划分的60岁及以上人口比例/（%） | | | 按省（区、市）和城、镇、乡划分的60岁及以上老年抚养比/（%） | | | |
|---|---|---|---|---|---|---|---|---|---|---|---|
| | | | | | 城市 | 镇 | 乡村 | 合计 | 城市 | 镇 | 乡村 |
| 全国 | 18.0 | 63.4 | 18.7 | 13.5 | 15.5 | 16.4 | 23.8 | 29.6 | 22.6 | 25.8 | 41.8 |
| 北京 | 11.8 | 68.5 | 19.6 | 13.3 | 19.4 | 16.7 | 22.9 | 28.7 | 28.3 | 23.0 | 34.3 |
| 天津 | 13.5 | 64.9 | 21.7 | 14.8 | 21.3 | 17.2 | 25.1 | 33.4 | 32.5 | 24.8 | 42.1 |
| 河北 | 20.2 | 59.9 | 19.9 | 13.9 | 16.7 | 16.9 | 24.5 | 33.1 | 25.6 | 27.4 | 44.8 |
| 山西 | 16.4 | 64.7 | 18.9 | 12.9 | 14.9 | 14.7 | 25.8 | 29.2 | 21.8 | 22.2 | 42.9 |
| 内蒙古 | 14.0 | 66.2 | 19.8 | 13.1 | 16.4 | 16.4 | 26.7 | 29.9 | 23.8 | 24.5 | 43.3 |
| 辽宁 | 11.1 | 63.2 | 25.7 | 17.4 | 23.3 | 23.9 | 31.8 | 40.7 | 35.6 | 37.3 | 54.7 |
| 吉林 | 11.7 | 65.2 | 23.1 | 15.6 | 21.2 | 19.6 | 27.0 | 35.4 | 31.7 | 29.2 | 43.4 |
| 黑龙江 | 10.3 | 66.5 | 23.2 | 15.6 | 21.9 | 22.0 | 25.7 | 34.9 | 32.3 | 33.1 | 39.8 |
| 上海 | 9.8 | 66.8 | 23.4 | 16.3 | 23.6 | 19.3 | 25.6 | 35.0 | 35.6 | 27.5 | 37.1 |
| 江苏 | 15.2 | 63.0 | 21.8 | 16.2 | 17.3 | 20.0 | 31.8 | 34.7 | 25.5 | 31.8 | 58.7 |
| 浙江 | 13.5 | 67.9 | 18.7 | 13.3 | 14.3 | 16.7 | 28.3 | 27.6 | 19.9 | 24.3 | 47.3 |
| 安徽 | 19.2 | 62.0 | 18.8 | 15.0 | 14.7 | 15.2 | 24.2 | 30.3 | 21.5 | 23.4 | 43.4 |
| 福建 | 19.3 | 64.7 | 16.0 | 11.1 | 12.1 | 14.6 | 22.2 | 24.7 | 17.4 | 22.9 | 37.8 |
| 江西 | 22.0 | 61.2 | 16.9 | 11.9 | 13.7 | 14.4 | 21.2 | 27.6 | 20.6 | 22.9 | 38.0 |
| 山东 | 18.8 | 60.3 | 20.9 | 15.1 | 16.1 | 18.1 | 27.8 | 34.7 | 24.7 | 29.5 | 51.1 |
| 河南 | 23.1 | 58.8 | 18.1 | 13.5 | 14.3 | 14.4 | 22.7 | 30.8 | 21.7 | 22.9 | 43.8 |
| 湖北 | 16.3 | 63.3 | 20.4 | 14.6 | 16.7 | 18.2 | 26.0 | 32.3 | 24.3 | 28.7 | 45.4 |
| 湖南 | 19.5 | 60.6 | 19.9 | 14.8 | 15.0 | 17.9 | 24.7 | 32.8 | 22.2 | 29.0 | 45.0 |
| 广东 | 18.9 | 68.8 | 12.4 | 8.6 | 9.6 | 14.0 | 18.0 | 18.0 | 12.9 | 22.1 | 30.7 |
| 广西 | 23.6 | 59.7 | 16.7 | 12.2 | 12.5 | 15.1 | 20.3 | 28.0 | 18.4 | 24.9 | 37.4 |
| 海南 | 20.0 | 65.4 | 14.7 | 10.4 | 11.5 | 15.4 | 17.2 | 22.4 | 16.5 | 24.2 | 27.5 |
| 重庆 | 15.9 | 62.2 | 21.9 | 17.1 | 16.5 | 20.2 | 31.9 | 35.2 | 24.1 | 33.3 | 60.5 |
| 四川 | 16.1 | 62.2 | 21.7 | 16.9 | 16.6 | 19.0 | 27.3 | 34.9 | 23.9 | 30.4 | 48.7 |

续表

| 地区 | 0~14岁人口比例/（%） | 15~59岁人口比例/（%） | 60岁及以上人口比例/（%） | 65岁及以上人口比例/（%） | 按城、镇、乡划分的60岁及以上人口比例/（%） | | | 按省（区、市）和城、镇、乡划分的60岁及以上老年抚养比/（%） | | | |
|---|---|---|---|---|---|---|---|---|---|---|---|
| | | | | | 城市 | 镇 | 乡村 | 合计 | 城市 | 镇 | 乡村 |
| 贵州 | 24.0 | 60.7 | 15.4 | 11.6 | 11.7 | 12.2 | 19.3 | 25.4 | 17.2 | 19.6 | 34.8 |
| 云南 | 19.6 | 65.5 | 14.9 | 10.8 | 12.9 | 13.4 | 16.7 | 22.8 | 18.0 | 20.1 | 27.0 |
| 西藏 | 24.5 | 67.0 | 8.5 | 5.7 | 7.8 | 6.7 | 9.2 | 12.7 | 10.0 | 9.5 | 14.7 |
| 陕西 | 17.3 | 63.5 | 19.2 | 13.3 | 14.8 | 17.3 | 25.1 | 30.3 | 21.5 | 27.5 | 43.0 |
| 甘肃 | 19.4 | 63.6 | 17.0 | 12.6 | 14.7 | 13.1 | 20.4 | 26.8 | 21.4 | 20.3 | 33.9 |
| 青海 | 20.8 | 67.0 | 12.1 | 8.7 | 13.2 | 10.3 | 12.3 | 18.1 | 18.6 | 15.3 | 19.5 |
| 宁夏 | 20.4 | 66.1 | 13.5 | 9.6 | 12.6 | 10.7 | 16.6 | 20.5 | 18.2 | 15.9 | 26.8 |
| 新疆 | 22.5 | 66.3 | 11.3 | 7.8 | 12.7 | 10.6 | 10.4 | 17.0 | 18.0 | 15.5 | 17.0 |

从以上分析中可以发现，中国老龄化水平较高的区域主要分布在东北三省、上海、重庆、四川和江苏。东北三省老龄化水平高主要是因为长期以来生育率一直非常低，再加上近年来大量年轻人口外流。上海是中国生育率最早下降和生育率最低的城市，而重庆、四川和江苏老龄化水平比较高往往很难让人理解。如果了解中国计划生育的历史，会发现1984年以后国家推行"开口子"政策时，四川和江苏是除了三个直辖市以外没有放开农村生育政策，且在农村继续坚持一孩政策的省。而当时重庆还没有成为直辖市，属于四川省的一个城市。正是因为当时执行了严格的计划生育政策，再加上后期年轻人的外出，导致这两个省无论是省级人口老龄化水平、省内农村老龄化水平，还是城乡老龄化水平差异，在全国都非常高。这意味着计划生育的影响在老龄化过程中已经开始显现出来。

（二）空巢老人户占比非常高

第七次全国人口普查数据显示，在全国4.94亿个家庭户中，有1.74亿家庭户有老年人（被称为老年家庭户或老年户），老年家庭户所占比例为35.2%。在老年家庭户中，老年人独自居住的占21.4%（见表4），只与未成年人（绝大多数为孙子女）居住的占1.2%，一对夫妇独自居住的占23.4%，一对夫妇与未成年人居住的占1.6%。如果把以上几种情况都归为空巢老人家庭，那么全国空巢老人家庭占老年家庭的比例为47.6%，几乎接近一半。如果按城市、镇和乡村单独计算，空巢老人家庭占比分别为46.3%、47.2%和48.8%，其中留守儿童与留守老人单独居住比例，城市为1.8%，镇为3.2%，乡村为3.4%。很明显，无论是空巢老人比例还是留守儿童与老人单独居住的比例，都是村镇明显高于城市。

表4 按全国和城、镇、乡划分的老年家庭户户数和占比

| 数据 | 分组 | 户数 | 有1个60岁及以上老人的户 | | | | 有2个60岁及以上老人的户 | | | | 有3个60岁及以上人口的户 |
| --- | --- | --- | --- | --- | --- | --- | --- | --- | --- | --- | --- |
| | | | 小计 | 独自居住 | 只与未成年人共同居住 | 其他 | 小计 | 一对夫妇独自居住 | 一对夫妇与未成年人居住 | 其他 | |
| 绝对数/万户 | 合计 | 17445 | 9561 | 3729 | 205 | 5626 | 7688 | 4091 | 284 | 3315 | 196 |
| | 城市 | 5703 | 3014 | 1129 | 39 | 1845 | 2619 | 1406 | 60 | 1153 | 70 |
| | 镇 | 3476 | 1937 | 747 | 52 | 1138 | 1500 | 784 | 61 | 656 | 40 |
| | 乡村 | 8266 | 4610 | 1853 | 114 | 2643 | 3569 | 1901 | 163 | 1506 | 86 |
| 相对数/% | 合计 | 100 | 54.8 | 21.4 | 1.2 | 32.3 | 44.1 | 23.4 | 1.6 | 19.0 | 1.1 |
| | 城市 | 100 | 52.8 | 19.8 | 0.7 | 32.4 | 45.9 | 24.7 | 1.1 | 20.2 | 1.2 |
| | 镇 | 100 | 55.7 | 21.5 | 1.5 | 32.7 | 43.1 | 22.5 | 1.7 | 18.9 | 1.1 |
| | 乡村 | 100 | 55.8 | 22.4 | 1.4 | 32.0 | 43.2 | 23.0 | 2.0 | 18.2 | 1.0 |

（三）老年人主要生活来源城乡差异较大

目前中国老年人主要生活来源占比较高的是离退休金/养老金和家庭其他成员供养，二者分别占34.7%和32.7%（见图7），老年人靠劳动收入生活的占22.0%，靠最低生活保障金生活的占4.3%。然而，这一构成在城乡上存在较大差异。首先，城市老年人有近70%依靠离退休金/养老金生活，镇的比例为31.8%，乡村只占10.4%。这意味着城市老年人获得离退休金/养老金支持比较普遍，支持力度也更大。其次，乡村中有约三分之一的老年人主要依靠劳动收入生活，而这一比例城市只占7.3%，镇占19.7%。这意味着很多农村老人到了60岁以后仍然坚持劳动，而城市老年人退休后继续工作的人很少。再次，老年人依靠家庭其他成员供养的比例，同样是乡村和镇大大高于城市，乡村的比例为41.9%，镇的比例为37.2%，城市的比例只有17.3%。这背后的原因，一方面是乡村老年人曾经生育孩子的数量多于城市，所以相对城市，乡村老年人更容易得到子女的照护；另一方面乡村老年人个人收入较低，多数需要子女在经济上的支持。最后，由于乡村经济条件普遍不如城市，所以乡村老年人获得最低生活保障金的比例明显高于城市老年人，二者分别占6.4%和1.5%，镇处于二者之间，其比例为4.1%。

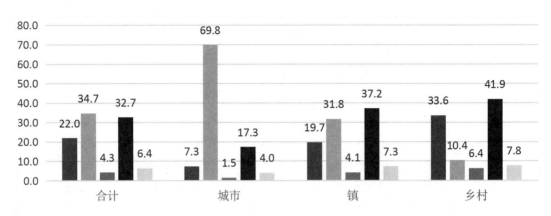

图 7 按全国和城、镇、乡划分的老年人主要生活来源分布（单位：%）

**（四）老年人居住状况在性别和年龄上存在差异**

第七次全国人口普查数据显示：第一，男性和女性与配偶同住的比例为最高，分别占 48.2% 和 39.5%，男性比例高于女性；第二，与子女同住的比例是女性高于男性，女性占 22.9%，男性占 9.8%；第三，与配偶和子女同住比例是男性高于女性，男性占比为 26.2%，女性为 20.3%；第四，女性独居的比例高于男性，女性为 13.2%，男性为 10.7%，这主要是女性丧偶比例高于男性导致的结果；第五，男性老人住在养老机构的比例占 0.87%，女性老人所占比例为 0.60%，男女合计入住养老机构比例为 0.73%，由此估计得到全国入住养老机构老年人共计 191.9 万人（95% 置信区间：191.03～192.77）。① 这一结果与某些地方政府规划的 "9073" 或 "9064" 中 3% 或 4% 的老年人入住养老机构的目标相距甚远。

如果看老年人居住状况随年龄的变化（见图 8），则整体趋势非常明显，即无论男性老人还是女性老人，随着年龄的增大，与配偶和子女同住和与配偶同住的比例均明显下降，但女性下降的速度明显快于男性，原因是女性丧偶比例高于男性。无论男性还是女性，与子女同住的比例迅速上升，但女性上升的速度和占比均高于男性。独居比例则出现了先升后降的情况，而且女性变化要比男性更加明显，原因是早期独居比例升高主要是由于丧偶导致，而晚期独居比例下降是由于与子女同住比例增加导致。

**（五）女性老人比男性老人更不健康，年龄越大健康状况越差**

第七次全国人口普查专门针对 60 岁及以上老年人询问了身体健康状况，并将其分为四个标准选项，分别是健康、基本健康、不健康但生活能够自理、生活不能自理。实际上可以将其划分成二分类变量，即前两类归为 "健康"，后两类归为 "不健

---

① 乔晓春：《健康寿命研究的介绍与评述》，《人口与发展》2009 年第 2 期。

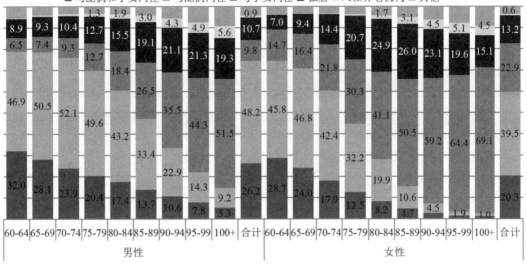

**图 8 按性别和年龄组划分的老年人居住状况分布（单位：%）**

康"，从而得出"是否健康"的测量。另一种划分方式是将前三类合并，统称为"生活能够自理"，保留最后一类，即为"生活不能自理"。当然，我们也可以把健康和基本健康归为一类，称为"健康"，其他两类不变，这样就将其转换为三分类变量。

表 5 给出了按性别和年龄组划分的老年人健康状况分布。如果比较男性老年人和女性老年人健康状况的话，很明显男性老年人健康的比例高于女性老年人，分别为88.1%和86.5%，且差异在统计上显著。不健康但能生活自理和生活不能自理的比例均是女性老年人高于男性老年人，女性老年人中有2.5%的人生活不能自理，男性老年人中有2.1%的人生活不能自理，男女合计生活不能自理比例为2.34%，由此可以估计出全国60岁及以上生活不能自理老年人共计618.7（95%置信区间：617.2—620.3）万，这一结果与社会上普遍使用的"全国失能老人超4000万"的数据相差较大。

**表 5 按性别和年龄组划分的老年人健康状况分布**

| 年龄组 | 男 | | | 女 | | |
| --- | --- | --- | --- | --- | --- | --- |
| | 健康/（%） | 不健康但生活能自理/（%） | 生活不能自理/（%） | 健康/（%） | 不健康但生活能自理/（%） | 生活不能自理/（%） |
| 合计 | 88.1 | 9.8 | 2.1 | 86.5 | 11.0 | 2.5 |
| 60～64 岁 | 94.1 | 5.0 | 0.9 | 94.5 | 4.7 | 0.7 |
| 65～69 岁 | 91.6 | 7.2 | 1.2 | 91.6 | 7.3 | 1.1 |
| 70～74 岁 | 87.2 | 10.8 | 2.0 | 86.2 | 11.9 | 1.9 |
| 75～79 岁 | 82.0 | 14.9 | 3.1 | 79.8 | 16.9 | 3.2 |

续表

| 年龄组 | 男 | | | 女 | | |
|---|---|---|---|---|---|---|
| | 健康/(%) | 不健康但生活能自理/(%) | 生活不能自理/(%) | 健康/(%) | 不健康但生活能自理/(%) | 生活不能自理/(%) |
| 80~84岁 | 75.0 | 19.9 | 5.1 | 71.5 | 22.5 | 6.1 |
| 85~89岁 | 68.1 | 23.6 | 8.2 | 63.3 | 26.1 | 10.7 |
| 90~94岁 | 59.9 | 26.2 | 13.8 | 54.2 | 27.8 | 18.0 |
| 95~99岁 | 53.2 | 27.5 | 19.3 | 47.9 | 26.8 | 25.4 |
| 100岁及以上 | 48.8 | 25.9 | 25.3 | 42.2 | 25.0 | 32.8 |

### （六）不同健康状况老年人会选择不同的居住方式

由表6可以总结出以下特点。第一，男性老年人无论处于哪种健康状况首先都是与配偶共同居住，而女性老年人只有处于健康或基本健康时首先才是与配偶共同居住。当女性老年人处于不健康但生活能自理或生活不能自理时首先是与子女同住。男女这方面的差异主要来源于女性老年人丧偶比例明显高于男性老年人。第二，男性老年人无论健康还是不健康都不会有很多人选择与子女同住，但健康状况变差后与子女同住的比例会升高；而女性老年人则不然，她们更愿意跟子女同住，而且健康状况越差与子女同住的比例越高。第三，无论男性老年人还是女性老年人，独居的比例都不是很高，相对来说处于基本健康和不健康但生活能自理的老人独居比例会更高一些，而处于健康或生活不能自理的老人独居比例则相对较低。第四，生活不能自理的老人很多都进了养老机构。第五，无论哪种健康状况，女性老年人独居比例都会略高于男性老年人，原因是女性老年人独立生活能力要优于男性老年人。

表6 按性别和健康状况分的老年人居住状况分布（单位:%）

| 性别 | 健康状况 | 与配偶和子女同住 | 与配偶同住 | 与子女同住 | 独居 | 入住养老机构 | 其他 |
|---|---|---|---|---|---|---|---|
| 男性 | 60岁及以上老年人 | 26.2 | 48.2 | 9.8 | 10.7 | 0.9 | 4.2 |
| | 健康 | 29.7 | 49.5 | 7.9 | 8.6 | 0.2 | 4.2 |
| | 基本健康 | 22.2 | 48.6 | 11.3 | 12.9 | 1.0 | 4.1 |
| | 不健康但生活能自理 | 18.9 | 42.1 | 14.7 | 16.9 | 2.8 | 4.6 |
| | 生活不能自理 | 20.7 | 38.1 | 19.1 | 6.8 | 8.5 | 6.7 |

续表

| 性别 | 健康状况 | 与配偶和子女同住 | 与配偶同住 | 与子女同住 | 独居 | 入住养老机构 | 其他 |
|---|---|---|---|---|---|---|---|
| 女性 | 60岁及以上老年人 | 20.3 | 39.5 | 22.9 | 13.2 | 0.6 | 3.6 |
| | 健康 | 24.6 | 42.5 | 19.0 | 10.3 | 0.1 | 3.5 |
| | 基本健康 | 17.0 | 39.0 | 24.4 | 15.6 | 0.5 | 3.6 |
| | 不健康但生活能自理 | 12.5 | 30.5 | 31.7 | 20.3 | 1.5 | 3.6 |
| | 生活不能自理 | 11.2 | 23.1 | 42.4 | 9.5 | 8.1 | 5.7 |

## 四、中国人口老龄化的未来

以往生育率的快速下降作为一种"势能"被不断地积累下来，这预示着未来它将转换为人口老龄化加速的动能而很快地被释放出来，最终结果将是人口处于长期负增长，总人口持续减少，老年人口比例迅速增加，人口年龄结构迅速老化。下面将通过人口预测给出中国未来50年的人口和人口年龄结构的变化。

### （一）人口预测方法和软件

目前国际和国内普遍采用的人口预测模型一般为队列分要素法。由于该方法要求未来的生育率、死亡率和迁移率要随时间变化，即在预测公式中必须使分年龄生育率、分年龄死亡率和分年龄迁移率作为随时间 $t$ 变化的参数。因此，在预测未来分年龄、分性别人口结构以前，必须先对这些随时间变化的分年龄生育率、分年龄死亡率和分年龄迁移率进行估计。在这之前还需要估计出未来各年总和生育率、平均预期寿命和净迁移人口规模，再根据人口年龄移算的计算公式，估计出未来各年各年龄人口。本文人口预测使用PADIS-INT软件，该软件是在联合国人口司的技术专家的指导下，由中国人口发展与研究中心和神州数码（中国）有限公司共同开发的，该软件对外公开使用。以上所介绍的人口预测模型与PADIS-INT软件使用的方法完全一致。

### （二）预测基本假设和基础数据

预测将以全国31个省（区、市）为单位，对影响未来人口变化的因素只考虑生育率和死亡率，并假定国际人口净迁移为0，因此预测并不需要引入分性别和年龄的迁移率和人口净迁移规模。人口预测的起始时间为2020年11月1日，所需基础数据全部来自第七次全国人口普查，具体使用的数据包括：① 2020年全国分性别和（单岁）年龄人口数，这一数据在图6（c）中已经得到展示；② 按单岁划分的2019年11月1日至2020年10月31日年度分年龄生育率，以及由此生成的标准化生育模式，本次普查得出的总和生育率为1.31；③ 由于普查公布的全国分性别和年龄死亡率存在明显的低估，所以预测并未直接使用普查公布的死亡率，而是使用了人口预测软件中预制的由联合国进行调整的Coale和Demany区域模型生命表的西区模式，而男性和女性预期寿命采用的是国家统计局公布的2020年男性预期寿命为75.37岁、女性预期寿命为80.88岁；④ 使用了本次普查得出的出生性别比，即120。

（三）预测方案和参数的设定

预测分为高、中、低三个方案，每个方案分别设定未来各年总和生育率、生育模式、0岁人均预期寿命、死亡模式和出生婴儿性别比。预测时间节点为11月1日，时间跨度从2020年起到2070年止，共计50年，属于长期人口预测。具体的方案设定如下。① 起始年总和生育率为1.31，所有方案在2021年和2022年设定的是已经发生的真实结果，即1.16和1.06，[①] 从2023年以后三个方案出现差异。其中，中方案从2021年开始到2025年生育率持续下降到1.01，然后开始逐步反弹，到2070年为1.46；低方案在2034年之前与中方案一致，到2034年时总和生育率为1.1，并保持长期不变；高方案是从2023年总和生育率反弹到1.18，然后2029年达到1.6，并长期保持不变。② 生育模式使用的是2020年普查得出的普查前一年的分年龄生育率，并将其做标准化处理后的结果。③ 起始年人均预期寿命男性为75.37岁，女性为80.88岁。尽管前面的分析中曾展示了国内外人口预期寿命的线性变化趋势，但本预测还是使用了略微保守的假设，即仍然假设未来中国男性和女性预期寿命遵循logistic增长趋势，只是对预期寿命极限值设定不同的方案，并通过对真实数据做logistic模拟，得出三种预测结果。其中，低方案到2070年（即50年后）男性预期寿命为82.39岁，女性为89.01岁；中方案到2070年男性为85.79岁，女性为93.63岁；高方案到2070年男性为86.25岁，女性为94.51岁。④ 死亡模式使用的是软件中提供的Goale模型生命表的西区模式。⑤ 婴儿死亡率只采用一个方案，即设定为从2020年开始逐年下降，到2028年达到正常水平，并长期保持不变。

（四）总人口预测结果

2020年11月1日，全国总人口为141178万人。预测结果如图9所示，2021年中国人口达到峰值，2022年第一次出现人口规模下降，然后三个方案人口规模均持续下降。到2050年高、中、低三个方案的总人口分别为135992万、126757万和123538万，三个方案总人口在未来的30年分别减少了5186万、14421万和17640万

---

① 乔晓春：《三十年来关于生育水平的争论和对总和生育率的重新估计》，《人口与社会》2023年第1期。

人。到2070年，三个方案的总人口分别为120797万、104576万和95992万，这意味着中国人口在50年后中方案只剩约10亿人，而低方案不到10亿人。在2020年至2070年的50年时间里，三个方案的中国人口将分别下降20381万、36602万和45186万，即人口将净减少2.0亿至4.5亿人。

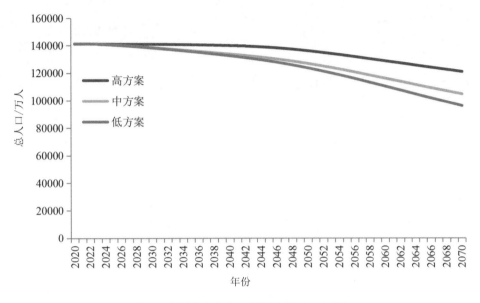

**图9 中国未来总人口预测结果（三方案）**

### （五）人口变动预测结果

人口变动包括出生率、死亡率和自然增长率。中方案预测结果（见图10）显示：① 未来50年的出生率一直在4.7‰到7.7‰的低水平上波动；② 死亡率由于受到人口年龄结构老化的影响，从2020年的7.0‰开始逐年上升到2030年的8.7‰，到2050年为12.4‰，到2070年达15.0‰；③ 人口（自然）增长率从2022年进入负增长开始，出现持续的、长达50年的负增长，负增长幅度不断加大，2022年为-0.6‰，2030年为-3.1‰，2050年为-6.8‰，到2070年将达到-9.2‰。中国人口长期负增长有可能是不可逆的。

### （六）人口年龄结构预测结果

对人口年龄结构，我们只关注中方案，并且兼顾到60岁的国内老年人标准和65岁的国际老年人标准，并给出相应的结果。如表7和图11所示，从中方案预测结果中可以得出以下结论。一是65岁及以上老年人口比例在迅速提升，从2020年的13.5%提高到2021年的14.2%，此时中国正式进入高龄化社会。到2030年这一比例提高到19.5%，从2031年开始超过20%，此时中国正式进入超高龄社会。到2035年为24.2%，到2045年将达到30.1%，这也是目前日本人口老龄化的水平。到

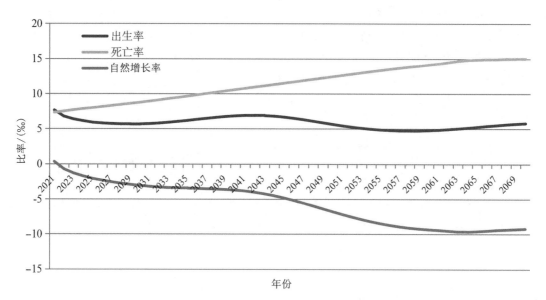

图 10　中国未来出生率、死亡率和自然增长率预测结果（中方案）

21世纪中叶，中国65岁及以上老年人口占比将达到32.6%，而且还会继续提升，到2065年为40.5%，即从那个时间开始，中国将有四成人口为65岁及以上老年人。这一比例在2070年将会达到41.3%。二是中国60岁及以上老年人口规模将进一步增大，2020年时约为2.64亿，2030年将达到约3.85亿，2032年达到约4亿，2047年达到约5亿，2055年60岁及以上老年人口规模将达到峰值，老年人口约为5.39亿。随后会出现小幅下降，到2060年约为5.29亿，到2070年约为5.13亿。三是中国15~59岁劳动年龄人口一直处于下降的趋势，从2020年的约8.94亿下降到2035年的约8.00亿，到2050年约为6.10亿。从2061年开始，中国16~59岁人口数量会低于60岁及以上老年人口数量，此时中国将第一次出现老年人口多于劳动年龄人口的情况。到2070年，劳动年龄人口将缩减至约4.46亿，较同期60岁及以上老年人口减少约0.67亿。四是尽管少儿抚养比会存在波动，但未来老年抚养比和总抚养比均持续上升。老年抚养比从2020年的19.7%上升到2045年的50.1%，再到2070年的81.7%。总抚养比从2020年的45.9%上升到2035年的50.0%，此时"人口红利"正式结束，中国人口进入"负债期"。到2050年总抚养比为74.3%，2070年提高到98.0%，差一步之遥进入100%。

表7　未来中国人口年龄结构和人口规模预测结果（中方案）

| 年份 | 人口数/万人 | | | 人口比例/（%） | | | 抚养比/（%） | | |
| --- | --- | --- | --- | --- | --- | --- | --- | --- | --- |
| | 总人口 | 15~59岁 | 60岁及以上 | 0~14岁 | 15~64岁 | 65岁及以上 | 0~14岁 | 65岁及以上 | 总计 |
| 2020 | 141178 | 89435 | 26402 | 17.9 | 68.5 | 13.5 | 26.2 | 19.7 | 45.9 |
| 2025 | 140387 | 87161 | 31909 | 15.2 | 69.1 | 15.8 | 22.0 | 22.8 | 44.8 |

续表

| 年份 | 人口数/万人 | | | 人口比例/（%） | | | 抚养比/（%） | | |
|---|---|---|---|---|---|---|---|---|---|
| | 总人口 | 15~59岁 | 60岁及以上 | 0~14岁 | 15~64岁 | 65岁及以上 | 0~14岁 | 65岁及以上 | 总计 |
| 2030 | 138458 | 83779 | 38488 | 11.7 | 68.8 | 19.5 | 17.0 | 28.4 | 45.4 |
| 2035 | 136121 | 80053 | 43642 | 9.1 | 66.7 | 24.2 | 13.7 | 36.3 | 50.0 |
| 2040 | 133643 | 75222 | 46132 | 9.2 | 62.8 | 28.0 | 14.6 | 44.6 | 59.2 |
| 2045 | 130728 | 69236 | 48641 | 9.8 | 60.1 | 30.1 | 16.4 | 50.1 | 66.4 |
| 2050 | 126757 | 60992 | 53049 | 10.0 | 57.4 | 32.6 | 17.5 | 56.8 | 74.3 |
| 2055 | 121661 | 56267 | 53912 | 9.4 | 53.4 | 37.1 | 17.7 | 69.5 | 87.1 |
| 2060 | 115979 | 53213 | 52940 | 8.5 | 52.1 | 39.4 | 16.3 | 75.7 | 91.9 |
| 2065 | 110201 | 49876 | 51538 | 8.0 | 51.6 | 40.5 | 15.5 | 78.4 | 93.9 |
| 2070 | 104576 | 44610 | 51343 | 8.2 | 50.5 | 41.3 | 16.3 | 81.7 | 98.0 |

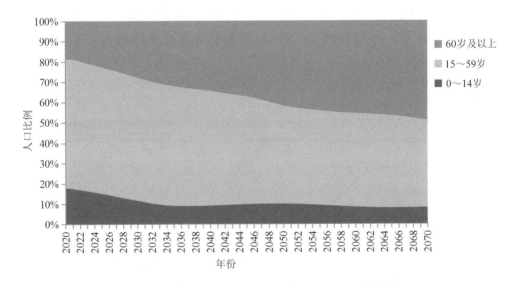

图 11　中国未来各年龄段人口比例变化的预测（中方案）

# 五、中国人口老龄化的潜在后果

## （一）老年人口的潜在增长和老龄化的潜在增速

如果说人口老龄化是人口转变的必然结果，那么由于总和生育率下降已经接近极限值,① 继续下降的空间很小,那么未来的出生率会出现小幅波动,而出生人数会随着育龄妇女人数的减少而出现相应的变化,变化幅度也不会很大。这样底部老龄化的作用将减弱,高龄死亡率的迅速下降会导致顶部老龄化的作用越来越强。但随着时间的推移,顶部老龄化的作用最终也将消失。图12和表8给出了从1982年到2070年总人口、劳动年龄人口、60岁及以上人口和80岁及以上人口的年平均增长率,从中可以发现以下几点。第一,总人口在1982—1990年期间年平均增长率为1.33%,人口增长速度还是很快的,随后逐年下降,在2021—2025年期间首次出现负值,然后人口一直维持负增长,而且负增长速度越来越快,到2066—2070年期间负增长达到最高值,年平均增长率为-0.11%。第二,劳动年龄人口在1982—1990年期间年平均增长率高达2.53%。然后迅速下降,在2011—2020年期间年平均增长首次出现负值。随后负增长加速,在2046—2050年期间负增长速度最快,达到-2.50%。然后开始迅速放慢,在2056—2060年期间年平均负增长再次出现拐点。到2066—2070年期间年平均增长率为-2.11%。第三,60岁及以上人口在1982—1990年期间年平均增长率已经高达2.99%。从这一时间段开始直到2031—2035年期间60岁及以上人口处于高速增长阶段,随后年平均增长率出现大幅下降。2036年到2050年的年平均增长率在1%以上,2051—2055年的年平均增长率接近0。进入2056—2060年,60岁及以上人口开始出现负增长,此时60岁及以上人口绝对数已经

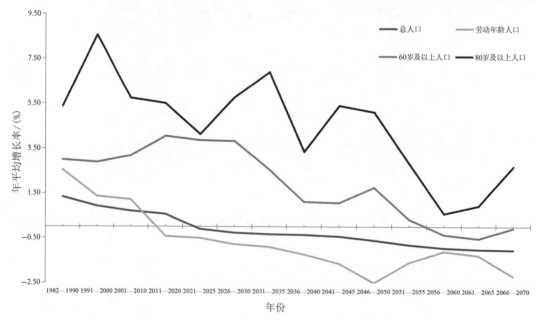

**图12 不同时间段各类人口年平均增长率**

注:2020年之前的值是用实际数据计算得出,2020年之后的值是根据中方案人口预测结果计算得出。

---

① 总和生育率是假定的妇女一生平均生育孩子数,如果所有妇女一生只生育1个孩子的话,总和生育率应该等于1,因此说等于1基本上可以看成是总和生育率的最低极限值。

开始下降。第四，80 岁及以上人口数量在 1982—1990 年期间已经处于极高速增长阶段，当时的年平均增长率高达 5.37%，这种高速增长直到 2051—2055 年之后才开始放慢速度。随后的 10 年内增长几乎停滞，到最后一个 5 年，年平均增长率才再次开始提升。

表 8 按时间段划分的各类人口年平均增长率

| 时间段/年 | 总人口年平均增长率/（%） | 劳动年龄人口年平均增长率/（%） | 60 岁及以上人口年平均增长率/（%） | 80 岁及以上人口年平均增长率/（%） |
| --- | --- | --- | --- | --- |
| 1982—1990 | 1.33 | 2.53 | 2.99 | 5.37 |
| 1991—2000 | 0.92 | 1.36 | 2.88 | 8.55 |
| 2001—2010 | 0.70 | 1.21 | 3.17 | 5.74 |
| 2011—2020 | 0.56 | −0.43 | 4.05 | 5.50 |
| 2021—2025 | −0.11 | −0.51 | 3.86 | 4.13 |
| 2026—2030 | −0.28 | −0.79 | 3.82 | 5.77 |
| 2031—2035 | −0.34 | −0.91 | 2.55 | 6.90 |
| 2036—2040 | −0.37 | −1.24 | 1.12 | 3.35 |
| 2041—2045 | −0.44 | −1.64 | 1.06 | 5.40 |
| 2046—2050 | −0.62 | −2.50 | 1.75 | 5.11 |
| 2051—2055 | −0.82 | −1.60 | 0.32 | 2.81 |
| 2056—2060 | −0.95 | −1.11 | −0.36 | 0.59 |
| 2061—2065 | −1.02 | −1.29 | −0.54 | 0.94 |
| 2066—2070 | −1.04 | −2.21 | −0.08 | 2.68 |

另外，我们从 65 岁及以上人口占比年度增量值，也可以看出整个人口老龄化（或老年人口比例）提升的过程。图 13 给出了从 1996 年到 2070 年 65 岁及以上人口占比年度增量值。从中可以看出 65 岁及以上人口占比年度增量值在 1996 年到 2009 年都在 0.2 个百分点及以下，在 2010 年以后略有提升，2017 年以后有大幅提升，2026 年又回落到 0.2 个百分点以下，随后快速上升到 2028 年的最高值。当年老年人口比例增加了 1.14 个百分点，并一直在高位徘徊，随后下降 0.4 个百分点左右，并在 2050 年以后再度升高。直到 2056 年一直保持在 0.6 个百分点以上，随后百分点增量直线下滑，2069 年后略有抬头。

总之，中国的高速人口老龄化既可以从老年人口数量的增长速度上反映，也可以从老年人口所占比例上反映，前者属于老年人口绝对增长，后者属于老年人口相对增长。老年人口绝对增长从 20 世纪 60 年代就已经开始，到 2055 年 60 岁及以上人口规模达到峰值，然后开始下降。相对增长出现了三次高峰：第一次是在 2020 年前后，峰值不高，持续时间较短；第二次是从 2027 年到 2040 年，这一阶段增长幅度

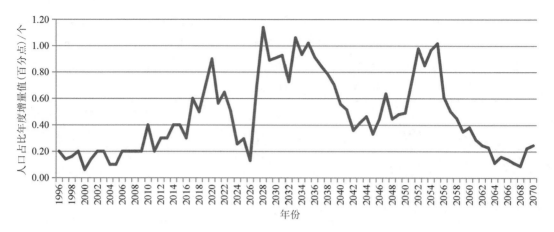

**图 13　65 岁及以上人口占比年度增量值（百分点）**

大、持续时间长，被称为中国人口老龄化最快的时期；第三次是从 2051 年到 2056 年，尽管峰值也比较高，但持续时间比较短。无论相对值增长幅度是大还是小，老年人口比重到 2070 年仍然在增长。我们利用中方案人口预测得出的 2054 年至 2068 年 65 岁及以上人口比例，用 logistic 曲线进行了拟合，在给定峰值为 41.2% 时，拟合函数的确定性系数 $R^2=0.999$。这意味着中国未来 65 岁及以上老年人口比例的峰值在 41.2% 左右，最高不会超过 42.0%。

### （二）家庭养老难以为继

严格来说，人口老龄化反映的只是人口年龄结构的变化。老龄化本身并不是问题，老龄化问题实际上指的是由于人口老龄化所带来的人口和人口各类特征与其所处的社会、经济、环境、文化、观念、体制、制度和政策等不相适应的问题。这里的人口各类特征指的是人口年龄结构、家庭结构（包括子女数量）、居住方式、生活来源、健康状况、生活自理状况等。与这些特征相关的外在因素会影响到老年人和子女之间的代际关系（其中包括子女对老年人的经济支持、生活照料和精神慰藉等）、养老保障制度、最低生活保障制度、居家和机构养老体系建设、适老化环境改造和老年友好型城市建设等。

中国从 1973 年开始全面推行计划生育，当时允许生育两个孩子。1980 年，国家提出"一对夫妇生育一个孩子"政策。1982 年颁布的《宪法》第 49 条进一步明确规定：夫妻双方有实行计划生育的义务。1984 年以后，直到 2014 年，城市所有夫妇和农村中第一孩生育男孩的夫妇只能生育一个孩子。这意味着从 1980 年以后只生一个孩子家庭比例会快速上升。表 9 给出了按年份和年龄划分的 40～50 岁妇女平均活产子女数和按存活子女数划分的女性人口比例。40～50 岁妇女中年龄比较大的人会在 1980 年之前生育，她们中的绝大多数人在 1980 年时已经生了第二个孩子，平均生育孩子的数量相对较多。例如 2000 年 50 岁妇女平均生育了 2.68 个孩子,[①] 这个年龄无子女比例为 2.5%,只有 1 个孩子的比例为 12.6%,有 2 个孩子的比例为 35.6%,有 3 个及以上孩子的妇女占到 50% 以上。年龄相对较小的妇女会在 1980 年之后生育,这部分妇女生育一个孩子的比例会迅速上升。例如 2020 年 40 岁妇女平均生育子女数迅速下降到 1.95,[②] 无孩比例为 2.7%,一孩比例为 34.3%,两孩比例为 40.5%,有 3 个及以上孩子的比例仅为 25.1%。

表 9 按年份和年龄划分的 40~50 岁妇女平均活产子女数和按存活子女数划分的女性人口比例

| 年份 | 年龄/岁 | 平均活产子女数/个 | 按存活子女数划分的女性人口比例/(%) | | | | | |
|---|---|---|---|---|---|---|---|---|
| | | | 0 个 | 1 个 | 2 个 | 3 个 | 4 个 | 5 个及以上 |
| 2000 | 40 | 1.95 | 2.7 | 34.3 | 40.5 | 16.3 | 4.3 | 4.5 |
| | 41 | 1.99 | 2.2 | 32.8 | 40.5 | 18.0 | 4.8 | 3.8 |
| | 42 | 2.02 | 2.0 | 32.7 | 39.9 | 18.2 | 5.3 | 4.0 |
| | 43 | 2.06 | 2.0 | 30.5 | 41.5 | 18.4 | 5.5 | 4.1 |
| 2000 | 44 | 2.12 | 1.9 | 28.5 | 41.1 | 20.2 | 5.9 | 4.3 |
| | 45 | 2.18 | 2.0 | 25.7 | 42.5 | 20.3 | 7.0 | 4.5 |
| | 46 | 2.24 | 2.0 | 23.6 | 42.2 | 21.9 | 7.3 | 5.0 |
| | 47 | 2.36 | 1.8 | 20.4 | 40.4 | 25.9 | 8.2 | 5.1 |
| | 48 | 2.46 | 1.9 | 17.5 | 40.1 | 26.7 | 10.0 | 5.7 |
| | 49 | 2.55 | 1.8 | 15.3 | 37.8 | 29.2 | 11.6 | 6.1 |
| | 50 | 2.68 | 2.5 | 12.6 | 35.6 | 29.9 | 13.6 | 8.4 |
| 2015 | 40 | 1.52 | 6.4 | 46.8 | 38.6 | 6.7 | 1.2 | 0.3 |
| | 41 | 1.54 | 5.7 | 46.4 | 39.6 | 6.8 | 1.2 | 0.3 |
| | 42 | 1.53 | 5.6 | 46.9 | 39.2 | 6.9 | 1.2 | 0.4 |
| | 43 | 1.55 | 5.4 | 46.6 | 39.3 | 7.1 | 1.3 | 0.3 |
| | 44 | 1.55 | 5.2 | 46.7 | 39.4 | 7.0 | 1.3 | 0.4 |
| | 45 | 1.57 | 4.9 | 46.1 | 39.7 | 7.5 | 1.4 | 0.4 |
| | 46 | 1.59 | 4.6 | 45.3 | 40.5 | 7.7 | 1.4 | 0.4 |
| | 47 | 1.62 | 4.6 | 43.6 | 41.4 | 8.4 | 1.6 | 0.5 |
| | 48 | 1.66 | 4.5 | 41.4 | 42.3 | 9.5 | 1.8 | 0.5 |

---

[①] 如果生育旺盛年龄为 20~30 岁的话,2000 年 50 岁妇女绝大多数会在 1970—1980 年生育,40 岁妇女绝大多数会在 1980—1990 年生育。

[②] 严格来说 40 岁妇女并没有结束生育过程,她们到 50 岁之前还会有一部分人生育,所以这里的数据反映的并不是她们的终身生育结果。

续表

| 年份 | 年龄/岁 | 平均活产子女数/个 | 按存活子女数划分的女性人口比例/（%） | | | | | |
|---|---|---|---|---|---|---|---|---|
| | | | 0个 | 1个 | 2个 | 3个 | 4个 | 5个及以上 |
| 2015 | 49 | 1.67 | 4.5 | 40.8 | 42.4 | 9.8 | 1.9 | 0.5 |
| | 50 | 1.65 | 4.8 | 42.2 | 40.6 | 9.8 | 2.0 | 0.6 |

资料来源：2000年数据是基于普查万分之一微观数据处理得出的结果；2015年数据来自国家统计局2015年全国1%人口抽样调查汇总数据。

由于计划生育管理手段和方式越来越严格，人们更加习惯按照国家政策要求进行生育，后期妇女平均生育孩子数量越来越少，"一孩"比例越来越高。例如，2015年50岁妇女平均生育了1.65个孩子，有4.8%的妇女无孩，只有1个孩子的妇女比例为42.2%，有2个孩子的妇女比例为40.6%，有3个及以上孩子的妇女比例为12.4%。2015年40岁妇女平均生育了1.52个孩子，无孩比例为6.4%，"一孩"比例为46.8%，"二孩"比例为38.6%，"三孩"及以上比例仅为8.2%。这批妇女已经基本上完成生育过程。这样的家庭结构是她们尽了计划生育义务带来的结果，目前这部分人正陆续进入老年，她们即将面临的问题是：在年轻时尽了计划生育义务后，到了老年她们应该得到的对应权利是什么？一句话就是：谁来为她们养老？

从历史上看，中国人的养老主要依靠子女，而且家庭养老被视为中华民族的传统美德。基于这样一种文化、传统和习惯，《中华人民共和国老年人权益保障法》第十三条规定，老年人养老以居家为基础，家庭成员应当尊重、关心和照料老年人。第四条规定，赡养人应当履行对老年人经济上供养、生活上照料和精神上慰藉的义务，照顾老年人的特殊需要。其中，"赡养人"是指老年人的子女以及其他依法负有赡养义务的人。第七十六条规定，对老年人负有赡养义务、扶养义务而拒绝赡养、扶养……构成犯罪的，依法追究刑事责任。这一法律从传统上看是没有问题的，但法律针对的客观对象——家庭和子女在结构上已经发生了根本性变化，即老年人的子女数量越来越少（见表10）。2020年85～89岁女性平均有4.10个存活子女，而60～64岁老年人平均只有1.86个存活子女。如果25年为一代人的话，这意味着只经过了一代人，中国老年人平均子女数量减少了2.24个。45～49岁女性平均存活子女数只有1.56个，从4.10个孩子减少到1.56个孩子只用了40年的时间。中国家庭中孩子数量减少的速度是比较快的。

表10 2020年女性按年龄组分的平均活产子女数和平均存活子女数（个）

| 年龄/岁 | 平均活产子女数/个 | 平均存活子女数/个 |
|---|---|---|
| 45～49 | 1.59 | 1.56 |
| 50～54 | 1.67 | 1.63 |
| 55～59 | 1.80 | 1.75 |

续表

| 年龄/岁 | 平均活产子女数/个 | 平均存活子女数/个 |
| --- | --- | --- |
| 60～64 | 1.92 | 1.86 |
| 65～69 | 2.21 | 2.16 |
| 70～74 | 2.66 | 2.52 |
| 75～79 | 4.01 | 3.22 |
| 80～84 | 4.61 | 3.73 |
| 85～89 | 5.05 | 4.10 |

资料来源：45～64岁的数据来自2020年人口普查汇总资料，65岁及以上的数据是基于以往普查和1%人口抽样调查数据推算得到。

中国面临的问题是，家庭养老传统还在，但家庭养老的支柱——孩子的数量已经大幅减少，家庭养老将难以为继，家庭养老这一传统美德将很难维持下去。目前的状况是，年轻人有赡养自己父母的愿望，但很难具备赡养父母的条件和能力。中国空巢老人户已经接近50%，这一方面是由于老年人子女数量减少，另一方面是由于越来越多年轻人离开父母去外地工作，这一趋势未来会进一步加剧，导致家庭养老更加困难。两代人在数量上的对比关系无论从微观的家庭结构还是从宏观的人口结构上，都在快速发生变化。

（三）不健康和需要照护的老人会出现爆发式增长

人口结构的顶部老化主要是由死亡率下降或人均预期寿命提高带来的。图3和图5提示我们，人均寿命的延长速度已经远远超出人类早期的预期。这样，一方面医疗条件的改善导致死亡率快速下降，而那些由于死亡率下降而存活下来的老年人绝大多数身体健康状况较差，甚至很多人生活不能自理；另一方面，由于绝大多数老年人患有慢性病或老年病，而这类疾病几乎是不可逆的，这样就会导致有更多老年人带病生存，甚至出现不健康的长寿。[1]

那么，在人口出现老龄化或者老年人口比例迅速上升的时候，即使整体健康水平保持不变，但患病人群、残疾人群、失能人群或生活不能自理人群会快速上升。1987年和2006年中国共进行过两次残疾人抽样调查，这期间无论是残疾发生率还是分年龄残疾比例都出现明显下降。然而，第一次残疾人抽样调查估计出的全国残疾人口总量为5146万人，第二次残疾人抽样调查得出的残疾人总数为8296万人。这期间残疾人口增长了3150万，增长了约61%。残疾人数量和残疾人比例的快速增加主要是人口年龄结构老化或老年人口数量大幅增加导致的。再比如，如果将2020年老

---

[1] 乔晓春：《健康寿命研究的介绍与评述》，《人口与发展》2009年第2期。

年人需要照护人数定义为 1，那么根据估计，2030 年需要照护的人数将是 2020 年的 2.6 倍，2050 年将是 2020 年的 4.6 倍。① 实际上，不仅是残疾人和需要照护人群快速增加，由于人口快速老龄化，各类慢性病、癌症、心脑血管疾病、老年痴呆和失能人群数量都会快速增加，这些都将成为不可回避的事实。

  总之，中国人口快速老龄化既带来了老年人口特别是高龄老人数量的快速增加，也带来了家庭养老资源相对不足，使家庭养老难以为继，同时还带来了不健康、生活不能自理和需要照护人群的大幅增加。无论是人口老龄化还是人口老龄化带来的问题，以及它们未来的进程，在整体上都是很难改变的。老龄化问题的本质是社会环境、制度和政策是否与人口快速老龄化进程相适应，社会环境改变和制度安排在多大程度上能够缓解或解决由于人口老龄化带来的一系列问题。如果说解决中国人口过多的问题靠的是计划生育或直接从人口角度入手来解决问题，那么解决中国人口结构老化带来的问题只能从社会角度入手，即构建与未来人口老龄化相适应的新的社会观念、社会环境、社会制度、产业结构和保障体系。老龄化犹如一辆快速奔驰的列车，问题的关键是未来社会制度建设和调整是否能够赶得上这趟列车。

# Determinants and Consequences of Population Aging in China

Qiao Xiaochun

(Institute of Population Science, Peking University, Beijing 100871, China)

**Abstract**: The theory of population transition describes the changes in birth and mortality rates that lead to changes in population structure and aging population. This article analyzes the changes in China's birth rate and mortality rate over the years since the establishment of the People's Republic of China, reveals the reasons for the aging of China's population age structure, and uses the data from the 7th National Population Census in 2020 to display China's population age structure, the current situation and characteristics of the elderly population. Based on this, it predicts China's population development in the next 50 years, further revealing the long-term trend of changes in China's population size and age structure. By analyzing the process of population aging, this article finds that the potential consequences of population aging in China mainly include: an increase in the number of elderly people, especially

---

① 乔晓春：《对未来中国养老照护需求的估计》，《人口与发展》2021 年第 1 期。

the elderly, and a decrease in the number of children leading to insufficient family elderly care resources, a surge in unhealthy and unable to take care of themselves due to population aging, and a rapid increase in demand for care.

**Keywords**: population transition; population aging; birth rate; mortality rate; total fertility rate; per capita life expectancy

# 老年照护体系整体效应
## ——一个基于北仑经验的政策框架

唐　钧　　苏忠鑫　　艾静怡　　王　倩　　朱五四

[摘　要]　随着人口老龄化的加剧，社会养老负担不断增加，急需构建适应我国人口和社会经济发展形势的多元主体参与的老年照护体系，保障老年人享有养老服务的权益。本文提出了功能耦合视角下"老年照护体系整体效应"的分析框架，以此探究北仑地区老年照护体系的实践经验和未来发展路径。研究表明，必须构建一个居家照护、机构照护和社区照护功能耦合的老年照护体系。其中，应以居家照护为本，以发展非正式服务、助推原址养老为导向构建老年照护体系。具体表现为：居家服务中的"爱心厨房送餐"、社区服务中的"办好老年协会"和"按照需要分片"，以及机构服务中的"引入专业机构"、"机构嵌入社区"和"五保自费平等"等举措。

[关键词]　老年照护体系；功能耦合；政策框架

---

宁波市北仑区是浙江省"高质量发展建设与共同富裕示范区"首批试点地区之一，区内有宁波经济技术开发、宁波保税区等5个国家级开发区。2021年，北仑区实现地区生产总值2382.50亿元。

北仑区下辖11个街道，共有46个社区居委会和213个村民委员会。根据第七次全国人口普查（简称"七普"）数据，北仑区常住人口829448人。全区常住人口中，60岁及以上老人（又称"老年人"）有121073人，占14.60%；65岁及以上老人有83369人，占10.05%。仅从上述数据看，北仑区老龄化程度低于宁波市（18.1%），更低于全国（18.7%）。

然而，"七普"调查数据是以常住人口为统计口径的。2019年末，北仑区常住人口75.5万人，户籍人口40.3万人；①两者之差即为流动人口，共35.2万人，约占常住人口的46.6%。实际上，北仑区现有60岁及以上户籍人口约11.1万人，占户籍

---

作者简介：复旦大学老龄研究院课题组。

① 《北仑区人口数据》，红黑数据库：https://www.hongheiku.com/xianjirank/zhejiangxj/4686.html，2023年10月18日。

人口的27.5%，80岁及以上户籍人口约1.5万人，占户籍老年人口总数的13.5%。①如此之高的老龄系数和高龄系数，说明北仑区正面临人口老龄化和高龄化的严峻挑战。

2018年11月，复旦大学社会发展与公共政策学院（以下简称"社发院"）和宁波市北仑区人民政府签订了"北仑·复旦"社会养老服务政产学研战略合作备忘录，准备采用边调研、边总结、边策划、边改进的方式，与北仑区合作，对老年服务进行一次行动研究。2018—2020年，经过几轮调研和研讨，社发院向北仑区提供了一个"养老服务一体化"的改革方案。2022年7月，社发院旗下的老龄研究院再次组织课题组，到北仑区进行项目结题评估和调查，在此基础上结合原先积累的数据资料，撰写本文。

## 一、理论框架：老年照护体系的功能耦合和整体效应

在我国的老年政策领域中，一直有"养老服务体系"，并对体系中的居家服务、社区服务和机构服务进行了角色分工，分别为"基础"、"依托"和"支撑"。以上说法很像是"系统语言"，但是，是否使用了诸如此类的术语，就能形成"整体大于部分之和"的系统整体？其实不然。

实际上，此类名词已成为政府文件、媒体报道甚至一般工作语言中的常用词。但是，在"科学""现代"的词汇后面，并没有实质性的系统思想。本研究试图通过子系统之间功能的耦合形成系统整体的政策设计，将上述"养老服务体系"改造成真正的系统整体，亦即本文所阐述的"老年照护体系"。关于作为一个系统整体的"老年照护体系"，其理论依据如下。

其一，波普勒提出作为文化人类学或社会学的重要理论视角，结构功能主义特别适用于研究稳定的、小规模的社会。他认为这有助于我们去理解，在这样的社区中人们怎样形成了有秩序的生活，并表现出强大的合作精神和高度的团结性。如果把老年照护中的"照护者-被照护者（老年人）"也视为一个"稳定的小群体"，尤其是当这个小群体又被置于"社区"这个被"人群"和"地域"限定的小社会中时，结构功能主义的视角将具有充分的解释力。②

其二，金观涛提出"仪器是人造组织，功能耦合网代表着仪器原理"，并且提出任何一架仪器都可以表示为"功能耦合系统"。循着这个思路往下走，问题导向、行动导向的社会政策不也可以被看作一种"人造组织"吗？由此推论，是否也可以用一个"功能耦合网"去对社会政策体系进行解构？③

---

① 本报告中，统计数据没有特别标注出处的，均由北仑区民政局提供。
② 戴维·波普诺：《我们身处的世界：波普诺社会学》，李强等译，中国人民大学出版社2014年版。
③ 金观涛：《整体的哲学》，四川人民出版社1987年版。

如果把社会政策看作一个人造系统，在政策实施过程中，我们可以为之设置并创建政策实施所需要的外部条件，同时设计政策体系内部各个部分亦即各种子系统并确定它们的结构与功能。最主要的是，要使这些部分或子系统以社区为平台，通过功能耦合形成一个系统整体，从而产生"整体大于部分之和"的整体效应。

（一）传统家庭保障的自耦合

中华民族传统文化博大精深，由农耕社会的生活方式、生产方式造就的"孝文化"则是其中一个核心的组成部分。在"系统整体和功能耦合"视域下看传统的家庭保障，可以发现，它显然是以繁衍生息为基础的家庭功能去满足老人晚年生活需要的自耦合系统（见图 1）。

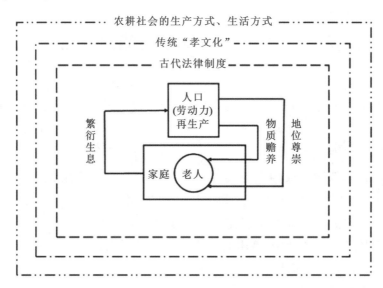

**图 1　传统家庭养老的自耦合**

在图 1 的中心，可以看到一个传统家庭养老的自耦合的示意图。家庭养老左边的输出，是家庭本身"繁衍生息"，通过"人口（劳动力）的再生产"转化为满足家庭中老年人需求的输入，造就了家庭养老系统的生存条件。其中包括两个方面：一是物质上的赡养（包括生活照料），二是精神上的敬爱。于是，围绕家庭养老，以"自给自足"的闭环形成了一个自耦合的简单系统。

虽然家庭养老系统很简单，但使其能够长期保持稳定的外部条件（包括经济的、政治的、社会的和文化的）却不简单。图 1 中最外面的第一层次的虚线方框，表示"家庭养老"所处的发展阶段是传统的农业社会，这个阶段的生产方式是农业，精耕细作、自然经济的生产方式又决定了这个阶段的生活方式，即自给自足、分散封闭。第二层次的虚线方框，表示在长期的农业社会中形成与"家庭养老"相配套的精神文化积淀——"孝文化"。第三层次的虚线方框，表示历朝历代建立在"孝文化"基础上的保护"家庭养老"的法律制度。

综上所述，可以概括为五点。第一，在传统农业社会中，家庭养老是一种最普遍的基本养老模式。第二，家庭养老是建立在自给自足的农业经济以及与之相适应的生产方式和生活方式的基础上的，并受到传统文化在道德上的制衡及在法律制度上的倡导和保护。第三，家庭养老作为一个系统，其最主要的输出或功能，是人口或劳动力的再生产。同时，"孝文化"保证了老年人在家庭中的尊崇和主导地位。以上种种，可以在物质和精神两方面满足家庭养老的需要。第四，上述输出与输入周而复始、生生不息。在我国3000多年历史中，家庭养老系统自耦合的"内稳态"，使家庭养老系统一直延续下来，直到20世纪80年代实施改革开放。

## （二）功能耦合老年照护体系的重构

18世纪60年代，人类社会逐渐进入了工业化时代，工业化时代生产方式的显著特征就是社会化大生产，包括机器化的大生产以及与之相配套的大市场，这又造就了不同于以往的生活方式。二战以后，工业化、现代化趋于成熟，社会的发展使老年人的寿命越来越长，而婴儿的出生率越来越低，这就引发了老龄化浪潮。同时，为适应就业市场的需求，劳动力大规模流动，对家中老年人的照料鞭长莫及。传统的家庭养老模式的外部环境起了质的变化，以自耦合的家庭功能满足老人需要的家庭养老模式逐渐步履维艰。

我国的情况较为复杂。一方面，我国仍处于从传统社会向现代社会转变的过程中，小农经济和工业经济、信息经济并存。另一方面，我国少子老龄化进程突然加速，老年照护的窘境更为凸显。虽然我国政府对养老服务更重视，更愿意投入资金，但老年人的获得感、安全感和幸福感尚需提升。

21世纪初，我国便有了"居家为基础、社区为依托、机构为支撑"的养老服务体系的说法，现在的问题是：如何使这个既有的政策框架能够成为真正的有组织整体。研究上述三个部分的互动关系和功能耦合，使老年照护体系（见图2）成为真正的系统整体。

相比图1，图2所包含的内容要复杂得多，我们将分成6个层次——详述。

第一，图2中心有关家庭和老人的大方框表明家庭对恢复家庭照护功能的"内稳态"产生了正面影响。家中谁来照护老人，图上有一个标明"非正式照护"的小方框，呈"骑墙"状态，这说明非正式照护者一部分是家庭成员，另一部分来自家庭之外。非正式照护的输出，通过两个并行的"直接服务"和"间接服务"两条途径，成为满足老年照护需要的输入，这也是非正式照护存在的理由。这是一组围绕居家照护子系统的功能耦合。

第二，图2右侧标注"居家服务基础"的大方框中引出一个向左指向"非正式照护"的粗箭头，这是居家服务子系统的功能或输出，它通过非正式照护转换为家庭照护存在的条件或输入，成为重新恢复家庭照护"内稳态"的保障力量。另外，从

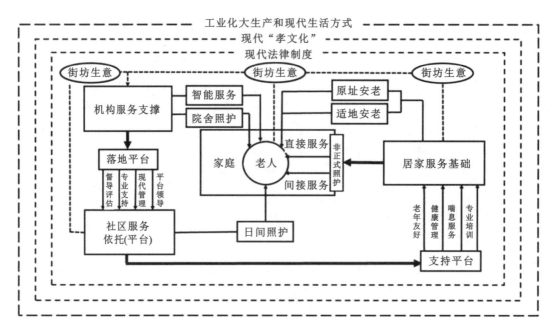

图 2　功能耦合的老年照护体系

"居家服务基础"的方框引出一个向上左拐再指向家庭与老人的箭头，其间有两个小方框，分别注明是"原址安老"和"适地安老"。居家服务的这部分功能或输出，是要通过对原址安老或适地安老的选择，作为满足老人安度晚年的输入，并成为这部分功能存在的条件或理由。以上所述是居家服务子系统与家庭照护之间的两组功能耦合。

第三，图 2 左侧标注"社区服务依托（平台）"的大方框向右引出一个长长的粗箭头，这是社区服务子系统对居家服务子系统的输出，从而形成一个"支持平台"。上述输出或功能，在这个平台进行转换，然后成为对居家服务子系统的输入，包括"专业培训""喘息服务""健康管理""老年友好"，从而成为社区服务子系统存在的理由。这是社区服务子系统与居家服务子系统的一组功能耦合。

第四，图 2 上方还有一个标注"机构服务支撑"的大方框，向下引出一个粗箭头，这是机构服务子系统对社区服务子系统的输出，机构服务的支撑功能要通过社区服务落地，社区服务成为机构服务的"落地平台"。在这个平台上进行交换，机构服务对社区服务的输入，包括"平台领导"、"现代管理"、"专业支持"和"督导评估"，从而成为机构服务子系统存在的条件。这是机构服务子系统与社区服务子系统的一组功能耦合。

第五，从"老人 家庭""居家服务基础""社区服务依托（平台）"三个方框，都有一条向上的虚线。这些虚线都通过标注为"街坊生意"的椭圆框，最后落到"机构服务支撑"上。这三条反馈线，落实了以"机构服务支撑""社区服务依托（平台）""居家服务基础"构筑的"街坊生意"，即"社区化"，是老年照护体系的目标。

第六，三个子系统都有直接针对老年人的输出和输入，这表示三个子系统都还有自己直接的系统目标，从而又形成了5个针对"家庭和老人"的子系统。如机构服务子系统的输出，通过"智能服务"和"院舍照护"直接转换成提供高科技的智能服务和针对严重或完全照护依赖老人的长期照护；社区服务子系统的输出，通过"日间照料"直接转换成对部分照护依赖的老人提供"半机构式"的长期照护；居家服务子系统则通过"原址安老"和"适地安老"直接转换成帮助老年人选择和安排能够安度晚年的环境，包括社区和住房的老年照护前期服务。

(三) 老年照护体系的运行机制

综上所述，老年照护体系以及三个子系统的整体运行机制，可以概括地表述为四个方面。

一是科学、合理的老年照护体系，其重点还是放在家庭上，以居家服务为主，而居家服务又以非正式照护为主。非正式照护提供者中按顺序是配偶、子女和孙子女及其配偶、其他亲友、住家保姆，以及亲友、邻居、志愿者、非营利机构的工作人员。提供的服务可分为直接服务和间接服务。直接服务指对照护依赖老人直接提供生活照顾、康复护理和权益保护等服务。间接服务指对照护依赖老人提供日常生活所需的烹调、清洁等家政服务。

二是老年照护体系由机构照护、社区照护和居家照护三个子系统构成。对社区服务和居家服务而言，机构服务扮演的是"支撑"的角色，老年照护的核心要求是专业服务，所以机构服务是整个体系的专业骨干力量。对机构服务和居家服务而言，社区服务扮演"依托"或"平台"的角色，对机构服务是一个落地平台，对居家服务是一个支持平台。对机构服务和社区服务而言，居家服务扮演的是"基础"的角色，是最常见、最直接的满足老年人尤其是照护依赖老年人需要的服务，但离不开机构服务和社区服务的支持。这三个子系统既互为条件，又功能互补，因此可以耦合成一个系统整体。

三是在当前的宏观背景下，理想化的老年照护体系很难一蹴而就。但变化可以从一个相对稳定、小规模的社会，即社会学意义上的社区做起。三个子系统都朝着做"街坊生意"，亦即社区化的方向聚集，机构服务通过社区平台落实平台领导、现代管理、专业支持和督导评估等支撑功能，社区服务又通过社区平台对居家服务给予专业培训、喘息服务、健康管理和老年友好等支持功能，居家服务则以社区为基地向老人提供直接服务或间接服务。这样就能建构起一个具有"共同体"性质的"社区型"老年照护系统。

四是在长期的发展过程中，三个子系统原本都有各自的目标。譬如机构服务提供院舍照护，当老年人因严重或完全照护依赖需要更专业的服务时，理性的选择是送老人去专业机构。还有智能化服务，也应该由专业机构来做出选择并予以实施。

又如居家服务，还有一个特殊的任务：如果老人的住房和所在的社区不适合老人居住和活动，那就另择新居，这叫适地安老。再如社区服务，还有日间照料中心为老人提供"半居家、半机构"的服务，对非正式照护者而言，这项服务也是喘息服务的一种。①

以上所述是理想化的政策设计，但理想设计并非凭空而来。在一些地方，有一些老年照护机构，早已在这方面迈出了第一步。2022年在宁波市北仑区的调研中，我们有了新的发现。

## 二、深度调查：北仑区老年服务的10个"亮点"

2022年7月，课题组再次对浙江省宁波市北仑区的老年服务进行了一次深度调查，总结了北仑区老年服务的10个亮点。

### （一）引入照护机构，发挥专业支撑优势

近年来，北仑区按照公建民营、民建民营的思路，针对区内老年照护产业化程度不高、功能不全的短板，积极引进国内知名老年照护机构，迅速提升了区内老年照护服务的水平。

目前，北仑区仅保留了一家示范性区属公办老年服务机构——北仑区中心福利院，该机构现有床位450张，接收自费入住的老人357位，运营模式为公建民营，通过政府与民营机构合作，共扶持民营老年服务机构104家，提供的床位占全区总床位的83%。另外还有2154个居家养老服务中心（站）通过服务站点委托管理、服务项目协议外包等方式，引入专业老年照护机构参与运营。其中，居家照护服务中心社会化运营比例达到100%。

老年服务机构的公建民营运营模式是在政府履行公办老年服务机构兜底线、保基本责任的基础上，充分利用市场机制，以合同协议的方式引进社会力量提高机构社会服务水平的运作模式。地方民政部门的职责是提供业务指导和行业监管，具体工作有三：一是健全公开招标机制，确保全流程公开透明；二是完善公建民营机构的管理和监督机制，出台相关的管理办法，并实施常态化检查、评估、监督；三是完善公建民营老年机构的绩效评价体系。

民营机构"九如城集团"在北仑区以公建民营的方式经营了3个敬老院（改建后称"康养中心"，下同）和2个社区的区域性居家服务中心。其中，霞浦街道敬老院有100多张床位，能为老年人提供全面的康养服务，现入住老人80多位。此外，还有柴桥街道敬老院和下邵社区区域性居家养老照护中心，近年来又新增新奇

---

① 唐钧：《老年照护体系的整体效应》，《甘肃社会科学》2022年第4期。

街道星阳社区居家照护服务中心。另外,白峰街道敬老院也已改造完毕,正待开业。

北仑区还与杭州蓝谷、钱江养老等本省的专业照护机构合作供给养老服务,由政府为特困老人购买居家服务,实现80周岁及以上户籍老人每月3小时免费上门服务全覆盖,并为12位失能、半失能老年人提供每年30~45小时的免费居家养老上门服务。

理论视点:服务机构有广义、狭义之分。狭义的服务机构,即"提供住宿的老年服务设施"。广义的服务机构,则是囊括了处于不同层次、提供不同照护服务的广泛意义上的"大机构"。

广义的服务机构可称为"轻资产的老年服务经营商"。具体而言,就是在一个老年服务机构的统领和运营下,在一片区域内设立一个有100~500张床位的"旗舰店",然后向周围社区辐射,建立社区服务中心,进而由社区服务中心对老年人及其家属提供居家服务。

"专业的事情要由专业的人来做"。在现代社会里,养老需求已经不再仅仅满足于吃饱穿暖,而是全面满足老年人的健康需求和社会需求。因此,老年人平常不起眼的起床、穿衣、洗澡、如厕等生活琐事,其实都需要专业技术支撑。当老年服务刚刚起步时,掌握技术的人才是少数,而照护机构因为有资金、管理等方面的优势,所以容易吸引各类专业人才聚集。从这个意义上说,以专业照护机构在老年服务中统领和运营不同层次的服务,无疑是明智的。因此,广义的服务机构应该是老年服务体系的支撑。可喜的是,这在北仑区的老年服务中已粗具雏形。

关于"公建民营",其实质是为追求"公建"老年照护机构的效益与效果,让其以"民营"的形式进行市场化运作。老年服务机构能否盈利是以入住率为前提的,机构必须保持良好的质量和信誉记录才能生存下去。我国的老年服务市场是买方市场,让接受服务的老人及家属来实施优胜劣汰,无疑是一个明智的选择。

(二)倡导小型适用,老年机构嵌入社区

近年来,北仑区政府先后引进了上海福寿康、杭州蓝谷、钱江养老等一批专业化的老年服务机构,将其旗下的小型机构"嵌入"社区,进行连锁经营和专业化管理,成效显著。

老年照护有一个"就近服务"的原则,即机构服务应该着力向社区延伸,形成所谓"嵌入式"的老年服务机构。机构办在老年人住家附近,规模可能不大,但在老年人有需要的时候,不管是长期照护还是短期照护,都可以入住以得到专业服务。因为机构离家近,儿孙辈探望或陪侍老人就很方便。

小型机构主要提供两种服务:一是健康服务,就是健康管理和慢病管理;二是社会服务,主要是日常生活照料和鼓励老人进行社会参与。譬如,上海福寿康在小港街道红联社区和戚家山街道运营两家嵌入式老年服务机构，提供入住服务。机构规模很小，一个有8张床位，另一个有20张床位。场地设备不追求"高大上"，甚至有点"土"。但是，充满了做"街坊生意"的亲切氛围。当然，这样的小型机构，一定要有大机构来连锁经营，才有可持续性。

上海福寿康在红联社区还运营嵌入式护理站，常设主管护师1名、护士2名，为长期卧床的老年人提供康复护理、生活照料。专业团队将对老年人健康体征的监测以及用药指导、护理指导、健康管理等服务送到居民家中。目前已为社区337名老年人建立了健康档案，为157名老年人提供了护理康复服务。

21世纪以来，在国际上，原来按医院模式建立起来的老年机构已经被重新规划，转变为小型的老年人服务场所，提供更像家庭和社区的环境氛围和全天候的照护，这就是"嵌入式"服务机构的由来。老年服务机构嵌入社区，首要的目标是为社区和社区中的老人及家属带来专业照护和现代管理。广义的机构服务要有"平台领导"的承担，服务机构要下沉，并身体力行将自身的专业能力和管理能力在不同层次、不同方向上都尽可能地发挥出来。此外，嵌入社区的机构虽然规模都不太大，却是"大机构"的一张名片。机构通过提供优质服务，融入到当地社区的熟人社会中，使得社区居民把机构当作"自家人"。这样，当老年人需要长期照护时，首选的就是自己熟悉的服务机构。

按照经济管理的"平台领导"理论，照护机构在社区平台上"嵌入"的是一个专业化的"老年服务平台"，其功能有三：第一，设置老年服务的互动平台和制定运行规则；第二，促成不同业态的服务提供者实现联合或合作；第三，尽力科学合理地引导服务平台生态系统持续成长。做到以上三点，机构服务在社区层面就会如鱼得水。

（三）重视院内和谐，特困、自费一视同仁

当前，在一部分老年机构中常常看到一种被称为"一院两制"的现象。由于机构中既包含特困老人（五保老人），又包含自费入住的社会老人，因此采用分楼、分区的方式进行管理：特困老人住陈旧的老楼，生活待遇和服务水平偏低；自费老人住刚建的新楼，生活待遇和服务水平较高。这使得"一院两制"产生负面影响。因此，应当提高特困老人救助金额，实现"一院一制"、一视同仁。

北仑区在老年服务管理中，纠正了"一院两制"的做法。目前，集中供养的特困老人的生活待遇与自费老人是一样的。在一些乡镇街道，特困老人的补助金额甚至超过对自费老人的收费。

乡镇街道的敬老院，以公建民营的形式对社会开放已是常事。如前面提到的上海福寿康等经营的街道或社区的康养中心，就是由敬老院改建而成的。如果能把敬老院现有的空置床位都利用起来，当然是有利于老年照护服务发展的，尤其对于实现老年人选择机构服务的就近原则大有裨益。但要破除思想观念上的障碍，不但要改善敬老院的物质环境，更要注重创造和谐的人文环境。

我国的一些敬老院、福利院之所以不被一些老年人接受，是因为这些福利设施被贴上了"供养孤寡老人"的标签。以往入住敬老院、福利院，主要的条件确实是"鳏寡孤独"，老一辈的人对此印象深刻。在一些人的观念里，老人如果选择入住此类机构，相当于宣称自己"无儿无女"；子女送老人去此类机构，也会被称为"不孝"。

要改变这种现状，就要贯彻"以人为本"的理念，促使接受服务的老年人能平等地获得安全、有效、及时、高效和合格的照护，满足他们的需求乃至迎合他们的生活偏好。国内的机构服务有一条经验，好的机构形象大多是靠口碑在社会上建立起来、传播开来的，这远比花钱做广告更有效。因此，只有在机构中营造类似家庭和社区的和谐环境和氛围，无论是在生活上帮助老人，还是诚心听取老人意见，都要落实"以人为本"的原则。只有这样，才能建立起老年服务机构的良好社会形象。

（四）居家照护为本，夯实老年服务基础

北仑区的老年服务是以居家服务为主的，这种工作思路和做法，十分符合当前我国和国际上的相关发展趋势。其一，"原址安老"往往是老年人自己的选择，老年人非到万不得已是不愿离开自己住惯了的居所的；其二，大多数老年人到晚年都已有了自己的住所，即使在发达国家，政府也很难做到专门为老年人修建更多的服务设施；三是在人口老龄化迅速发展的前提下，即使在发达国家，也难以找到足够的专事老年服务的人力资源。

按照以上分析，我们再来看北仑区的情况。事实上，大多数老年人仍然会选择在自己熟悉的家中和社区中度过自己的晚年。据统计，北仑区共有60岁及以上老年人12.1万人，80岁及以上高龄老年人1.5万人。与此同时，北仑区现有备案老年服务机构20家，床位3762张。这些床位只能满足3.11%的常住老人和3.39%的户籍老人，或者25.08%的户籍高龄老人的需要。反过来说，即使上述床位都住满了，仍有96.89%的常住老人、96.61%的户籍老人或者74.92%的户籍高龄老人需要居住在自己家里和社区里。

按照关于长期照护的国际共识，专业老年照护机构的床位被认为是为失能失智老人准备的。按近年来国际上的相关研究成果，在发达国家，老年人中有2%至5%住在老年服务机构。根据我国研究者的相关研究成果，80岁及以上老年人中可能有25%处于失能失智状态。就此而言，北仑区的服务机构至少在当下是够用的。

完整意义上的居家服务，不但要关注被照护的居家老年人，还要关注在家里照护老年人的家庭照护者。为此，北仑区全面推行护理技能培训制度，以职业院校为骨干，各类培训机构为基础，围绕家庭照料基础知识，免费开展生活照护、疾病照护、护理技能等15个科目的公益培训，2021年共为602名家庭照护者完成了培训计划。同时，逐年提高每万名老年人拥有持证老年护理员人数。通过与宁波北仑弘途高级技工学校合作，定期举办老年护理人员职业技能培训班。2021年，每万名老年人拥有持证老年护理员22名。北仑区也非常重视引导专业老年服务机构向社区、家庭提供康复培训等支持服务。如社区居家服务中心开展的"康复直达"项目，有60多个失能老年人家庭参与，有效缓解了照护压力。

在《联合国老年人原则》第一项"独立"中，第六项准则为："老年人应能尽可能长期在家居住。"这项准则被称为"原址安老"。事实上，无论在哪个国家，当要老年人决定住在哪里时，他们的选择往往是当下居住的家里和社区里。老年人普遍认为，家和社区能够维系人际关系，尤其是血缘亲情，老年人可以从中获得安全感、亲密感、归宿感和自主权。我国的传统观念是要"老死牖下，得以善终"，只有在自己家中平和而有尊严地无疾而终，这才是老年人的"莫大的福气"。

在《联合国老年人原则》的第三项"照顾"中，第一项准则就是关于非正式照护的。在国际通行的长期照护定义中，"非正式提供照护者"也是被放在"专业人员"之前的。非正式照护的作用与重要性主要体现在以下三个方面。第一，在当今世界，最普遍、最常见的老年照护者其实是老年人的家庭成员，尤其是配偶和子女，并且在未来一段时间内还难以被替代。第二，如果政府和社会的支持机制得力，家庭照护者是可以圆满地完成照护任务的。第三，居家照护实际上可以使被照护的家庭全家受益，不但是被照护的老年人，也包括照护者本身以及家庭中的其他成员。

### （五）建设老年社区，努力实现适地安老

为有需要的老年人建设"平民化"的老年社区应当被提上日程。这就是说，在居民聚集的社区中或者附近，建设一个专供有需要的老年人晚年居住的独立小区，其中的住宅可以朴素无华，但小区内要具备适合老年人的需要的相应服务。老年人仍然是一家一户地居家过日子，生活上既独立、有隐私，又方便且安全。社会的、健康的需求在小区中都可以得到满足。在北仑区，我们看到了与上述理想模式非常相近的平民化老年社区。

在以往农村征地拆迁和建设新农村的过程中，北仑区有部分乡镇街道在新规划中专门设计了供村里老年人聚居的社区。因为现在的老年人想法不同了，也都想要有一个老年夫妻的"两人世界"，但住得离子女又不能太远。这种让老年人单独聚居的规划，既满足了老年人的愿望，也为以后做好老年服务提供了方便。

具体的做法有两种：其一，如郭巨街道，所属的8个村共同为老年人建了一个老年社区；其二，如霞浦街道的陈华浦社区，那里的老年社区采用"村中村"的格局。现在两个地方都为老年社区配备了专门的居家服务机构和老年人活动场所，不论是机构提供服务，还是老人接受服务，都十分便捷。

在《联合国老年人原则》第一项"独立"中，第五项准则强调了"适地安老"，

即"老年人应能生活在安全且适合个人选择和能力变化的环境中"。因为对一部分老年人来说,他们希望在保持与社区、朋友和家庭的重要联系的同时,搬到更安全、更适合他们需要的住处生活。这样考虑的出发点,是因为部分老人居住的"原址"可能已经不适合他们的晚年生活。譬如他们所在的社区环境已变得"不友好",或者他们的住房已不适合居住,这就需要帮助他们另择新居。

需要强调的是,"适地安老"还是要让老人居住在家里和社区里,只不过是为了寻求更合适的社会环境和物理环境而搬家,搬到更适合老年人安度晚年的社区和住所中。在这方面目前还缺乏成熟的社会政策,而北仑区"老年社区"的实践给了我们启发。

(六)以满足老人需要为本,爱心厨房送餐上门

从2009年开始,北仑区就推出了"爱心厨房"项目。10多年来,北仑区坚持为区域内"有需要的老人"送餐上门,主要针对生活自理有困难且子女不在身边或子女无法照护的高龄、残疾、特困、独居、失独等有特殊需要的老人。北仑区规定,区财政对每位通过评估被认定为有需要的老人每年补助3000元,老人每餐只需自付5元即可享用一荤两素一汤。

北仑区根据现实生活中老年人口的分布格局,合理布局助餐服务站点。在人口分布较集中、交通较方便的区域,实行"中心厨房+站点配送"的方式,即设一个中心厨房,再分设若干站点。中心厨房送餐到助餐站点,助餐站点再为老人送餐上门。在相对偏远的区域,则扶持村居社区的爱心厨房,爱心厨房做好饭菜后直接给老人送上门。区域内若有机构条件较好,就由机构运营爱心厨房,为周边的老人服务。爱心厨房还会照顾老人的口味偏好,提供"小灶"服务。目前全区共有60家爱心厨房,基本实现送餐服务全覆盖。

北仑区非常重视爱心厨房服务,为每个乡镇街道配置送餐车,全天候为老人服务。在调研中,我们看到霞浦街道康养中心的食堂正在准备午餐,每位接受送餐服务的老人都有两套专属的五合一保温提梁饭盒,各层分别放米饭、荤菜、素菜、汤和水果点心。爱心厨房中午和晚上都会送餐,每次送餐时,就把上一餐的饭盒取回清洗消毒,以备下一餐使用。在调研中,我们也恰巧路遇骑着三轮车送餐归来的老年志愿者。他解释道,因为老城区小巷较多,开车送饭反而不如骑三轮车方便。反正送饭的范围不大,送一圈也就20分钟,完全能保证老人吃上热饭热菜。

至于对爱心厨房的日常监督管理,北仑区以集中化、标准化、规模化的要求促进爱心厨房高效运营,采用政府投入、全程监督、第三方验收的全流程项目监管模式。北仑区定期对厨房的工作人员进行老年膳食营养配餐的指导和培训。爱心厨房进行分区运作,配备纱窗、紫外线消毒灯等必要卫生设施,对建筑材料、消防设备、内部设施等各个细微环节做到标准化,确保厨房功能间宽敞明亮、灶具清洁整齐。

一般来说，以社会化的方式提供的间接照护，大多是专门针对生活不能自理或自理有困难的老人的。造成生活不能自理或自理有困难的原因可能是生理性的，也可能是社会性的，应该用 ADL 量表（日常生活活动能力量表）或 IADL 量表（工具性日常生活活动能力量表）进行仔细鉴别。

对于生活能够自理的老人，要尽力让他们做好自我照护，以免因身体活动减少而引起老人内在功能（包括智力和体力）的衰退。目前，缺乏身体活动已成为引发全球老年人死亡的重要因素。对于生活尚能自理的老年人，倡导进行经常性的身体活动，例如家务劳动等。有研究指出，家务劳动对老人的身心健康有积极影响，收拾房间、烹调食物等家务对老人潜移默化的影响力甚至超过改善居住环境与提高收入。

（七）搭建社区平台，健康-社会双重照护

老年照护一般分为两个方面：健康照护和社会照护。两者相结合可以称为"康养结合"。如果在社区层面搭建一个平台，健康照护服务和社会照护服务就都可以借助这个平台，解决为老年人提供服务"最后一公里"的问题。

北仑区的健康服务很有特点，为老年人构建起"急症快医、慢病细养、失能近护"的服务模式。所谓"急症快医"，是指充分发挥医疗机构的资源优势，通过嵌入小型老年服务单位、增设老年专科门诊等方式，提升老年急难重症的快速诊疗水平。例如，北仑明州康复医院、宗瑞医院等医疗机构内嵌老年康复专区，推出老年康复床位 210 张，为老年人提供急难重症后的快速诊疗服务。所谓"慢病细养"，是指老年机构入住老年人慢性病、基础性病多的情况，通过引导老年机构内设医疗站点或与邻近医院进行医疗合作，为在院老年人提供各项康复护理服务。截至目前，共为周边老年人提供康复护理训练、康复服务 1379 次，成功开展康复服务案例 232 例。所谓"失能近护"，是指为有效满足社区老年人失能照护及术后康复的需求，以居家养老服务中心为纽带，内嵌社区卫生服务站、护理站等元素，并引导专业老年服务机构向社区、家庭提供康复培训等支持服务。如社区居家养老服务中心开展的"康复直达"项目，有 60 多个失能老年人家庭参与，有效缓解了照护压力。

北仑区在社会照护方面也有自己的特色，精心培育为老服务社会组织和社会公益项目。近年来，北仑区通过积极培育社会组织、精心扶持公益扶老项目，不断扩大居家养老服务的基础和内容，形成了一批有质量、有温度的社会组织和公益扶老项目。例如：红联社区的"阿拉的家"，几个社会组织一起构建成一个站点化的为老服务社会组织群体，为社区老人提供各类服务；北仑区餐饮协会组成一支"名厨团队"，结对全区 50 多个爱心厨房，编制适合老年人健康的"爱心菜单"；北仑区传媒中心承接的"记录金婚"项目，为金婚老人定格幸福瞬间，免费提供金婚纪念照拍摄、扩放装帧、派送照片等服务，该项目开展以来，已为约 4000 对金婚老人拍摄了金婚纪念照；北仑区人民医院组织志愿服务队，以方便老人就医为载体，全力打造老年友善医院,为老年患者创造更加安全、便利、舒适的就医环境。活跃在全区各个领域的公益扶老社会组织,为全区老年人送去形式不一、内容不同的各类服务,赢得了良好口碑。

一般认为,老年照护包括健康照护服务和社会照护服务。老年照护中的健康照护包括两个方面:一是提供对日常生活活动进行支援和帮助的个人照护服务,例如对进食、洗澡、洗涤、穿衣、起床和尿失禁的保障和管理;二是医疗、护理或康复(例如伤口敷料、药物管理、健康咨询、安宁疗护以及与长期照护相关的疾病的医疗诊断和必要的康复服务)。老年照护中的社会照护提供使一个人能够独立生活的支援服务,它们涉及工具性日常生活活动中的社会性活动,如购物,烹饪和做家务;同时包括组织老年人参与社会,尤其是参与社区的各种活动和志愿服务。

健康照护中的个人照护,一般有两种方式:一种是在专业照护机构由正式照护者,即机构中的照护服务人员提供;另一种是基于家庭,由非正式照护者包括配偶、子女、亲友、志愿者(邻居)、非营利机构提供。与医疗、护理或康复等服务相关的健康服务则必须由专业机构中有专业资质的医护人员提供。在个人照护服务中,有专业的正式照护者,如社会工作者,也有非正式照护者,如社区中的社团组织和志愿者,还包括老年人本身参与和互助互济。

(八)打破区划限制,按照需要服务分片

当前,"十五分钟老年服务圈"的说法相当流行,具体解释如下。首先,应该是以普通老人来回步行能够轻松到达的范围为准。在这个范围内,老年人日常生活所需的设施应有尽有。其次,应该是当老年人有特殊需要时,相应的服务能够在15分钟左右到达。这里强调的"特殊需要",指此类需要是必须在短时间内满足的,例如急救。"十五分钟老年服务圈"养老服务提供模式在空间和时间上的限定是十分人性化的。

但是,上述设想往往与现行的街道、社区等行政区划可能不完全重合,为服务的布局造成了困难。北仑区在养老服务体系建设过程中,以老年人需求为中心,逐步打破行政区划"一亩三分地"的思维定式,坚持老年服务设施改造和体系建设跟着老人的需要走。实现了以需求为导向的资源优化配置,既在有必要时对现行行政区划以及与之相关的行政功能设置有所突破,又有利于更好地分配和整合资源、公平对待并尽量发挥区内不同地理位置的居民聚居区的区位优势。

笔者在调研中了解到,霞浦街道老年服务的部署打破了行政区划,在街道内根据老年人居住的分布情况以及老年人的服务需要划分片区。目前,全街道主要划出了2个片区:新浦片区,包括9个村和1个社区;九峰片区,包括5个村。靠中心城区的几个社区将来准备再划一个片区。

划分片区的做法是从爱心厨房设置和布局开始的,针对的是原先分散开办的爱心厨房存在的效率低下等问题。如果在一定区域内集中开办和统一送餐,可以大大提升服务的效率和效果。当然，在实际工作中，还是强调因地制宜、因人制宜。譬如新浦片区的几个村在地理位置上是连在一起的，所以这几个村就选择一个合适的位置，联合举办了一个服务功能可以覆盖整个片区的爱心厨房。只要上门送餐的服务范围合适，为老年人送上热饭热菜完全不成问题。陈华浦社区属于九峰片区，但它是一个老年社区，居民大多数是老年人。所以单独一个社区就设了一个爱心厨房。这个爱心厨房的服务对象相对来说人数较多，共有90多位老年人。

后来区里和街道都觉得像爱心厨房这样划分片区提供服务的办法很好，于是其他各种服务也沿袭了这样的思路，划分片区以便于服务的供给。现在北仑区划分片区提供服务的做法很常见。当然，不同的服务在布局上也会根据老年人的需要适当地有所调整。总而言之，以满足老年人的需要为主要目标。

老年服务应该重视社区的作用。社区本是个社会学的专业术语，其定义是"聚居在一定地域内的、相互关联的人群形成的共同体"。在社区概念包含的人群、地域、社区服务、社区意识、社区精神等五个要素中，处于中间位置的社区服务是一个承上启下的重要因素，仅有人群和地域而没有社区服务还是形不成真正的生活共同体，更不可能产生社区认同和社区文化等高层次精神要素。

现在国内所说的社区其实是一种行政区划，是居民委员会辖区。当然，居住在行政区域中的居民长期在一起生活，应该也能慢慢地演变为生活共同体。要强调的是，在演变的过程中社区服务起着决定性的作用。没有社区服务，就难以形成真正的社区。北仑区的做法是促使社区在社会功能上向生活共同体回归。

关于老年服务还有一个十分重要的基本问题：在老年服务中，究竟是以老年人为本，还是以管理者为本？说句大白话，就是：究竟是方便服务对象即老年人及其家属，还是方便服务提供者自己？显而易见，答案必然是方便老年人及其家属。要做好老年服务，服务提供者首先要把自己的位置摆正。

（九）办好老年协会，志愿服务助力照护

北仑区老年协会原来是"以自我管理为主、自娱自乐"的群众组织，但随着党和政府对老龄工作越来越重视，各项惠及老年人的政策的落实需要老年协会参与贯彻落实。近年来，老年协会已成为基层老龄工作的重要组织载体，是党和政府联系广大老年群众的桥梁和纽带。

北仑区通过老年协会精心打造"幸福来敲门"特色志愿服务品牌，构架"1＋10＋360"（1个区级助老志愿者大队、10个街道助老志愿者中队、360个村（社区）助老志愿服务小队）的助老志愿者组织体系，创新居家养老帮扶机制，以低龄结对高龄为主要方式，以专业化的志愿组织定向帮扶为补充，为全区80岁及以上病残、独居、高龄老人提供生活照料、安全守护、康复保健、精神慰藉、文化娱乐五大类为老服务。

在老年协会的组织下，通过老老结对，充分利用低龄健康老人资源。在实践中，由于年龄层次隔阂的问题，老年人相互之间的沟通交流和精神慰藉效果较好。因此，开展结对助老、邻里家政等以老助老服务，充分挖掘60岁及以上身体健康的低龄老人的力量，是邻里互助养老模式的重要体现。北仑区目前已有助老志愿者9631名，与14000余位老人结对开展经常性帮扶。

基层老年协会在老年节期间会配合街道慰问96~99岁的高龄老人，配合区慰问组慰问本村（社区）百岁老人。还协助大企业单位，如台塑、宁波钢厂等做好老年人的慰问活动。另外，配合街道做好区级"奉献之星""敬老之星""助老之星""街道级好会长"的推荐和评选，等等。同时，各村居社区按照各自传统特色开展老年节系列庆祝活动，为60岁、70岁、80岁、90岁及100岁老年人祝寿。有些村居社区每年还要举办"迎国庆书画展"，展览老年人的力作。

各村（社区）老年协会的常务副会长、秘书长等年龄大多已超过70岁，有的甚至超过80岁。为更好地做好老龄工作，北仑区在老年协会实施岗位津贴后，规定新任常务副会长、秘书长及重要理事年龄不超过70岁，使基层老年人管理队伍适当年轻化。

《联合国老年人原则》的第二项"参与"，包括三项准则，涉及社会融合、社会参与和社会组织。在老年照护服务中，除了政府、家庭和民营机构以及照护专业人员，非营利组织和志愿者也扮演着重要的角色，因此，促成他们之间和谐有效的伙伴关系是非常重要的。要形成广泛的合作，必须让所有的服务提供者，包括社区组织、社团组织和志愿者结成合作伙伴。

因此，在关于老年友好社区的国际共识中提出，要更多地支持社区参与，促进老年人通过社团组织与地方政府合作，目标是建立由老年人定义并得到外部支持的具有老年友好特征的社区，让老年人参与社区、社会和家庭生活。具体而言，就是要重视保证老年人参与志愿服务的机会，以及能在社区参加各种社会活动和公共活动。

（十）反对形式主义，智慧养老注重实效

从当前的实践看，"智慧养老"其实还不够成熟、稳定。对此，北仑区政府始终保持冷静和理性：其一，对于技术成熟稳定且在老年服务中适用的智能化设备，积极引进并落实到服务实践中；其二，对于技术上尚且不够成熟的智能化设备，采取既"乐观其成"又"静观其变"的谨慎态度；其三，对于只是用来哗众取宠、表演作秀的"智能花瓶"，坚决不花冤枉钱。

在北仑区的实践中，使用最广泛的智能化设备是虚拟现实技术与地理信息系统技术相结合的软件，通过计算机或智能手机可展示北仑区的"老年服务设施分布图"，老年人可通过手机查询相关服务项目及服务价格，预约智慧监护、康复、护理、生活照料四大专业服务。

政府部门和服务机构都可以通过智能化设备，联络现场的服务人员和服务对象，实现实时沟通交流，以对日常服务人员的活动进行管理。作为监管方的政府部门及其委托的第三方机构，也可以利用智能化设备对区内的老年服务进行实时监管，并将监管结果储存在电脑中。数据库中积累的数据可用作对老年服务奖惩、补贴的依据，切实提高财政资金和社会资金运作的效率和效果。

在此基础上，北仑区还可以打通在纵向上链接各个行政层次的市级"甬易养"、省级"浙里办"等统建平台，在横向上可以跨部门利用卫健、人社、公安、残联等方面的数据，形成更广泛的老年服务信息数据库，及时把握和了解老年人的基础信息和老年服务的资源信息。这有利于实现老年人只要一到政策规定的年龄，就可以"码上办"老年优待证、居家养老上门服务和高龄津贴。

为推进老年服务智能化，北仑区所抓的另一个重点是家庭老年服务床位试点，力争实现家庭适老化改造、智能化设备安装、辅助器具配置和上门服务"四位一体"打包供给。2022年以来，北仑区已经为申请家庭床位的56位重度和中度失能老人，提供8项智慧监护服务和40项线下专业照护服务，到年底完成80户试点任务。另外，目前全区已为973名老人配备了智能手环，为150户老人家庭安装了门磁、烟感、煤气、水位、红外智能监控设备，以智慧监护方式，实现24小时在线服务，解决居家场景下的安全照护痛点。

在推行智能化服务的过程中，北仑区清醒地提出忠告：智能化设备的作用主要是信息获取和传递，目的在于以最快的速度完成服务者和被服务者之间的信息沟通。在大多数情况下，其效率和效果的最后体现必须要有线下的人工服务支持。

智能化老年服务，是以健康老龄化和老年照护等国际共识为基本理念，以智能化、机器人、网络化、物联网、大数据、云计算等前沿科技和信息技术为手段，面向有需要的老年人提供方便快捷、优质高效的社会和健康照护的现代服务体系。

当前，在全世界范围内，前沿科技和信息技术已经在老年照护领域被广泛使用，其目的是改善老年照护的可及性、提高老年照护的质量、确保老年服务的成效。在老年照护领域使用信息通信技术将是改变老年照护体系的关键工具，战略性地使用信息通信技术，对整合和管理老年照护、评估相关的干预措施以及实施确保服务质量的问责制至关重要。

随着人口老龄化的进程，以"智慧"或"智能"来部分地取代"人工"甚至"人脑"将是一个必然的趋势。但是，这种取代的目的是降低老年照护的劳动强度，提升照护服务的反应速度和可靠程度，而不是取而代之。实际上，这种潜藏于人际关系中的无以替代的特质（人文关怀和天伦亲情），必然会限制机器人和其他技术完全替代人类劳动力的潜在可能性。

# 三、综合分析：北仑经验所展示的发展趋势和路径

本文在提出"老年照护体系整体效应"的理论分析框架的基础上，总结了北仑区在工作中的实践经验，现将理论分析框架和实践经验进行对比分析，探究上述理论框架对北仑经验是否具有解释力，以及北仑经验向我们展示了怎样的发展趋势和路径。下文将围绕图3展开讨论和分析。

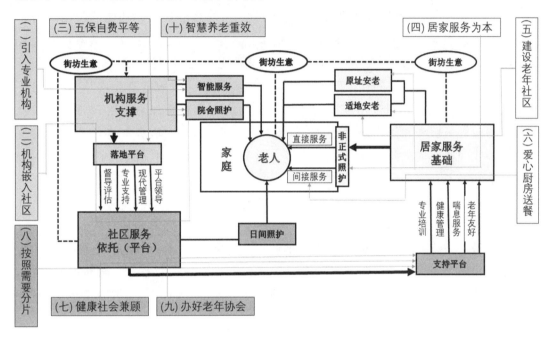

**图3　功能耦合的老年照护体系·理想与现实**

本文以居家服务、机构服务和社区服务为基准，对北仑区养老服务体系建设的10条实践经验进行了划分：居家服务包括居家服务为本、建设老年社区和爱心厨房送餐；机构服务包括引入专业机构、机构嵌入社区、五保自费平等和智慧养老重效；社区服务包括健康社会兼顾、按照需要分片和办好老年协会。按照在图中位置的不同，分别用深浅不同的灰色进行区分，居家服务用的是浅灰色，机构服务用的是中灰色，社区服务用的是深灰色。图3中还有灰色的小细线和箭头，用以把"经验方框"和各子系统及其具体功能的方框串联起来。具体阐述如下。

首先，看图3右侧的居家服务。"居家服务为本"的方框先是被用细线与居家服务的大方框联系起来，然后分两路，一路指向"非正式服务（包括直接服务和间接服务）"，一路指向"原址安老"，然后通过这两种功能或输出，向老年人提供照护服务。"建设老年社区"，也是先与居家服务相联系，然后通过"适地安老"的功能或输出，为老年人提供服务。"爱心厨房送餐"则是先与居家服务联系，再通过"间接服

务"的功能或输出,为老年人提供服务。这三条经验,基本上把居家服务的功能或输出都涉及了。

其次,看图3左上方的机构服务。"引入专业机构"的方框先是被用细线与机构服务的大方框联系起来,然后分三路,两路分别指向"智能服务"和"院舍照护",一路通向机构服务和社区服务两个大方框之间的"落地平台",对社区服务提供专业支撑。然后通过这三种功能或输出,间接或直接地向老年人提供照护服务。"机构嵌入社区",是机构服务通过嵌入社区平台然后通过"院舍照护"的功能或输出,为有需要的老年人服务。"五保自费平等"是直接通过"院舍照护"的功能或输出,为有需要的老年人服务。而"智慧服务重效"则是直接通过智慧服务的功能或输出,为有需要的老年人服务。这四条经验,基本上把机构服务的功能或输出都涉及了。

最后,看图3左下方的社区服务。"健康社会兼顾""按照需要分片""办好老年协会"三个方框先是分别被用细线与社区服务的大方框联系起来,然后通过社区服务直接指向社区服务和居家服务之间的"支持平台",对居家服务提供各种必要的支持,直接或间接地向老年人提供照护服务。这三条经验,基本上把社区服务的功能或输出都涉及了。

基于以上的图解和分析,本研究可得出以下结论。

第一,北仑经验基本上涉及前文中提出的理论框架的方方面面。同时,北仑区的思路和做法与我们在理论框架中提出的价值取向也是基本一致的。当然,就具体服务项目在机构服务、社区服务和居家服务三个子系统中所覆盖的范围和深度而言,仍有较大的改进和发展空间。从地理分布看,各个街道目前也存在明显的发展不平衡问题。

第二,在北仑经验中,助力养老服务体系构建更快、更好、更全面的经验有6条,即居家服务中的"爱心厨房送餐",社区服务中的"办好老年协会"和"按照需要分片",以及机构服务中的"引入专业机构""机构嵌入社区""五保自费平等"。这6条经验操作性很强,表现出两个特点:其一,在服务空间上,正在全区按计划逐渐推开;其二,在实际操作上,逐渐步入较为顺畅的自我运行、自我管理、自我发展的良性循环。

第三,在北仑经验中,有3条经验更偏重于思想观念的转变,目的是在工作中接受新的价值理念。这包括:居家服务中的"居家服务为本",机构服务中的"智慧养老重效",社区服务中的"健康社会兼顾"。这3条经验在北仑区也表现出两个特点:其一,思想上认识清楚,坚持实事求是;其二,理论联系实际,并在实践中取得了很好的效果。

第四,在北仑经验中,做得很好但目前发展受限的有1条,即居家服务中的"建设老年社区"。很遗憾,这是在早年"宅基地置换"的特定政策环境下实现的,现在政策已经改变。但是,在当前乡村振兴和建设幸福家园的政策背景下,能否在老年人确有需要的前提下，把"村中村"式的老年社区考虑进去，或许是非常有用的老年服务探索。

## 四、结语

"照护"一词，译自英语单词"care"。在英语中，care 的本意应该是"关注"，由此又派生出"关怀"的含义，在实践中又演绎出"健康关注"和"人文关怀"。当照护作为一个专业术语进入社会政策领域时，其含义可以说十分广泛，甚至被定义为"人类社会的基本活动和生存方式"。人们从刚出生到成人前的未成年期，以及年老退休后的老年期，都是广义上的"被照护者"，在成年期，人们会因为生病、伤残或者其他原因而"被照护"，与此同时，身体健康的成年人乃至老年人常常扮演的是"照护者"的角色。从以上价值判断出发，我们在社会政策领域讨论照护，其对象同时包含照护（者）和被照护（者）。

在老年服务领域，由"健康关注"衍生出了"护理康复"，而"人文关怀"则演化为"生活照料"和"权益保护"。所以，通常所说的"长期照护"或"老年照护"，就是"生活照料"、"护理康复"和"权益保护"的结合体。由此，我们参照世界卫生组织的长期照护定义，给"老年照护"做了个界定，即以专业机构为支撑，以社区服务为平台，由非正式照护者和专业人员为有需要的老年人提供照护服务的活动系统，以确保缺乏自理能力的老年人能根据个人的需要和偏好做出选择，从而保持尽可能高的生活质量，并享有最大可能的独立、自主、参与、尊严和自我实现。

本研究的目标是将上述理念落实到日常的运营和操作层面。研究表明：必须建构一个以机构照护、居家照护和社区照护通过功能耦合而构成的"老年照护体系"，这样才能形成老年照护体系整体效应。在实践过程中，应从老年人向往的具有获得感、安全感、幸福感的"美好生活"出发，通过"看得见"和"看不见"的两只手的"功能耦合"，共同推出一批"社会企业"性质的"老年照护经营商"。根据改革开放以来的成功经验，做好顶层设计，并从试点做起，经过 5~10 年可初见成效。

# The Overall Effect of the Elderly Care System:
# A Policy Framework Based on the Beilun Experience

Tang Jun, Su Zhongxin, Ai Jingyi, Wang Qian, Zhu Wusi

(Institute of Aging Research, Fudan University, Shanghai 200433, China)

**Abstract**: With the intensification of population aging, the burden of social elderly care continues to increase. It is urgent to build a diversified elderly care system that adapts to China's population and socio-economic development situation, and to ensure the rights of elderly people to enjoy elderly care services. This article proposes an analytical framework for the overall effect of the elderly care system from the perspective of functional coupling, in order to explore the practical experience and future development path of the elderly care system in the Beilun area. Research has shown that it is necessary to construct an elderly care system that couples home care, institutional care, and community care functions. Among them, home-based care should be taken as the foundation, and the development of informal services and promotion of on-site elderly care should be guided to build an elderly care system. Specifically, it is reflected in measures such as "caring kitchen delivery" in home services, "running elderly associations well" and "dividing according to needs" in community services, as well as "introducing professional institutions", "embedding institutions into communities" and "equal self-payment for five guarantees" in institutional services.

**Keywords**: elderly care system; functional coupling; policy framework

# 长寿时代的人生设计与政策干预

## 沈 洁

[摘　要]　本文从长寿时代的人生设计与国家政策干预两个维度，具体探讨人生设计与政策干预之间如何实现平衡，以寻求解决高龄化、长寿化背景下面临的代际负担不公平、社会持续发展等问题的途径。根据最新数据，我国的人均预期寿命将要进入80岁，按照60岁退休的话，约有20年的养老生活。如何健康地且有意义地度过老年生活，不仅需要个人积极地进行人生设计，更需要国家通过社会保障制度的再分配、平等社会参与等政策干预，使个人人生设计朝着能够获得个人幸福感以及实现社会公平、社会持续性发展方向前进。从个人角度，人生设计可根据自己的价值观和选择，规划老后的生活目标和生活方式，体现个人的自主性和责任。从国家政策角度，需要从缓解代际以及同代人之间的负担不公平、促进公共福利、实现共同富裕来考量。如何在人生设计和政策干预之间取得平衡，是养老政策中需要探索的重要课题。本文通过对日本案例分析提出，在国家政策干预层面上，重新设计对应长寿时代发展的政策框架，对养老保险和医疗保险制度进行强有力的政策干预，对保障老后生活安全、预期个人的人生设计有非常积极的作用。从个人人生设计层面上，老年人保持健康、再就业以及社会参与是提高生活品质、实现人生价值的较好选择。同时，也有效地推进了国家应对老龄化战略的实施。

[关键词]　长寿时代；人生设计；政策干预；日本老龄社会

相关数据显示，2020年，我国人均预期寿命已达77.9岁，主要健康指标已接近中高收入国家。随着生活品质的提高和医疗技术的发展，我国的人均预期寿命还将持续提升。

长寿是人类社会追求的一个理想境界，但是，长寿对个人生活设计以及社会治理提出了新的挑战。我国社会保障制度形成于20世纪50年代，当时人均预期寿命

---

作者简介：沈洁，复旦大学社会发展与公共政策学院特聘讲座教授，日本女子大学名誉教授。

约 40 岁，如今人均预期寿命接近 80 岁。40 年与 80 年的人生设计和制度安排将截然不同，人均预期寿命的持续提升要求我们思考去重构一个能够承受长寿时代需求，① 且具有弹性的制度体系。在今后的社会发展进程中，代际公平与可持续发展将成为重要的社会议题。如果说人生 40 年时代的制度安排是解决"如何让人们活得更长久"，那么人生 80 年时代的政策主题将转向"如何让人们过得更安宁、更美好"。

本文重点从长寿时代的人生设计与国家干预两个维度，具体探讨人生设计与国家政策之间的联系与互动。具体来说，国家干预使人生设计符合社会发展方向和政策导向，将有助于实现长寿社会的公平以及持续性发展。自主性的人生设计能够充分发挥个人的优势和潜力，追求个人的目标和意义，增强个人的内在动机和幸福感，促进社会的全面发展。

日本是世界各国中人均寿命较高的国家，又是老龄化位居全球前列的国家，多年来，在国家干预政策创新与促进积极人生设计的互动中，探索如何从经济快速发展向可持续发展的老龄社会平稳过渡以及缓解"代际负担""代内负担"的政策探索中积累诸多经验，对我国不无借鉴意义。本文也将参照日本推行的社会实践案例进行具体分析。

## 一、长寿是贯穿 21 世纪的重要话题

在世界卫生组织（WHO）发布的《2022 年世界卫生统计》中，总结了全球和各区域的预期寿命和健康预期寿命的发展趋势，指出全球预期寿命从 2000 年的 66.8 岁提升至 2019 年的 73.3 岁，健康预期寿命从 58.3 岁提升至 63.7 岁。预期寿命的提升速度略快于健康预期寿命，换言之，所延长的寿命并不都是健康寿命，伴随着带病的生存年数有小幅增加。不同经济发展水平国家的预期寿命和健康预期寿命都有所上升，但高收入国家和中高收入国家的预期寿命和健康预期寿命仍然高于低收入国家和中低收入国家。

国家统计局曾经在新中国成立 70 周年经济社会发展报告中指出，新中国成立初期的 1949 年，我国人均预期寿命约为 35 岁。2020 年，我国人均预期寿命已经提高到了 77.9 岁。如此推算，70 多年间我国人均预期寿命提升了 40 多岁，并且主要健康指标已接近中高收入国家。

《2022 年世界卫生统计》相关数据显示：1960 年我国人均预期寿命为 43.7 岁，其中男性 42.4 岁、女性 45.2 岁；1980 年我国人均预期寿命为 66.8 岁，其中男性 65.4 岁、女性 68.3 岁；2000 年我国人均预期寿命为 71.4 岁，其中男性 69.6 岁、

---

① 本文所指"长寿时代"是对应日本"老龄社会"概念。日本在 65 岁及以上人口比例超过总人口超过 14% 时，称其社会为"老龄社会"。

女性73.4。我国人均预期寿命稳步提升，并且这个趋势还会继续下去。另外，在1953年第一次全国人口普查时，百岁老人有3384人；在1990年第四次全国人口普查时，百岁老人上升到6681人；在2000年第五次全国人口普查时，百岁老人为17877人；在2020年第七次全国人口普查时，百岁老人为118866人，增长速度较快。根据联合国人口研究机构预测，未来我国百岁老人的数量将继续保持快速增长趋势，将从2005年的1.9万人增长到2025年的14.4万人，再到2050年的59.7万人。

日本的老龄化与长寿化发展趋势与我国有相近之处。根据2022年日本《高龄社会白皮书》数据，日本人均预期寿命：1950年，男性56岁，女性61.5岁；1990年，男性75.9岁，女性81.9岁；2020年，男性81.56岁，女性87.71岁；2065年男性将提升到84.02岁，女性将提升到90.40岁。日本从1950年至2020年，人均预期寿命男性提升了25.56岁，女性提升了26.21岁。另外，欧美人口学研究者通过统计学方法，将过去一百年和今后一百年的人口寿命变化现象进行分析预测，并将长寿国日本作为其典型范例。研究结果推断出，1914年出生的人活到100岁的概率只有1%，由于战争、贫穷、疾病等多种因素制约，活到100岁非常困难。随着社会的安定和生活质量的提高以及医疗技术的发展，寿命延长正在以每10年提高2～3岁的速度推进。他们预计，2007年在日本出生的所有儿童中，大约有50%的人将会活到107岁以上。[1]

老龄化与长寿化呈同比例增长。1970年，日本65岁及以上老年人口的比例已经超过总人口的7.1%，迈进"老龄化社会"；1995年这一比例超过总人口的14.1%，宣告进入"老龄社会"；[2] 2005年这一比例超过总人口的20.2%，即将跨入"超老龄社会"；2021年这一比例超过总人口的28.9%；有预测说，2025年这一比例将超过30.0%。长期以来，日本困扰于长寿化、老龄化并驾齐驱带来的社会制度可持续发展的难题。自1995年进入"老龄社会"开始，日本逐步探索如何通过提供生涯教育、就业、社会保障和护理服务，支持个人人生设计和实现自身价值的政策路径，向可持续发展的"老龄社会"平稳过渡。

相比日本等国，我国在老龄化、长寿化的发展趋势上虽然相似，但具有老年人口总量规模大、老龄化水平区域差异显著、老年人经济收入处在未备先老状态等特征，在面对老龄化、长寿化问题上充分调动家庭和个人资源，显得更为重要。但是，如何通过国家干预和政策支持，引导老年人进行积极的人生设计，实现自身价值以及贡献社会，还面临着诸多政策上的挑战和创新。

---

[1] 琳达·格拉顿等：《100年时代の人生戦略》，東洋経済新報社2016年版。
[2] 根据联合国定义，65岁及以上人口比例超过总人口的7%，称为"老龄化社会"；超过总人口的14%，称为"老龄社会"；超过总人口的21%，称为"超老龄社会"。

## 二、长寿时代的人生设计

### (一) 老年期的人生设计及其意义

长寿时代，老年人的生活时间和生活空间获得极大的扩展，需求也越来越多元化，为老年人进行人生设计提供了更多的选择模式。尽早做好人生设计可以帮助老年人更好地适应长寿时代带来的生活变化，保持积极心态，合理安排退休时间以及退休后生活，提高老年生活品质。

总之，老年期的人生设计，不仅有助于提高老年人的充实感、幸福感，而且对减轻国家财政以及年轻一代对老年人的社会负担有积极效果。

人生设计是规划整个人生的长远目标，但是，在不同的生命阶段需要有符合相应阶段需求的人生目标。进入老年期的人生设计与青年期、中年期相比，更需要注重以下几个方面。

第一，规划身体健康与心理健康的目标。比如，制订饮食、锻炼、定期体检计划，平和地接受自己身体的变化和出现的疾病，积极调整自己的生活方式，采取积极预防措施，延缓进入重度护理状态的时间。此外，注重心理健康，保持积极乐观的心态，处理好退休、亲人离世等问题带来的心理压力。老年人也可以通过社交活动、旅行等方式保持社交生活，避免孤独感和抑郁症状的出现。

第二，规划财务和家庭生活。老年人退出劳动力市场以后，面临着经济收入减少问题。在老年期应制订合理的财务计划，确保自己和家庭经济状况的稳定，包括规划个人财务、商业保险以及财产继承等问题。老年人应该了解自己的财务状况，保证自己的经济安全，减少经济风险。

第三，选择继续工作或者参与社会活动，提高社会参与感和归属感。人均预期寿命80年时代与人均预期寿命40年时代相比，馈赠给人们的寿命时间是中年期的延长，而不是老年期的延长。尽管现行制度将退休以后的时间定位为老年期，但可以将老年期划分为前期和后期两个阶段。60岁退休到70岁之间，人的身心状况与中年时期并没有出现太多变化，因此，继续工作是一种选择。通过志愿活动、社区服务等方式积极参与社会，分享经验和知识，为社会做出贡献，也是一种选择。当然，为子孙服务，维系家庭亲情的纽带，也是一种选择。

进入80年人生或者百年人生时代的人生设计，是为了超越40年人生或者60年人生时代的束缚，重新思考和规划人生。但是，现实生活中，我们往往很难跨越传统意识带给我们的种种束缚，因此需要不断更新自己的知识和认知，实现意识变革。

人均预期寿命稳步提升，长寿化已经成为一个不争的事实。但是，更多的人未能对自身的长寿以及长寿时代有一个正确的认知，普遍存在着长寿风险认知扭曲的现象。

2021年日本某政策研究团队对个人主观预期寿命的调查结果（见表1）显示，低龄老年人主观预期寿命普遍偏低，随着年龄增长才逐渐上升。在"生活设计上你设想你的预期寿命是多少？"的问卷回答中，60~64岁年龄段的回答为81.4岁，65~69岁年龄段的回答为82.3岁，70~74岁年龄段的回答为83.9岁，75~79岁年龄段的回答为85.8岁。① 2020年日本的人均预期寿命是84.65岁，相比之下75岁以下年龄段老年人的主观预期寿命低于实际人均寿命。同时，调查还发现大多数人没有特别考虑过自己的预期寿命问题。四分之一的受访者无论性别、年龄或就业状况如何，都认为依照现在的经济状况"不太可能满足自己未来的生活需求"。调查中显示的对长寿风险认知的扭曲现象，使老年人无法紧紧追随时代的变化，客观地设计人生目标，有可能导致晚年经济破产或者陷入困境。

表1　生活设计上的预期寿命平均值

| 年龄段 | 平均值 | 标准偏差 | 中央值 |
| --- | --- | --- | --- |
| 60~64岁 | 81.4岁 | 6.3岁 | 80.0岁 |
| 65~69岁 | 82.3岁 | 6.3岁 | 80.0岁 |
| 70~74岁 | 83.9岁 | 5.7岁 | 85.0岁 |
| 75~79岁 | 85.8岁 | 5.7岁 | 85.0岁 |

在我国也有近似调查结果公布。《国人养老准备报告2020》针对个人的养老财务准备调查结果显示，约10%的40岁以下受访者有初步或完整的养老财务规划，数值明显偏低，并且以养老为目的的资产在全部金融资产中的占比仅为15%，只有不到8%的未退休受访者购买了养老目标基金，购买商业养老金保险的更少。② 说明我国居民对长寿风险认知也存在扭曲现象。

上述对长寿风险认知扭曲现象的产生原因主要是：大多数人对于预期寿命没有更多的经验值可参考，只有随着年龄增长，才会对自己的预期寿命有一个逐渐接近客观的评价。对此，进行前瞻性的社会教育以及政策引导十分重要。

### （二）人生设计及其理论

从生命历程的研究视角解读人生设计是常见的一种方法。50年与80年或者100年的人生设计截然不同。50年的人生设计展现的是青年学习、中年工作、老年退休的三阶段模式。然而，生命时间的延长使人们对生活选择变得更加多样和灵活，也使人们有更多的时间来设计实现自我的生活方式。比如，从三阶段模式转换为四阶段多选项模式。

---

① 按照平均值推算结果，即70岁左右选择70岁、80岁左右选择80岁、90岁左右选择90岁等，然后推算出平均值。
② 毛羽、陈秉正：《长寿风险认知扭曲对养老财务准备的影响》，《保险研究》2022年第11期。

以英国历史人口学家 Peter Laslett 为代表的研究团队提出人生四阶段学说，即人生第一阶段，幼儿、青年学习期；第二阶段，责任和收入的工作期；第三阶段，个人实现和成就的时期，从积极工作中退休后的时期；第四阶段，衰退和死亡的时期。这一学说提出之后，社会学、心理学、老年学、生命教育等领域对其赋予了更为丰富的内涵，使其成为一个涉及多个学科领域的概念。

人生设计较重要的时期是第三阶段和第四阶段。人生第四阶段究竟是从 65 岁还是 75 岁或 80 岁开始？虽然各国的定义各有不同，但有一点是可以肯定的，人生的第三阶段和第四阶段，如果没有积极的人生设计和积极的行动计划，长寿可能会成为一种沉重的负担。可以不夸张地说，长寿时代的人生设计是长寿社会中人们应当具备的基本素质和能力。

2002 年 4 月，世界卫生组织提出的《积极老龄化：政策框架》报告，为人生设计提供了政策思路和理论基础。该报告为解决全球化发展趋势中出现的具有共性的老龄化、长寿化问题，提出以优化老年人健康、促进社会参与、提供制度保障为支柱，以提高老年生活质量为目的的积极老龄化政策构想。在该报告正式公布之前的 2002 年 1 月，设在日本神户的 WHO 研究中心，曾召集 21 个国家的 29 名代表聚集一堂，围绕积极老龄化与健康进行讨论。讨论的成果被吸收到《积极老龄化：政策框架》报告之中。因此，日本的人生设计理论以及实践，是在 WHO 积极提倡的积极老龄化政策框架之下展开的。

围绕人生设计的理论和实践，日本重点从三个方面做了积极探讨。

一是健康与人生设计。积极老龄化背景下的健康与人生设计问题，是日本始终关注的课题。它重点涉及人生的第四阶段，即衰老和带病生存阶段，这是令人最为担忧的重要时期，需要面对生理、心理和社会角色的转变，并寻找新的生活价值和意义。

日本的相关调查结果显示，60 岁及以上的老年人对老年生活最大的不安是"自己或者配偶的健康和疾病"，占据第一位；"自己或者配偶陷入卧床不起等生活不能自理状态"，占据第二位。[①] 因此，老年人需要考虑和计划希望得到什么样的护理和医疗服务，包括临终关怀以及对生命和死亡的态度，死后遗产处置对家庭成员会产生什么样的影响等。这些问题不仅是老年人自己应该进行规划和考虑的问题，也是整个社会包括家人和医疗护理专业人员应该讨论和应对的问题。

积极老龄化强调老年人生活自立，包括从心理、认知、情绪等方面来看待老龄化问题。政策干预需要关注老年人心态、精神、文化上的需求，使他们在生理、心理和社会角色的转变中，寻找新的生活价值和意义。

二是社会保障与人生设计。社会保障对老年人的人生设计至关重要。养老保险

---

① 東京大学高齢社会総合研究機構：《東大が作った高齢社会の教科書》，東京大学出版会 2017 年版。

和医疗保险的水平和安定对人生设计起到至关重要的作用。社会保障的持续性以及代际负担均衡，可以使人安心地规划人生，不必担心因疾病、经济收入等而陷入生活困境，有意识地规划人生路径和生活方式，以实现个人价值和幸福感。此外，人生设计也会影响到社会保障的实施和发展。比如，养老保险和医疗保险给付水平过高，会导致社会保障财政匮乏，影响制度的持续性发展。如果更多的人选择在退休后继续工作，将会减轻社会保障财政负担。但是，社会保障制度框架需要做出相应的改革和调整。

此外，对老年人进行社会保障基本常识的社会教育也是一个重要环节。一项研究表明，有关社会保障制度的知识量与老年人的人生设计之间有密切关系。知识积累越多，就越有可能因为长寿而增加资金储备，在政府提供的公共保险之外，会比较积极地购买商业医疗和长期护理保险。因此，政策应该致力于创造环境，引导老年人在了解和咨询有关社会保障的基本常识中，科学地规划社会公助保障和自助保障之间的平衡。

三是社会参与与人生设计。社会参与是积极老龄化政策的重要内容。社会参与包括退休以后参与正规劳动力市场提供的劳动和其他无偿生产性活动（例如担任志愿者和向家庭成员提供照护），实现健康、独立、自主地生活并贡献于社会。积极老年理论的核心观点是，老年人在晚年阶段应该通过积极的方式重新定义自己，寻求新的意义和价值，从而达到满足和幸福的状态。老年人应该积极投入社会生活，为社会做贡献，并与社会互动和交流。社会政策应该为老年人提供广泛的支持和环境，鼓励老年人参与社会生活，继续发挥自己的能力，从而实现自我价值。

参与方式如下：可以通过学习新知识和新技能，继续参与劳动力市场提供的劳动；也可以通过参与社会义务活动，如担任志愿者、辅导员及参与社区服务等，与年轻人交流和互动，分享自己的经验和智慧，为年轻人提供帮助和指导，为社会做出贡献。总之，老年人需根据自身的特点和经济能力，自主设计自己的社会参与方式和途径。

长寿时代的人生设计和个人对生活的多项选择变得越来越重要。这是未来社会人们需要具备的基本素质和生活技能，并将逐渐发展成为一种生活科学。从生活科学来解读人生设计的结构和理论，主要涵盖四个基本要素：第一，生活目的；第二，生活方式；第三，生活资源；第四，生活问题。

人生的目的已经不是单纯地"活着"，而是为了追求生活的品质和生命的尊严，即追求美好的生活。当然，其中也包括为避免陷入生活困境而预防风险。在日常生活中需要设定自己应该达到的中长期生活目的和生活方式，还需要明确自己面临的生活问题及解决方法。

1. 生活目的

生活目的包含生命目的，即作为人活着的目的，它根据个人的生命观和价值观而有所不同。根据个人的人生观和价值观实现自我应该是生活目的的选项之一。

长寿时代馈赠的生命时间，延展了退休后的生活空间，提供了更多的机遇和选择。比如，退休以后选择重新就业，尝试另外一种职业人生等。日本政府2021年对老年人就业意愿进行了调查，结果显示：针对问题"退休以后有工作愿望和需要吗？"答案为肯定的60岁及以上老人占比58.3%，70岁及以上老人占比41.0%。① 部分老人是因为养老金不足，难以维持退休前的生活状态，更多的人是想要继续发挥自我价值，丰富自己的第二人生。目前，日本厚生劳动省调查结果显示，在日本养老机构工作人员当中，65岁及以上老人占比最高，为25.3%；其次是60~64岁老人，占比16.0%；55~59岁，占比15.7%。② 多是退休以后进入这一行业。在这里可以近距离考察进入不能生活自理状态以后的人生安排，从而能够客观地设计自己是居家养老还是入住养老机构以及如何准备资金等。同时，再就业也可实现为同代人、为社会做贡献的自我价值观。

法国哲学家Simone de Beauvoir在其《论老年》一书中呼吁，要避免将老年变成我们以前生活的荒谬模仿，只有一个解决办法，那就是继续追求赋予我们生存意义的目的。长寿时代的人生设计，重要的是持有明确的生活目的，它可以支撑个人继续参与社会工作的欲望，与职场、家庭和社区保持密切联系，随时感受生命意义，增进身心健康。

### 2. 生活方式

生活方式设计旨在从以资产为中心的生活方式设计转变为容纳更广泛的生活哲学方式因素。比如，从三阶段模式转换为多阶段模式，进入个人兴趣和提高修养以及继续寻找工作等。长寿时代，生命时间的延长也意味着工作寿命时间的延长，但未必是固守正规雇用方式，可以选择灵活就业以及创业等方式。

生活方式设计受到生活资源的制约。长寿时代，人际关系以及维持生活所需的素质和技能，包括健康、身体素质、工作能力等方面的生活资源彰显出重要地位。以财产收入为重点的生活资源概念转向包含更广泛的生活资源。

### 3. 生活资源③

经济生活资源包括工作收入、养老金收入和储蓄，以及可用货币交换的商品（住房、汽车等）。生活时间资源包括自由时间、工作时间、夫妻交谈时间、社区活动

---

① 株式会社：《シニア世代の就業に関する意識調査を実施》，https://jp.indeed.com/2023.4.17.
② 厚生労働省：《介護サービス施設・事業所調査》，https://www.mhlw.go.jp/toukei/saikin/hw/kaigo/service20/index.html。
③ 水島一也：《豊かさと生活設計》，千倉書房1996年版。

时间等。生活空间资源包括：静态空间资源，主要是房屋周围环境、房屋面积、各种活动场所等；动态空间资源，主要是活动空间的大小。人际关系资源包括婚姻关系、亲子关系、友谊、工作关系、个人与社区的关系等。能力资源包括维持生活所需的素质和技能等。对上述金钱、时间、空间、人际关系等资源的管理和整合是人生设计的重要环节。

4. 生活问题

基于自己的价值观和人生观实现生活目的，设计生活方式，并且恰当处理生活资源，前提是要准确把握自身面临的生活问题。笔者曾在《"美好生活"的社会政策意义——研究"生活问题"》一文中提出，生活问题是社会问题的日常化和具体化的反映，生活问题是把政治化和经济化的社会问题进行分解，表现出它的日常化和具体化。从生活结构中把握生活问题，可以更清晰地看到"人"的活动，看到"生活者"的生活状态、生活需求。① 从个人层面上首先要知道自身面临的生活问题、生活需求，通过努力解决问题，这个过程就体现了生活追求，人，并不是为了活着而"生活"。生活问题还有社会性的一面，需要社会网络和社会支持。比如，空巢家庭的失能老人照顾问题，尽管某位老人有很高的社会地位和丰厚的资产，如果得不到符合他生命历程和人生价值的护理照顾，没有公共服务给予生活支援和身体照顾，他的生活和生命质量就不可能得到保障，其人生也不能画上圆满的句号。生活问题常常以家庭或者个人的形式表现出来，但它产生的原因源于社会问题。

## 三、长寿时代的制度创新和政策干预

日本倡导中老年人进行人生设计以及政府推行政策干预，始于20世纪90年代中期。20世纪90年代是日本从经济快速发展向持续发展老龄社会转型的重要时期。在这个转型时期，政策取向表现出以下两个特征。首先，应对老龄化快速推进的发展趋势，把即将到来的老龄社会定义为未来社会发展的新常态。其次，为即将到来的持续发展老龄社会进行新的制度设计，包括重新构建养老金、医疗、护理制度体系。政策目标从优先发展经济逐步转入发展经济与提高国民生活品质并重。

老龄化快速推进是促进转型的重要社会背景。如果把65岁及以上人群定义为老年人口，1994年日本老年人口占总人口比例已经突破14%，老年人口占比从约7%上升到约14%，仅仅用了24年的时间。相比其他经济发达国家，法国用了114年，瑞士用了85年，英国用了47年，因此，媒体称日本不仅开创了"压缩型"经济发展模式，也创造了快速推进的老龄化发展模式。根据联合国的定义，老年人口

---

① 沈洁：《"美好生活"的社会政策意义——研究"生活问题"》，《中国公共政策评论》2017年第2期。

比例在 7% 以上 14% 以下者为"老龄化社会",突破 14% 者为"老龄社会"。进入 20 世纪 90 年代中期,日本已经走完了"老龄化社会"的历程,开始向"老龄社会"迈进。

20 世纪 90 年代以后,日本经济出现了大幅滑坡,经济结构也面临着新的挑战。其一,经济发展模式开始向内需主导型转换。其二,快速经济成长带动了生产技术的迅速发展,而人们的生活意识和生活方式的转换与生产技术的变化相比,显得滞后和缓慢,两者之间的矛盾开始凸显。其三,大众文化开始形成。文化的重心逐渐转向大众,并左右着政治和经济,但道德价值观仍存在单一化倾向,这导致价值观冲突等问题凸显。其四,丁克家庭和独身主义的生活意识和生活方式获得社会支持的广泛基础,其带来的直接后果是加速了少子化和老龄化进程,对社会保障财政带来极大的压力。

在上述背景之下,日本加强了社会治理领域的制度创新和政策干预。首先,重新设计对应老龄社会发展的法律体系,决定政策框架;其次,对养老保险和医疗保险进行强有力的政策干预,实现社会保障财政的可持续发展并努力解决代际负担不公平问题;第三,为老年人再就业和参加社区活动提供政策支持等。

## (一) 重新设计对应老龄社会发展的法律体系

### 1.《高龄社会对策基本法》(1995 年)

这是一部具有纲领性的法律,明确了向持续发展高龄社会转型的国家战略方针和基本原则,具有指导和引导其他法律和行政举措的作用。法律从六个领域提出了高龄社会的政策框架:① 对"老年人"的认知进行意识改革;② 建立确保老年生活安全的社会保障体系;③ 充分发挥老年人的积极性和能力;④ 加强社区福利体系建设;⑤ 创造让各个年龄段的人都能够安心生活的环境;⑥ 从青年时期开始为"人生 90 年"的生命期做人生设计,实现代际良性循环。

同时,该法明确了三项基本理念:第一,确保国民终生拥有参与就业和其他各种社会活动的机会,创建公平并充满活力的社会;第二,开创基于自立和合作精神的社区生活环境,让每个国民享有社会尊重和生活尊严;第三,确保代际负担公平,促进社会繁荣以及可持续发展,使每个国民都能终生享有老龄社会的福利。总之,该法展示了未来老龄社会发展的蓝图,并为实现社会的可持续发展做好了政策及舆论准备。

### 2.《高龄社会对策大纲》(1996 年)

1996 年 7 月,为落实《高龄社会对策基本法》提出的政策目标和行动计划,日本政府公布《高龄社会对策大纲》，提出了推进建设老龄社会的政策体系和行动计划，并就以下六个重点领域提出具体对策和行动计划：确保就业和收入；推进健康、护理和福利服务发展；社会教育和社会参与；改善生活环境；老年产业与银发经济的活性化；全民参与高龄社会的基础建设。其中，重点强调了重视老年人的社会参与，保障养老金待遇，扩大健康、护理、福利服务项目，对国民人生不同阶段的生活予以保障，以及确保代际负担公平等多项行动。

日本政府每隔5年对《高龄社会对策大纲》进行修订，并公布每个时期的高龄社会对策、财政规模和筹资措施。政府每年向国会提交《高龄社会白皮书》，向全体国民公布政策绩效，使之透明化。在内阁府设置政策审议协调机构"高龄社会对策会议"，以统筹高龄社会对策及推进实施等。

3. 制定与推进持续发展高龄社会相配套的法律

《高龄社会对策基本法》实施之后，根据其所规范的理念及大政方针，日本政府相继出台了一系列配套法律，包括养老金、医疗、护理保险法规，以及雇用、福利、住宅、权利保护法规等。为适应老龄社会发展需求，建构了一套新的法律体系，为政策创新奠定了基础。表2显示了根据《高龄社会对策基本法》原则所颁布以及大幅修改的主要法律。

表2 高龄社会对策相关法律

| 法律名称 | 颁布时间 |
| --- | --- |
| 《老年人福利法》 | 1963年<br>（20世纪90年代进行大幅修改） |
| 《老年人雇用安定法》 | 1986年<br>（20世纪90年代进行大幅修改） |
| 《介护保险法》 | 1997年 |
| 《防止高龄者虐待法》 | 2005年 |
| 《促进高龄者、残疾人等无障碍出行法》 | 2006年 |
| 《确保高龄者医疗法》 | 2008年 |
| 《高龄者住宅法》 | 2008年 |

（1）《老年人福利法》（1963年）。《老年人福利法》是在经济快速发展时期出台的，它涵盖了为老年人提供公共医疗以及护理服务等多项内容，是这一发展时期支撑老年人福利的重要法律。20世纪90年代，遵循《高龄社会对策基本法》方针，对该法进行大幅修订，增加社区老年人护理、保健服务等内容。《介护保险法》全面实施后，《老年人福利法》中关于由政府财政负担的老年人医疗、护理等服务项目被转

移到由护理保险财政支撑的《介护保险法》，但由政府财政承担的老年人福利服务依然保留在《老年人福利法》中。

（2）《老年人雇用安定法》（1986年）。《老年人雇用安定法》是促进老年人再就业以及延长其职业生涯的法律。根据这项法律，雇主必须为雇员提供长期雇用契约和退休金计划，以及职业培训和再就业支持。从而保障老年人的工作权利和福利待遇，并为经济和社会发展做出贡献。

该法首次对退休制度进行了具体规定，企业有义务雇用员工到60岁，而在此之前，日本普遍的退休年龄是55岁。1994年对该法进行大幅度修改，明确将退休年龄延长到60岁以上作为企业的强制性义务。2004年再次修改该法，明确规定到2013年以后，所有用工单位需将退休年龄阶段性地延长到65岁。根据2021年该法最新修订后的规定，确保70岁以下老年人的就业机会成为雇主的"努力义务"，但并不具有强制性。

（3）《介护保险法》（1997年）。《介护保险法》是以互助共济理念应对65岁及以上高龄者、残障者的护理需求，提供服务供给的实体性法律。此法律明确提出"对由于老龄和身心变化引起的疾病而需要对入浴、排泄、进食等予以护理以及康复或者居家护理、疗养等，提供医疗护理服务和生活援助"，保护尊严、实现生活自立、促进国民福祉是该法的基本原则。《介护保险法》的实施，表明国家的政策干预进入了一个新的转折点。首先，它确立了人生终极阶段的社会保障以及保护尊严的理念；其次，它确立了互助共济的介护保险筹资模式，明确了个人、家庭、社区、企业及各级政府的权利和义务。

创建护理保险的社会意义如下。第一，老人护理从家庭风险走向社会共同承担风险。第二，确立了自立生活援助和利用者本位的基本理念，赋予老年人自主选择权。第三，开拓了银发产业的产品生产和服务供给市场，吸收了民营企业对此领域的积极参与。第四，确立了基于互助共济理念的社会保险方式，明确了中央与地方、受益者和缴费者的权利和义务，改变了以往依赖中央政府财政的方式，实现财政的可持续性。

（4）《防止高龄者虐待法》（2005年）。这是一部保护老年人身心健康与权益的重要法律，旨在建立一个让老年人更安全和尊重老年人的社会。该法将"虐待"定义为身体虐待，不提供充足的衣食住行条件等放弃照护虐待，心理虐待，性虐待，以及不当处理或者窃取老人财产的经济虐待等五种形式。该法还规定国民有义务向主管部门报告有虐待老年人行为的个人和机构，要求地方政府建立咨询、调查、受理的制度体系，并为老年人照护者提供支持和援助。

（5）《促进高龄者、残疾人等无障碍出行法律》（2006年）。该法的目的是确保老年人、残疾人等出行安全和便利，以实现生活自理。该法规定公共交通、公共活动空间以及交通道路等，实行无障碍设计和普及无障碍通行。全面保障老龄化社会的交通安全和出行便利，消除日常生活和社会生活中对老年人、残疾人出行在意识及物理上构成的障碍，以实现让所有国民不因年龄、残疾或任何其他原因而被隔绝在外的共生共存社会。此法对推动道路、车辆、公园场所以及老年人服务机构的无障碍出行改造，保障老年人安全出行，构建对老年人友好的交通系统设施等起到非常积极的作用。

(6)《确保高龄者医疗法》(2008年)。《确保高龄者医疗法》是一部规范老年人医疗服务及医疗费用的法案，旨在通过控制老年人医疗费收支平衡，实现代际负担公平以及同代负担公平等。它是在废除1982年颁布的《老年人保健法》基础上颁布并实施的。此法参考人生四阶段理论，将65岁至74岁老年人界定为前期高龄者，将75岁及以上老年人界定为后期高龄者。依据该法成立了独立的后期高龄者医疗制度，前期高龄者的医疗保险费通过社会保障机制的内部转移，援助后期高龄者。

(7)《高龄者住宅法》(2008年)。该法的目的是确保老年人的居住稳定性，满足老年人的住房需求，并规定国家和地方政府的权限和责任；建立不能拒绝老年人居住的租赁住房登记制度；规定老年人住宅的设计要求，如安全性、便利性等，并规定了必须配备的设施，如卫生间、无障碍设施等；规定了养老经营者必须提供的服务，如餐饮、医疗卫生、娱乐等，并要求经营者对老年人的健康状况进行定期检查和报告；建立监管体系，制定对违章者的处罚条例等。

1994年，日本对养老保险法律体系进行了大幅修订，修订后的养老保险法律体系规定，将领取作为基础部分的养老金的起付年龄从60岁阶段性上调为65岁，于2013年完成调整。此外，为了增加保费收入，导入了针对奖金等临时收入部分作为计算保费的基数，将厚生养老保险费率由14.5%提高到16.5%，1996年10月再度提高到17.35%。以上两项举措大幅增加了保险费收入，缓解了养老保险基金空洞化危机。

2004年，日本再次对养老保险法律体系进行大幅修订，明确提出打造"百年安心养老金"计划目标，打消年轻一代对养老保险制度的不信任感，实现确保各个年龄段享有福利的公约。2012年，为了对养老保险体系进行综合性改革，日本颁布《社会保障制度改革推进法》等。

## (二) 强化社会保障对人生设计的支持力度与政策干预

在向持续发展老龄社会转型过程中，日本社会保障面临着两大挑战。一是制度可持续性的挑战。随着人均寿命的提高和生育率的下降，面临着社会保障支出过高，其支出占国内生产总值的30%以上，给政府财政带来了压力。二是代际负担不公平的挑战。老年一代可以享受经济高增长时期设定的低缴费率、高给付的养老金优惠，而年轻一代则要承受缴费率高、养老金给付水平低的重负。导致年轻一代的不满和焦虑，影响到社会保障的可持续性和稳定性。

1959年推行的全民养老金和医疗保险制度，以人均寿命60岁为基本标准。同时，20世纪60年代，政治家提出赶超福利国家的政策目标，大幅提高养老金给付标准并推行老年人免费医疗制度。由于制度设计缺乏精算数据基础，对少子老龄化问题认识不足，又受到政党竞选的政治压力，低缴费、高回报的制度设计导致当代人过度消耗社会保障资源。伴随老龄化程度逐渐加深，出现政府社会保障债务快速增加以及代际负担不公平等问题。

2004年与2008年，日本政府根据法律制度体系的大幅改革，分别推出了"百年安心养老金"与"后期高龄者医疗"这两项具有挑战性的改革方案，对老年人以及其他年龄段国民的经济收入和健康政策进行了强有力的干预。

1. "百年安心养老金"计划

2004年，日本政府根据社会保障法律体系改革，提出了"百年安心养老金"计划，目的是对养老金财政结构进行基础性改革，预期在期限为100年（2005—2105年）间达到养老金财政有限均衡。具体制度设计是在财务收支体系中导入有限均衡方式和宏观经济自动浮动机制。

2004年以前，日本养老金采用永久均衡方式，即为了维持永久的基于一定养老金给付水平的养老金财政的收入均衡，通过调整当期在职人员的缴费水平，来保证始终持有一定数量的养老金积累额。这个积累额能支付一定年份和数量的养老金。然而，由于日本老龄化进程加快，超出了政府的预期，单纯依靠永久均衡方式已经不能保障养老金的支付水平，造成保险费负担不断加重，养老金收支平衡面临严峻挑战。

2004年，日本将原有的永久均衡方式转变成有限均衡方式，以百年人生作为一个周期，将这一代人结束领取养老金为止的100年作为养老金财政平衡期限，在此期限内达到养老金财政收支平衡。将当代人自己缴纳逐渐积累的养老金，用于自己老后的养老金收入，不将债务延续到子孙后代。

有限均衡目标是根据未来人口变化、基金运营状况以及宏观经济形势等多种因素，通过多种模拟测算，以此来计算及不断调整养老金给付和缴费水平，原则上根据前5年的养老金给付总额的平均值计算当年的缴费率和金额，以实现收支的科学性调整。养老金给付制度坚持百年时间内基本不变，并保证努力将养老金替代率维持在50%前后。

根据有限均衡方式的政策构想，在养老金制度设计中引进宏观经济自动浮动机制，即养老金财源收入根据国民经济发展水平会出现增减，养老金给付也将根据养老金财源收入的增减调整标准和规模。对个人来讲，它意味着每人每年的养老金额度是不固定的，它将跟随经济发展水平以及政府投入的养老金财源的收支浮动而增减。为避免养老金给付水平过度下降，将年间替代率降到50%以下，中止宏观经济自动浮动机制。

宏观经济自动浮动机制自动下调养老金待遇，即养老金支付水平的调整在工资和物价浮动率的基础上，再综合考虑未来参保人数的减少率和平均寿命的增加率，降低养老金支付水平，抑制养老金待遇上涨。为了避免国民对未来养老金水平下降而无法保障老年生活的担忧，设定养老金替代率调整下限，一旦养老金替代率降到50%，立刻结束宏观经济浮动机制。

但是，这项创新政策由于种种原因，2015年才真正进入实际运行。在宏观经济自动浮动机制下，为消除下一代对缴纳保险费的忧虑，推行固定保险费水平上限，从2005年到2017年阶梯式提高养老金保险费率，到2017年以后固定保险费水平，不再提高保险费率。同时，剔除对应劳动人口减少以及平均寿命增加所带来的影响，对缴费和给付水平的计算方式进行新的设计。这项制度从2005年4月开始实施，比如，国民养老金保险费每月提高280日元，截至2017年4月达到16900日元以后，将这个缴费标准固定。目前，仍然保持积累和现收现付混合方式，但两者之间资金所占的比重，根据经济发展状况以及人口结构变化进行灵活调整。

然而，2010年专家团队对养老金保险财政进行预测和测算时，认为按照目前的财政方式，仍然难以从根本上解决养老金财政枯竭问题，同时，为解决代际负担不公平以及同代之间的再分配政策效益不明显，最有效的方式是从积累现收现付混合制走向完全现收现付制。总之，如何真正实现"百年安心养老金"构想，还需要继续探索创新。

2. 创建后期高龄者医疗制度

后期高龄者医疗制度是以75岁及以上后期老年人为保障对象，根据2008年颁布的《确保高龄者医疗法》而创建的医疗保障制度。保险者为后期高龄者医疗广域联合会，重视人口结构和地域特征，运营主体是都道府县等地方政府。

厚生劳动省相关数据显示，改革前的2007年75岁及以上后期老年人医疗费支出占国民医疗总支出的比例为33.0%，占国内生产总值的比例为3.09%。[1] 这项制度改革旨在应对医疗资源占有与医疗保险费负担上的代际负担不公平。

后期高龄者医疗制度是在原有医疗保险框架中增加了新板块，将75岁以上老年人从各医疗保险体系中分离，转移到这一新体系中。在医疗财政结构中设计了支付转移体系，将其他医疗保险机构的一部分医疗保险资源通过援助金的方式，转移到后期高龄者医疗制度财政体系，使代际医疗费转移状况透明化。其中，重点将65~74岁前期老年人的部分保费财源进行转移，体现老年同代人之间的共济互助。实行医疗财政独立，导入医疗费收入与医疗费支出的浮动机制，即医疗费支出高，

---

[1] 政府統計の総合窓口：《統計で見る日本》，https://www.e-stat.go.jp/stat-search/files?page=1&layout=datalist&toukei=00450390&tstat=000001044948&cycle=0&tclass1=000001044953&tclass2=000001166486&tclass3val=0。

相应提高保费和个人缴费比例，保持此项制度的收支平衡，以此缓解财政压力以及代际负担不公平。

如图1所示，保险者有47家，各都道府县根据本地域的被保险人数和医疗费水平计算保险费率，保险费由65岁及以上老年人公平负担。保险费的征收以及有关事务的处理，由市町村具体负责，后期高龄老年人的医疗费用的收入和支出由广域联合会以及市町村设置的特别会计制度进行核算和管理。同时，广域联合会还要具体负责健康教育、健康咨询、身体检查以及其他有关增进健康的事业。

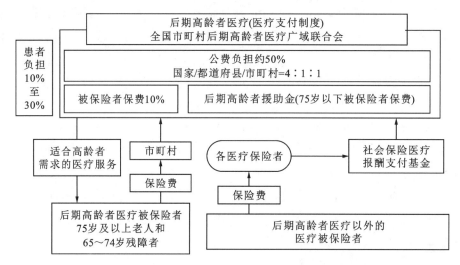

图1 后期高龄医疗制度概要

资料来源：根据厚生劳动省2020年后期高龄者医疗制度概要资料制作。

实施后期高龄者医疗制度以后，65～74岁前期老年人承担了援助后期高龄老年人医疗费用的主要角色。制度改革之前，在职人员退休之后，医疗保险将从职域型"健康保险"转入地域型"国民健康保险"，由于老年人口集中在地域型保险，政府不得不投入大量的财政维持其制度运行。改革以后，退职前期老年人医疗保险仍然留在原来的医疗保险制度之内，并继续缴纳医疗保险费，到了75岁以后，退出原来归属的医疗保险体系，转入后期高龄者医疗制度。前期老年人缴纳的医疗保险费，实际上起到了后期高龄者医疗制度资金传送和资金储蓄的双重作用。继续留在原来所属的医疗保险体系，可以让各家医疗保险机构顺理成章地向后期高龄者医疗制度输送援助金，还可为前期老年人进入后期高龄者医疗制度，提前进行医疗资金的储备。

费用方面，政府负担约50%，约40%由75岁以下年龄段的被保险者的保险费通过援助金形式转移进来，10%由后期高龄者自己缴纳保险费。保险费分两层：第一层是被保险人平均分担的保险费；第二层是高收入老人多承担的附加部分。保险费征收标准由广域联合会根据本地区被保险人的平均缴费收入和后期高龄老年人口比例来计算，因此各个广域地区的保险费标准有所不同。此外，根据近年来经济负担能力确定缴费标准的改革，确立了按照经济负担能力缴纳保险费的原则，高收入老年人根据收入以及拥有多少资产决定缴纳保险费和医疗费负担比例，医疗费负担比例上限为30％，对低收入的老年人有减免措施。

对老年人医疗制度的改革，保证了老年人医疗制度持续发展的财源，但也使得诸多老年人因医疗保险和医疗费负担过重而陷入贫困状态。为此，近年来进一步完善了针对低收入老年人和老年人家庭的减免措施。针对低收入老年人和老年人家庭减免保险费制度是根据收入状况减免，其减免幅度在20％至70％之间。

上述两项制度改革和干预政策，使养老保险和医疗保障寻找到了可持续发展路径，使老年人可以预期养老金收入和医疗服务，为人生设计提供制度保障。同时，也使得不同代际能够更加公平地分享社会资源，实现代际公平，在一定程度上缓解了政府承担的社会保障财政压力。

### 3. 支持促进再就业与社区活动的政策

日本在促进老年人社会参与，实现新的生活目标和人生价值的政策支持上，有很多创意和经验积累。具有明显效果的政策干预主要体现在老年人就业政策和老年人参与社区福利活动上。

促进老年人就业是支持老年人社会参与的重要途径，为退休之后的老年人积极参与经济活动和社会活动，实现新的生活目标和人生价值开辟了新的路径。同时，它对于刺激当地经济，解决劳动力不足问题起到积极作用。对增加个人经济收入，提高个人及其家庭的生活质量，促进老年人与年轻人的互动，加深代际的交流和理解，产生了明显的效果。

主要的支持政策可列举如下。一是提供职业介绍和职业培训。在社区行政机构下设置老年人职业介绍窗口，并建立老年人力资源数据库，随时为老年人提供各种求职信息，根据老年人个人意愿以及技能介绍最合适的工作岗位。二是定期举办各种无偿职业技能培训，例如，电脑使用技能、老年人专业护理技能、烹调技能等方面的培训。根据劳动力市场需求，开展定期或不定期的职业技能培训。三是对雇用老年人的企业给予各种激励政策。这项制度以45岁以上、65岁以下雇员为对象，在退休或者退职之前，为方便本人的再就业准备，规定雇主要提供带薪休假。四是提供带薪休假的企业，可以向政府申请每人不超过50万日元的奖励金。五是奖励提供终身工作机会的企业。为将退休年龄提高到65岁及以上，制定老年人就业管理制度，为将老年雇用合同工转为正式工的雇主提供政府补贴。

政府试图通过对老年人就业的政策干预和奖励，为老年人继续工作提供有利条件。上述制度安排，为保障老年人老后获得经济收入、提高生活品质提供了支持。

市町村基层组织、居民自治组织等组织的社区老年人活动大体可分为：社区福利服务活动，关爱老年人的互助活动，兴趣爱好和体育锻炼活动，有关社区发展、社区安全活动,创业活动等。此类活动可以向地方政府申请活动经费和活动场所。其中,提供福利服务以及参与维持社区安全活动者,可以获得一定的报酬。

根据 2022 年的 65 岁及以上老年人参加社会活动的调查,再就业正在从事工作的占 30.2%,定期参加各种社会活动的占 51.6%。此外,问题"参加社会活动的满意度"的回答中,第一位是"获得了生活的充实感",占比 47.9%;第二位是"我结交到了新朋友",占比 36.5%;第三位是"增强了对健康和体力的自信",占比 33.1%;第四位是"获得了相互帮助的机会",占比 26%。① 从调查数据中可以看出,老年人对社会参与及政策支持整体持肯定态度。

通过对日本案例分析可以看出,在国家政策干预层面上,重新设计对应长寿时代发展的政策框架,对养老保险和医疗保险制度进行强有力的政策干预,是实现社会保障财政的可持续性发展、解决代际负担不公平问题的有效途径,对保障老后生活安全、预期个人人生设计有非常积极的作用。在个人人生设计层面,老年人健康、再就业及社会参与是提高生活品质、实现人生价值的最好选择。

## Life Design and Policy Intervention in the Era of Longevity

Shen Jie

(School of Social Development and Public Policy, Fudan University, Shanghai 200433, China)

**Abstract**:This article explores how to achieve a balance between personal life design and national policy intervention in the era of longevity from two dimensions,to seek ways to address issues such as intergenerational burden inequality and sustainable social development in the context of aging and longevity. According to the latest data,the average life expectancy in China is about to enter 80 years old. If one retires at 60 years old,they will have 20 years of retirement life. How to live a healthy and meaningful elderly life not only requires individuals to actively design their lives,but also requires the government to intervene through policies such as social security redistribution and equal social participation,so that their life design can achieve personal happiness and social equity The direction of sustainable social development is advancing. From a personal perspective,life design can plan the life goals and lifestyle of the elderly based on one's own values and choices,reflecting individual autonomy

---

① 内阁府:《〈特集〉高齢者の日常生活・地域社会への参加に関する調査》,《高齢社会白書》2002 年。

and responsibility. However, from a national policy perspective, it is necessary to consider alleviating the unequal burden between generations and peers, promoting public welfare, and achieving common prosperity. How to strike a balance between life design and policy intervention is an important issue that needs to be explored in elderly care policies. This article proposes, through a case study of Japan, to redesign the policy framework corresponding to the development of the longevity era at the level of national policy intervention, and to provide strong policy intervention for the pension and medical insurance systems, which has a very positive effect on ensuring the safety of life for the elderly and anticipating personal life design. From the perspective of personal life design, the health, reemployment, and social participation of the elderly are the best choices to improve their quality of life and realize their life value. At the same time, it has effectively promoted the implementation of the country's aging strategy.

**Keywords**: the era of longevity; life design; policy intervention; Japan's aging society

# 基于社区网络和信息技术的养老服务体系现代化

童 星

[摘 要] 随着老龄化加剧,养老服务需求"浪涌"般增长,这就决定了必须实施多层次、多主体、多样态的养老服务包容式发展。在政府主导的养老事业、市场经营的养老产业中,居家养老、社区养老、机构养老并非三种独立、平行运行的模式,社区居家养老是主体,发挥着统摄作用。由此,社区居家养老服务(包括医养结合式的养老服务)的主责部门理所当然地落在了民政系统。为了弥补照料护理人员紧缺和素质不高的"短板",养老服务必须借助科学技术赋能,跟上数字社会发展的步伐。以社区为中心的养老服务组织体系和以互联网为依托的养老服务技术支撑体系,作为两翼共同推进着养老服务体系现代化。

[关键词] 养老服务;社区居家养老;以社区为中心的组织体系;以互联网为依托的技术支撑体系;养老服务体系现代化

近年来,随着国家治理体系和能力现代化宏伟目标与行动纲领的提出,各个地区、各个领域乃至各行各业都推出了治理体系和能力现代化的分目标与实施办法,如城市治理体系和能力的现代化、社区治理体系和能力的现代化、应急管理体系和能力的现代化等。养老服务领域当然也存在着服务体系和能力的现代化问题,在此,讨论养老服务体系的现代化。

## 一、引子:养老服务任重道远

中国人口正在快速老龄化。第七次全国人口普查(简称"七普")数据显示,截至 2020 年底,60 岁及以上人口 26401.9 万,占比 18.70%,比"六普"上升 5.44 个百分点;65 岁及以上人口 19063.5 万,占比 13.50%,比"六普"上升

---

作者简介:童星,南京大学政府管理学院教授、博士生导师,南京大学社会风险与公共危机管理研究中心主任。

4.63个百分点。预计"十四五"期间，60岁及以上人口将突破3亿，占比超20%，属中度老龄社会；到2035年，60岁及以上人口将突破4亿，占比超30%，进入重度老龄社会。

庞大的老年人口带来较大的养老服务压力。2021年，患有慢性病的老年人达1.9亿人，占比75%；失能失智的老年人达4500万人，占比16%（其中完全失能者占比4.8%）。随着老龄化的进一步加剧，今后一个相当长的时期内，我国养老服务的对象将激增，养老服务的需求会出现"浪涌"。

此外，自1980年以来，独生子女政策持续实施了36年，2016年1月1日开始实施放开二胎政策，2021年5月31日实施放开三胎政策，但调整生育政策的效果明显不如人意。2020年以来，我国人口出生率连续三年跌破1%，2022年出生人口956万人，这是新中国成立以来年出生人口首次跌破1000万，人口出生率仅为6.77‰。"老龄少子"成为我国人口结构的最基本特征。再加上伴随着改革开放的深入和社会主义市场经济的发展，人口流动不断加剧，导致家庭小型化、"空巢化"，传统的家庭养老模式难以为继。原本许多单位提供的具有福利性质的养老服务，随着市场经济大潮中单位制的解体，基本上不复存在。专门的养老机构总量不足、结构失衡，公办养老机构人满为患，申请入住者往往要排队等数年；民营养老机构入住率不高，许多床位空置，并由此导致老人护理占用了大量的公共医疗资源。

海量的养老服务特别是失能失智老人的护理，当事者家庭承受不了，专业的养老机构和医疗机构应付不了，政府也包办不了。

现在讨论养老服务乃至老年保障问题时，似乎给人一种感觉：问题就出在老龄化，而且是快速老龄化、未备先老的老龄化。其实，老龄化本身并不是社会问题，健康长寿是每一个人的美好向往，也是国家公共政策的伦理指向。对快速老龄化准备不足，社会养老保障跟不上，才是问题之真正所在。公共政策不是要阻止老龄化，而是要寻找最佳的老龄化应对之策。老龄化应对之策是一个复杂的系统工程，本文只是着重讨论其中的养老服务体系优化，而且不涵盖养老服务体系优化的全部，只是着重讨论养老服务体系优化中的一个关键环节，即大力发展社会化、智能化、现代化的社区居家养老服务。

## 二、包容发展：多层次、多主体、多样态

面对"浪涌"般增长的养老服务需求，首先要解决的问题就是通过"供给侧改革"，壮大养老服务供给力量，实施多层次、多主体、多样态的养老服务包容式发展，并使之与"浪涌"般、多层次、多种类的养老服务需求相匹配。从责任主体看，解决种类各异的社会和家庭问题、满足多种多样需求的养老服务，绝非政府、市场、社会、家庭中的任何一方所能胜任。养老服务既包括政府主导的属于公益性质的事业，

又包括交给市场负责的属于营利性质的产业，且离不开家庭、社区、公众的参与。作为政府主导的事业，养老服务主要覆盖失能半失能老人和困难的老年贫困群体；作为市场经营的产业，养老服务主要满足中等收入及以上老人及其家庭的多层次、多种类的需求。养老服务事业和养老服务产业的融合发展，共同构成应对快速老龄化的养老服务行业。

早在2000年，国务院办公厅转发民政部等部门《关于加快实现社会福利社会化的意见》，明确提出发展"多种所有制形式的社会福利机构"的目标和设想，制定了社会力量举办社会福利机构的优惠政策，标志着我国包含养老服务在内的社会福利事业发展进入了一个新阶段。2013年，国务院出台的《关于加快发展养老服务业的若干意见》，提出坚持以政府为主导，发挥社会力量作用，着力保障特殊困难老年人的养老服务需求，确保人人享有基本养老服务的原则，并且明确了六个方面的主要任务，即统筹规划发展城市养老服务设施、大力发展居家养老服务网络、大力加强养老机构建设、切实加强农村养老服务、繁荣养老服务消费市场、积极推进医疗卫生与养老服务相结合。

自此，社会力量得以参与养老服务，市场配置资源的优势在养老服务领域也得以彰显。各地积极探索养老服务机构公办民营的路子，加快公办养老服务机构内部管理方式、用人用工和收入分配等方面的制度改革，建立与市场经济体制相适应的运行机制，按照"谁投资、谁管理、谁受益"的原则，鼓励和支持不同所有制性质的单位和个人以独资、合资、合作、联营、参股等方式兴建适宜老年人集中居住、生活、学习、娱乐、健身的老年公寓、养老院、敬老院等，为老年人创造良好的养老环境和条件。① 同时，大力推进民办公助、公办民营、自主创办、单位共建等方面的试点，及时总结经验进行推广，为社会力量兴办养老服务业创造有利的政策条件。

与此同时，民政部门还力推社区养老服务，其具体措施是提出一系列量化考核指标，如服务用房面积、康复场所建成率、服务设施开放率、床位数、从业人员数等，还同卫健部门共同推进养老服务"医养结合"。

据不完全统计，目前全国养老服务机构和设施数达36万个，养老服务床位总数达812.6万张，医养结合机构达6492个，医养签约达7.9万对。但是，相对于"浪涌"般、多层次、多种类的养老服务需求，这些机构、设施和床位数量还是远远不够的。前一阶段，"私营经济退场论""新公私合营论"相继出笼，这股风不仅刮向经济主战场，也影响到养老服务领域。社会资本和社会力量，已经进来的忧心忡忡，准备进来的裹足不前。其实，中央一直坚持"两个毫不动摇"，即毫不动摇地发展公有制经济，毫不动摇地鼓励、支持、引导非公有制经济发展。当前，应当稳定既有养老政

---

① 国务院：《全国老龄委办公室和发展改革委等部门关于加快发展养老服务业意见的通知》，http://www.gov.cn/zwgk/2006-02/17/content_202553.htm。

策,包括国务院办公厅转发民政部等部门《关于加快实现社会福利社会化的意见》和国务院《关于加快发展养老服务业的若干意见》;同时还应当创新养老政策,包括推进老年人长期照护保障制度,开展并扩大老年人住房反向抵押养老保险试点,考虑建立照料者津贴制度以激励家庭成员和社会人员参与社区居家养老等。通过稳定和创新养老政策,进一步推动从单纯保障城镇"三无"和农村"五保老人"向为全社会老年人提供养老服务转变,从仅管理非营利性养老机构向营利性和非营利性养老机构全行业管理转变,从偏重发展养老服务事业向促进养老事业与养老产业共同发展转变,从政府直接办服务向政府重点购买服务转变,从单纯培育发展向建管并重转变,深化养老服务管理体制和运行机制改革。

## 三、一体多元:社区居家养老起统摄作用

现在许多地方都将居家养老、社区养老、机构养老视为三个相互独立、平行运作的养老服务模式,并以它们各自所占的百分比确定本地养老服务业发展目标和实施规划,但这其实是一种认识的误区。[①] 从老人居住方式来划分,养老只有居家养老和机构照料两种方式,当然机构可以是公立的,可以是私营的,也可以是社区办的,但它们都属于机构照料。

纯粹的居家养老并不具备社会性,只是传统的家庭养老,不属于社会化养老。社会化养老也不排斥居家养老,在可以预见到的相当长时期内,绝大多数老人还会以居家的形式养老,子女还要承担赡养老人的义务。不仅世界各国如此,东亚各国(地区)更是如此,这是由东亚各国(地区)的现实国情、历史传统和文化习俗决定的。

纯粹的机构照料如果不和量大面广的居家老人相联系,不仅发挥不出自身的示范和引领作用,而且会陷入或高收费、仅满足少数高收入老人之养老需求(现在绝大多数私营养老机构即如此),或低收费、仅能满足少数老人之养老需求(现在许多公立养老机构即如此)。这样的机构养老不具备社会性,不能满足"浪涌"般的社会养老服务需求。

社会化养老超越家庭养老之处在于,在家庭成员老人自养、老伴互养、晚辈赡养的同时,还有政府主导、社会参与和全民关怀。社会化养老超越机构照料之处在于,通过社会网络,可以发挥机构照料专业化服务的示范和引领作用。社会化养老服务的落脚点只能是社区,即以居家为基础、以社区为依托、以上门服务和社区日托为主要形式,并引入养老机构专业化服务的社会化养老模式,可称之为"社区居家养老"。社区作为平台和纽带,可以将家庭和机构有机地衔接起来,将居家养老和

---

[①] 童星:《发展社区居家养老服务以应对老龄化》,《探索与争鸣》2015年第8期。

机构照料都转变成社会化养老服务。这是一种"不离家的社会养老",或者是一种"没有围墙的养老院"。在社区居家养老服务的统摄下,居家养老不再属于传统意义上的家庭养老,而是通过社区被纳入社会化养老服务体系;机构照料也有了新的功能定位,公立养老、护理、医疗、康复机构着重承担失能半失能老人和低收入困难老人的基本养老服务,私营养老、护理、医疗、康复机构则负责高收入老人多样化的养老服务,同时它们还要通过社区,将自身的专业化养老、护理、医疗、康复服务辐射到有需要的居家老人。比如由中国红十字会总会事业发展中心打造的"人文关怀、医养结合"的曜阳养老服务特色品牌,先后在扬州、北京、杭州、济南建成4所老年公寓,在全国范围内资助700多家养老服务机构,直接惠及失能老人超10万人,形成了"曜阳老年公寓"(机构)、"曜阳托老所"(社区)、"曜阳保姆服务"(居家)等三位一体的养老服务工作体系,制定了曜阳养老"建设、服务、管理"三项标准。

当然,社区也可以在居家与机构之间独立承接一些临时性、过渡性的服务工作,如"助餐中心""日托中心"等。但这样做的目的不是模仿机构、复制机构,而是方便居家老人。因此,主管该项工作的民政部门不应简单参照对机构的考评指标和优惠政策来要求社区、扶持社区,而应探索一套适合社区的新的考核指标办法和优惠扶持政策。

## 四、落实政府主导:民政应是主责部门

在多层次、多主体、多样态的养老服务领域,政府主导是毫无异议的;在社区居家养老统摄居家养老和机构养老模式中,政府主导也是毫无异议的。但是政府主导作用究竟应当由哪个部门负主责,则是存在着争议的。一开始,养老服务的主责部门在民政系统,随着养老服务领域对医养结合的呼声越来越高,2018年,各级老龄办都从民政系统转到卫健系统,似乎民政系统和卫健系统都是养老服务的主责部门,寄希望于依靠医疗机构和养老机构联手来落实医养结合式养老服务。2023年3月,各级老龄办又从卫健系统回归民政系统,这标志着养老服务的主责部门又被确定为民政系统。

现在这种回归是正确的,因为专业的医疗机构和养老机构不仅数量少,而且大都游离于老人聚集的社区之外,并各成体系,难以使广大老年人享有医养结合式的养老服务。目前全国养老服务机构和设施数36万个,其中机构数仅4万个;养老服务床位总数812.6万张,其中机构床位仅175万张;医养结合机构只有6492个,医养签约只有7.9万对。可见,养老机构及其供给只占养老服务总供给的小头。医疗机构方面,目前设有老年医学科的二级及以上综合医院4685个,建成老年友善医疗卫生机构2.1万个,设有安宁疗护科的医疗卫生机构超1000个,加在一起不到3万个。

反观需求方，老人以居家者为多，而且流动性明显减弱，日常活动范围很小，加上相当数量的老人居住条件有了改善，拥有独立房间甚至独居，因此养老服务特别是医养结合式养老服务应当尽可能围绕着基本上不流动的居家老人而展开。从此出发，养老服务的模式不能选择以医疗机构和养老机构为中心，而应当以居家老人所在的社区为中心。既然如此，由民政系统出任养老服务包括医养结合的主导部门就理所当然，因为民政系统一直是社区服务和社区管理的主管部门，并且在多年的工作实践中创造出"三社联动"（社区、社会组织、社会工作者）、"五社联动"（再加上社区志愿者、社区公益慈善资源）等较为成熟的经验，以及相应的较为健全的组织网络。

在民政系统的主导下，以社区为中心的养老服务组织体系架构大体如下。

第一，社区组织执行。社区作为基层自治组织，既是社区事务的管理者，也是社区居民服务的提供者，为社区内居家老人提供养老服务是其义不容辞的职责。社区基层组织也具备做好养老服务组织工作的能力，"保基层运转"也上升为国家治理的基本方针之一。①

第二，专业养老机构和医疗机构示范。作为专业机构，它们应当成为提供医养结合式养老服务的骨干，不仅对入住机构的老人负有全责，而且可以与社区签订互利共赢的合作协议，为居家老人提供入户服务、技能指导，为社区居家养老服务人员提供培训辅导，并疏通老人在家庭和养老机构、医疗机构之间转换的通道。

第三，联动参与。社区、社会组织、社会工作者积极争取政府购买服务项目，发动社区志愿者参与，充分运用社区公益慈善资源，面向居家老人提供接地气的养老服务。

## 五、智慧服务：科技赋能与人工智能

无论是在专业机构还是在社区，养老服务中的护理人员都十分缺乏，并且其素质亟待提升，这是养老服务中的最大"短板"。补此"短板"，除了招聘、培训和激励护理人员外，必须借助科学技术赋能。

首先，对居家老人家庭进行适老宜居改造。现在居家老人一般都有独居房间，"空巢"老人家庭则有整套独居住宅，为了给老人营造安全舒适的家居环境，有必要对其住宅（房间）实施适老化改造，主要包括：设计无障碍通道；铺设防滑地板；增加护栏、扶手；在台阶和床边安装压力传感器，检测老人是否摔倒并及时发出警报；在屋内和厨房安装烟雾探测器、可燃气探测器等，防止老人在家中发生安全事故；还

---

① 2020年4月，党中央提出了"六保"方针，即"保居民就业、保基本民生、保市场主体、保粮食能源安全、保产业链供应链稳定、保基层运转"。

可以用联通到定点医疗机构或医养结合护理机构的"体况智慧腕表"等设备，远程监测老人的生命体征状况，以便及时救助。

网络上曾经转传"住宅有这28个细节，再也不怕年迈父母独自在家"的帖子。该帖子分为卫生、健康、安全和关怀4项，涉及抽拉龙头、洗碗机、智能马桶、扫地机器人、坐式淋浴器、恒温水龙头、半自动床、移动坐便器、升降晾衣杆、隔音设备、调节湿度的呼吸砖、地暖、无障碍地面、防滑地板（砖）等设施和饰材，也有关于厨房高度、轮椅对应化妆柜、浴室柜空间、电器插座及开关位置、过道扶手、家具高度及防护处理、卧室及夜间照明、浴室安全、厕所安全、厨房安全、上下楼层安全、室内照明、色彩搭配、宠物卫生及安全等方面的精心设计。这些都非常值得借鉴。

对居家老人家庭的适老宜居改造排除了半失能老人在家生活的障碍，然而室外环境对半失能老人的现存障碍还有很多，例如许多城市的"盲道"早已年久失修，且大量遭到机动车停放占用；城市地铁、火车站、商场、楼宇的"无障碍通道"不够健全。其实，对于有助于残疾人和老年人出行的"无障碍设施"，国家和多数的省（区、市）已有相关立法。

随着乡村人口流出和新生儿童的减少，教育资源持续向城镇集中，现在许多乡村学校（主要是小学）空置着，可以就地取材，将其改造成乡村养老服务场所，按照社区养老服务机构的标准进行建设，在有些条件较好的地方还可按照专业养老服务机构的标准进行建设，盘活这些闲置资产。

其次，大力推广各种相关辅助器具的生产和使用。辅助器具包括各种助行、助听、助眠、助洁、助餐、助便、助浴的设备和器材，以及各种家用智能机器人等。辅助器具是科学技术发展的结晶，作为半失能老人肌体的延伸、器官的补缺、体能的放大，极大地提升了半失能老人适应社会的能力，改善了半失能老人的生活质量，对于让老人特别是半失能老人共享发展成果、与全国人民一起奔向共同富裕具有重大意义。因此，政府要从规划引导、政策扶持、资金资助、税费减免等方面着力，促进辅助器具的研发和生产，既可提高半失能老人的生活质量，也可发展辅助器具生产产业。此外，还要向老人普及辅助器具的使用操作技能，辅助器具的研发和生产部门也应当按照"技术高新化"和"操作傻瓜化"双向着力，以方便产品被更多的老年人使用。

最后，促进聊天机器人的开发和应用。以往，精神慰藉在养老服务中始终"缺位"，即使是亲生子辈孙辈来照护，往往也会因"代沟"而难以沟通交流，使老人处于孤独之中。2022年底ChatGPT的横空出世令全球瞩目，人工智能发展迅猛。这是一次颠覆性的创新，也为填补养老服务中的精神慰藉"空白"提供了极大的可能空间。现在，人们往往很担心ChatGPT会夺走许多人的饭碗，但对于人手紧缺的养老服务业来说，ChatGPT的发展完善和广泛使用，是利好的事情。我们应当举双手欢迎,并早做规划,积极推进。科技赋能和人工智能的应用,不仅能补齐养老服务人员紧缺和素质不高的"短板",更能促进养老服务业跟上数字社会发展的步伐。

## 六、以社区为中心的养老服务组织体系

如上所述,居家老人的服务需求千差万别,养老服务的供给主体多元。那么,靠什么机制来配置资源,平衡养老服务的供求关系呢?依靠市场,还是政府,抑或社会?笔者曾经撰文指出,人们通常认为,市场可以高效地供给私人物品,但对于公共物品的供给则会失灵,于是需要政府发挥作用来弥补;政府可以胜任公共物品的供给,但对于私人物品的供给则无能为力至少是效率很低,于是又需要市场发挥作用来弥补。这样一来,市场失灵的地方由政府来弥补,政府失灵的地方由市场来弥补,二者互补。其实,市场失灵和政府失灵的表现形式都有两种:"第一种市场失灵",即市场在提供公共物品方面的失灵,可以靠政府发挥作用来弥补;"第一种政府失灵",即政府在提供私人物品方面的失灵,可以靠发挥市场的作用来弥补;"第二种市场失灵",即表面平等的私人物品市场交换中隐藏着的对消费者、劳动者造成损害的可能性,需要消费者、劳动者组织起来或是由相关的社会组织帮助其实现维权的目标;"第二种政府失灵",即政府行为的趋中性和工作边界所导致的公共服务有效性的缺失,需要相关社会组织予以拾遗补阙。① 这里所说的社会组织是广义的,包含了我们通常所说的社区和社会组织。

参与养老服务供给的"五社联动"中,社区居于中心地位。社区是平台,社会组织是载体,社会工作者是人才支撑,社区志愿者和社区公益慈善资源是社区自有资源。"五社联动"运用于社区居家养老服务领域,则表现为社区是社会化养老的平台,它除了调动自身所拥有的社区志愿者和社区公益慈善资源以外,还要引入社区外资源来为社区内居家老人服务,而资源中的第一要素就是人才,特别是社会工作人才。社会工作者既是一类特殊的志愿者,又优于一般的志愿者,他们往往具备某项特殊的专业技能,以及"助人自助"的理念。社会工作者不是一个个独立的"原子",往往需要加入某个社会组织,特别是社区福利服务类社会组织,通过社会组织进入社区,开展社区居家养老服务。如果再加上政府购买服务,社区引入专业化的养老服务机构、康复机构、医养结合机构,一个完整的以社区为中心的居家养老服务体系就形成了。这个体系的本质在于,社区组织通过调动自身资源并引入社区外资源,最大限度地满足社区内居家老人的服务需求。

正如平台经济中平台处于中心、枢纽地位一样,社区在社区居家养老服务体系

---

① 严新明、童星:《市场失灵和政府失灵的两种表现及民间组织应对的研究》,《中国行政管理》2010年第11期。

中也处于中心、枢纽地位。为了更好地发挥社区的中心、枢纽作用，应当建设与完善以下三大子系统。①

一是社区养老服务管理子系统。首先，做好市政建设规划，特别是新建居民小区、改造老居民区时要将社区养老服务设施建设等方面的内容纳入城市建设规划，为社区养老服务发展创造良好的硬件条件；其次，在规划用地、用水、用电等方面给予社区养老服务发展以更多的优惠政策，有效降低成本；再次，大力培育社区养老服务行业协会，通过行业协会加强行业自律和自我管理，为社区养老服务实现良性发展提供基本保障。

二是社区养老服务网络子系统。首先，按照"资金保障与服务保障相匹配，基本服务与选择性服务相结合"的原则，积极探索将纯福利性社区服务、邻里互助性社区服务和有偿社区服务有机结合起来，使之相互配套、协调发展，以满足不同层次老年群体的养老服务需求；其次，加强社区自身的养老服务设施建设，将其纳入统一规划，以政策性要求固定下来，循序渐进，量力而为，努力建成一批社区居家养老服务中心，包括生活服务设施、文化娱乐设施、医疗康复设施、紧急救助设施等；最后，从政策扶持、标准规范、监管保障等方面鼓励社会养老机构、护理机构、医疗康复机构，以各种行之有效、机构社区双赢的方式进入社区为居家老人服务。

三是社区养老服务支持子系统。首先，通过各种途径进行宣传，为社区养老服务营造积极的社会舆论环境；其次，配套政策协同推进，为社区养老服务创造良好的政策环境；再次，引导和鼓励更多的居民加入志愿服务。如一些地方在实践中积极探索组建由社区党员、热心人士、邻里居民、低龄健康老人等组成志愿服务队伍，为社区老人提供多种公益性服务；有的组织动员青年志愿者与社区内的"空巢"老人、独居老人结成"一帮一""多帮一"的服务对子，为老人开展定期、定时服务，切实为老人排忧解难；有的还实行"时间银行"（照料储蓄）、"积分奖励"制度，将社区志愿服务折合成一定的时间或一定的分值，递延式地对志愿服务者在自身享受养老服务、子女入学、全家落户等方面予以奖励。

## 七、以互联网为依托的养老服务技术支撑体系

尽管社区在养老服务中处于中心、枢纽地位，责任重大，但其掌握的资源比较有限，相对于社区居家老人的服务需求远远不够。唯一的应对之策就是引入社区外资源以满足社区内养老服务的需求。固然在民政部门的主导下，通过引入专业的养老机构、康复机构、医养结合机构，以及依赖"五社联动"的组织体系可以使养老服

---

① 高钏翔、童星：《社区服务：社会化养老的末梢神经》，《中共浙江省委党校学报》2017年第1期。

务需求得到部分满足，但互联网以及附着其上的移动通信网、物联网等的迅速发展，为引入更多的社区外资源以满足社区内养老服务需求提供了强有力的技术支撑，开辟了广阔的发展空间。

互联网的本质特征就是其开放性、平等性、兼容性，信奉"不求所有，但求所用"；互联网技术具有创新性、扩散性、即时性，追求"服务极致，客户满意"；物联网的加盟，使互联网的信息联通功能进一步扩展为信息流和物流的联通互融；移动通信网则进一步推动了互联网的空间拓展和运用普及，密切了互联网与人民群众日常生活的联系。总之，"三网合一"大大加强了互联网的集成和优化作用。"互联网+"就是充分发挥互联网的集成和优化作用，将互联网技术的创新成果深度融入经济社会生活，从而改变传统的生产生活方式和服务管理方式。[1]

"互联网+社区居家养老服务"，可以促使社会各方面资源进入社区为居家老人服务。为此，社区可以借助互联网、物联网和移动通信网，建设好"一库三网"。其中，"一库"是养老服务需求与供给信息资料库，内联社区内各个老人家庭的实时需求，外引驻社区单位资源、机构照料技术和志愿者服务，提供丰富多彩、讲求实效的中介服务。"三网"之一是本着服务管理科学透明的原则，建立健全社区管理网；"三网"之二是本着供求信息有效衔接的原则，建立健全社会服务网；"三网"之三是本着多方资源合理配置的原则，建立健全社会参与网。

"互联网+社区居家养老服务"本质上属于社会化养老服务，但离不开政府和市场的作用。

对于政府来说，一是制定并落实养老服务信息化规划；二是制定并落实相关扶持政策，鼓励和支持不同所有制性质的单位和个人以独资、合资、合作、联营、参股等方式兴建适宜老年人集中居住、生活、学习、娱乐、健身的老年公寓、养老院、敬老院等，参与社区居家养老服务；三是制定准入标准，加强规制监管。

对于作为市场主体的企业来说，一是积极介入社区居家养老服务领域，寻求经济效益和社会效益的最佳结合点；二是积极开发、运用智慧养老系统，如建立养老电子服务平台，开发便携式养老服务软件，完善养老服务热线、养老服务求助系统和救援系统、养老服务反馈评估系统，等等。以社区为中心的养老服务组织体系和以互联网为依托的养老服务技术支撑体系，作为两翼共同推进着养老服务体系的现代化。

---

[1] 童星：《发展社区居家养老服务以应对老龄化》，《探索与争鸣》2015年第8期。

# Modernization of Elderly Care Service System Based on Community Networks and Information Technology

Tong Xing

(School of Government Management, Nanjing University, Nanjing 210023, China)

**Abstract**: With the intensification of aging, the demand for elderly care services is surging, which determines the need to implement a multi-level, multi subject, and diverse inclusive development of elderly care services. In this elderly care industry that includes both government led elderly care and market operation, home-based elderly care, community elderly care, and institutional elderly care are not three independent and parallel operating models. Community home-based elderly care is the main body and plays a leading role. As a result, the main responsible department for community home-based elderly care services (including medical and elderly care combined services) naturally falls under the civil affairs system. In order to make up for the shortage and low quality of nursing staff, elderly care services must be empowered by science and technology to keep up with the pace of digital society development. The community centered elderly care service organization system and the Internet based elderly care service technology support system, as two wings, jointly promote the modernization of the elderly care service system.

**Keywords**: elderly care services; community home-based elderly care; a community-based organizational system; internet based technical support system; modernization of the elderly care service system

# 新时代中国养老服务政策、制度和实践的重大创新

朱耀垠

[摘　要]　党的十八大以来,党和国家高度重视养老服务体系建设。党中央、国务院和各地区、各部门就加快养老服务创新发展出台了一系列政策性文件,养老服务工作进一步强基础、建机制、破难题、补短板,制度设计更加完善,多元化的投入机制、规范化的管理措施、标准化的服务方式加快发展,养老服务的基础建设、功能发挥和服务成效等方面均取得重大进展。我国养老服务步入高质量发展轨道,居家社区相协调、医养康养相结合的养老服务体系正在加快形成。

[关键词]　养老服务；政策体系；规范；标准

## 一、养老服务的内涵和外延进一步扩展

(一) 从狭义的养老服务向广义的养老服务拓展

狭义的养老服务主要指直接为养老提供的服务。例如,2006年2月,《关于加快发展养老服务业的意见》指出,养老服务业是为老年人提供生活照顾和护理服务,满足老年人特殊生活需求的服务行业。一些地方的养老服务立法对养老服务做了界定。例如,《江苏省养老服务条例》指出,本条例所称养老服务,是指在家庭成员以及其他赡养人、扶养人承担赡养、扶养义务的基础上,由政府和社会为老年人提供的生活照料、康复护理、健康管理、精神慰藉、紧急救援、安宁疗护等服务。《贵州省养老服务条例》把医疗保健、文体娱乐等列入养老服务的范畴。《广东省养老服务条例》增加了家政服务和临终关怀等内容。《福建省养老服务条例》将心理咨询列入其中。

---

作者简介：朱耀垠,北京师范大学社会学院教授,中国社会福利与养老服务协会副会长。

广义的养老服务不仅指为满足老年人因疾病或身体机能衰退而产生的特殊生活需求和精神需求的相应产品和服务，也包含为老年期做准备的产业部门集合。《国务院关于加快发展养老服务业的若干意见》要求养老服务业全面发展，主要包括老年生活照料、老年产品用品、老年健康服务、老年体育健身、老年文化娱乐、老年金融服务、老年旅游等。《养老产业统计分类（2020）》将养老服务业的范围确定为12个大类：养老照护服务，老年医疗卫生服务，老年健康促进与社会参与，老年社会保障，养老教育培训和人力资源服务，养老金融服务，养老科技和智慧养老服务，养老公共管理，其他养老服务，老年用品及相关产品制造，老年用品及相关产品销售和租赁，养老设施建设。

## （二）养老服务体系的内涵和目标不断提升

《社会养老服务体系建设规划（2011—2015年）》指出，社会养老服务体系是与经济社会发展水平相适应，以满足老年人养老服务需求、提升老年人生活质量为目标，面向所有老年人，提供生活照料、康复护理、精神慰藉、紧急救援和社会参与等设施、组织、人才和技术要素形成的网络，以及配套的服务标准、运行机制和监管制度。

2017年2月，国务院印发《"十三五"国家老龄事业发展和养老体系建设规划》，部署建设"居家为基础、社区为依托、机构为补充、医养相结合"的养老服务体系，在养老服务体系的内容中加入了医养结合的内容，使养老服务的内涵进一步转型升级。

2019年10月31日，中共十九届四中全会通过的《中共中央关于坚持和完善中国特色社会主义制度 推进国家治理体系和治理能力现代化若干重大问题的决定》提出，加快建设居家社区机构相协调、医养康养相结合的养老服务体系，在养老服务体系中进一步增加了康养的要求。

2019年11月，中共中央、国务院印发的《国家积极应对人口老龄化中长期规划》要求，打造高质量的为老服务和产品供给体系，建立和完善包括健康教育、预防保健、疾病诊治、康复护理、长期照护、安宁疗护的综合、连续的老年健康服务体系。健全以居家为基础、社区为依托、机构充分发展、医养有机结合的多层次养老服务体系，多渠道、多领域扩大适老产品和服务供给，提升产品和服务质量。

## （三）提出了基本养老服务概念

党的二十大报告要求，推动实现全体老年人享有基本养老服务。中共中央办公厅、国务院办公厅印发的《关于推进基本养老服务体系建设的意见》明确了基本养老服务的内涵和外延：基本养老服务是指由国家直接提供或者通过一定方式支持相关主体向老年人提供的，旨在实现老有所养、老有所依必需的基础性、普惠性、兜底性服务，包括物质帮助、照护服务、关爱服务等内容。基本养老服务的对象、内容、标准等根据经济社会发展动态调整，"十四五"时期重点聚焦老年人面临家庭和个人难以应对的失能、残疾、无人照顾等困难时的基本养老服务需求。基本养老服务在实现老有所养中发挥着重要的基础性作用，推进基本养老服务体系建设是实施积极应对人口老龄化国家战略、实现基本公共服务均等化的重要任务。

## 二、养老服务体系的发展布局和规划日趋完善

（一）养老服务在经济社会发展中的地位越来越重要

养老服务被纳入国家经济社会发展总体规划。2021年3月11日，十三届全国人大四次会议通过的《中华人民共和国国民经济和社会发展第十四个五年规划和2035年远景目标纲要》专门对"完善养老服务体系"做出部署，要求推动养老事业和养老产业协同发展，健全基本养老服务体系，大力发展普惠型养老服务，支持家庭承担养老功能，构建居家社区机构相协调、医养康养相结合的养老服务体系。完善社区居家养老服务网络，推进公共设施适老化改造，推动专业机构服务向社区延伸，整合利用存量资源发展社区嵌入式养老。强化对失能、部分失能特困老年人的兜底保障，积极发展农村互助幸福院等互助性养老。深化公办养老机构改革，提升服务能力和水平，完善公建民营管理机制，支持培训疗养资源转型发展养老，加强对护理型民办养老机构的政策扶持，开展普惠养老城企联动专项行动。加强老年健康服务，深入推进医养康养结合。加大养老护理型人才培养力度，扩大养老机构护理型床位供给，养老机构护理型床位占比提高到55%，更好满足高龄失能失智老年人护理服务需求。逐步提升老年人福利水平，完善经济困难高龄失能老年人补贴制度和特殊困难失能留守老年人探访关爱制度。健全养老服务综合监管制度。发展银发经济，开发适老化技术和产品，培育智慧养老等新业态。

（二）纳入了加强新时代老龄工作的顶层设计

2021年11月，中共中央、国务院印发的《关于加强新时代老龄工作的意见》对健全养老服务体系提出了三个方面任务：一是创新居家社区养老服务模式；二是进一步规范发展机构养老；三是建立基本养老服务清单制度。同时，对完善老年人健康支撑体系提出了三个方面任务：一是提高老年人健康服务和管理水平；二是加强失能老年人长期照护服务和保障；三是深入推进医养结合。

（三）制定和实施养老服务专项规划

在国家层面，完成了《社会养老服务体系建设规划（2011—2015年）》和《"十三五"国家老龄事业发展和养老体系建设规划》，启动实施《"十四五"国家老龄事业

发展和养老服务体系规划》。在养老服务专项规划方面，国家卫生计生委、国家发展改革委、民政部、财政部、中国残疾人联合会、全国老龄工作委员会办公室等13部门联合印发了《"十三五"健康老龄化规划》。国家卫生健康委、教育部、科技部等15部门联合印发了《"十四五"健康老龄化规划》，要求持续发展和维护老年人健康生活所需要的内在能力，促进实现健康老龄化。到2025年，二级及以上综合性医院设立老年医学科的比例达到60%以上，65岁及以上老年人城乡社区规范化健康管理服务率达到65%以上，65岁及以上老年人的中医药健康管理率达到75%以上，85%以上的综合性医院、康复医院、护理院和基层医疗卫生机构成为老年友善医疗机构，三级中医医院设置康复（医学）科的比例达到85%以上，培训老年医学科医师不少于2万人，培训老年护理专业护士不少于1万人。工业和信息化部牵头制定了《智慧健康养老产业发展行动计划（2017—2020年）》和《智慧健康养老产业发展行动计划（2021—2025年）》。

在地方层面，一是制定了养老服务体系建设专项规划。主要有《北京市养老服务专项规划（2021年—2035年）》《天津市"十四五"养老服务体系发展规划和二〇三五年远景目标纲要》《安徽省健全基本养老服务体系促进养老服务高质量发展行动计划（2021—2023年）》，上海市、重庆市、河北省、浙江省、江苏省、安徽省、陕西省、湖北省、湖南省和广东省分别制定了本地的省级养老服务发展"十四五"（2021—2025年）规划。二是制定了老龄事业或老龄产业和养老服务规划。一些省份（如甘肃省、福建省、贵州省、广东省）、一些设区市（如成都市、杭州市、广州市、济南市、昆明市、苏州市、镇江市、宿迁市、徐州市、淮南市、芜湖市、马鞍山市、铜陵市、湖州市、台州市、十堰市等）和一些县（市）（如如皋市、鹤山市等）制定了本级"十四五"养老服务体系建设或养老服务业发展规划。河南省制定了本省"十四五"养老服务体系和康养产业发展规划。三是制定了养老服务设施布局规划。例如，《北京市社区养老服务驿站建设规划（2016年—2020年）》《上海市养老服务设施布局专项规划（2022—2035年）》《南京市养老服务设施布局规划（2020—2035）》《青岛市养老服务设施专项规划（2021—2035）》《泰安市养老服务设施专项规划（2021—2025年）》《温州市中心城区养老服务设施布局专项规划（2021—2035）》《宜昌市中心城区养老设施专项规划（2013—2030年）》《海宁市养老服务设施布局专项规划（2021—2035）》等。

## 三、养老服务法制建设迈出重大步伐

（一）涉及养老服务的国家法律进一步完善

2012年12月，第十一届全国人民代表大会常务委员会第三十次会议修订的《中华人民共和国老年人权益保障法》，将"社会服务"单独立章，第一次在国家法律层面规定了"国家建立和完善以居家为基础、社区为依托、机构为支撑的社会养老服务体系"。

2018年12月29日,第十三届全国人民代表大会常务委员会第七次会议决定,修改《中华人民共和国老年人权益保障法》,取消了养老机构设立许可,规定要建立养老机构综合监管制度。

### (二) 中央政府部门的养老服务规章不断丰富

民政部印发了《养老机构管理办法》(自2020年11月1日起正式实施新修订的版本)、《养老机构服务安全基本规范》(自2022年1月1日起施行)、《养老机构行政检查办法》(自2023年1月1日起施行);2020年9月27日,国家卫生健康委、民政部、国家中医药管理局联合印发了《医养结合机构管理指南(试行)》等。

### (三) 养老服务的地方立法步伐加快

地方养老服务立法的名称不完全相同、内容各有侧重,主要有以下几类情况。

一是地方养老服务综合性条例纷纷出台。在省(区、市)级层面,主要有《海南省养老服务条例》(自2023年7月1日起施行)、《广西壮族自治区养老服务条例》(自2023年1月1日起施行)、《福建省养老服务条例》(自2023年1月1日起施行)、《江苏省养老服务条例》(2022年9月修订,自2022年12月1日起施行)、《安徽省养老服务条例》(自2022年12月1日起施行)、《河南省养老服务条例》(自2022年10月1日起施行)、《江西省养老服务条例》(自2022年1月1日起施行)、《河北省养老服务条例》(自2021年7月1日起施行)、《内蒙古自治区养老服务条例》(自2022年1月1日起施行)、《贵州省养老服务条例》(自2021年10月1日起施行)、《甘肃省养老服务条例》(自2020年7月1日起施行)、《山东省养老服务条例》(自2020年5月1日起施行)、《广东省养老服务条例》(自2019年1月1日起施行)等。

二是一些地方制定了养老服务促进条例。在省(区、市)级层面,主要有《天津市养老服务促进条例》(2020年12月1日修订,自2021年1月1日起施行)、《浙江省社会养老服务促进条例》(2021年9月29日修正)等。在设区市层面,主要有《成都市养老服务促进条例》(自2022年10月11日起施行)、《昆明市养老服务促进条例》(自2022年1月1日起施行)、《西安市养老服务促进条例》(自2020年5月1日起施行)等。

三是一些地方制定了社区或居家养老服务条例。主要有《山西省社区居家养老服务条例》(自2023年1月1日起施行)、《珠海经济特区居家养老服务促进条例》(自2023年2月1日起施行)、《温州市居家养老服务促进条例》(自2022年7月1日起施行)、《福州市居家养老服务条例》(自2022年1月1日起施行)、《沈阳市居家养老服务条例》（自 2019 年 10 月 1 日起施行）、《宁波市居家养老服务条例》（自 2018 年 10 月 1 日起施行）、《北京市居家养老服务条例》（自 2015 年 5 月 1 日起施行）等。

四是一些地方制定了养老机构条例。例如，《太原市养老机构条例》（自 2016 年 5 月 1 日起施行）等。

五是制定了养老服务管理的专门规章。例如，《北京市养老机构综合监管暂行办法》《北京市养老机构服务质量星级评定管理办法（试行）》《北京市社区养老服务驿站服务质量星级评定管理办法（试行）》《天津市〈养老机构管理办法〉实施细则》《天津市养老服务机构公建民营管理办法（试行）》《上海市养老服务机构综合监管办法》《上海市社区老年人日间照顾机构管理办法》《广西养老机构等级评定管理办法（试行）》等。

## 四、养老服务标准建设取得丰硕成果

(一) 加强了对养老服务标准建设的指引

在国家层面，2014 年 1 月 26 日，民政部、国家标准委等 5 部门发布《关于加强养老服务标准化工作的指导意见》。2019 年 4 月 30 日，民政部办公厅印发《社会救助领域基层政务公开标准指引》和《养老服务领域基层政务公开标准指引》。2019 年 11 月 26 日，民政部办公厅印发《养老服务质量信息公开标准指引》。2021 年 3 月 11 日，民政部发布并实施《养老机构服务标准体系建设指南》（MZ/T 170—2021）。2022 年 7 月 12 日，民政部、市场监管总局发布《关于全面推进新时代民政标准化工作的意见》，其中包含养老服务的内容。

在地方层面，北京市制定了《养老机构服务标准体系建设指南》（DB11/T 303—2022）；河北省制定了《河北省养老机构等级评定管理办法》等。

(二) 养老服务的国家标准和行业标准陆续出台

2019 年 12 月 27 日，国家市场监督管理总局、国家标准化管理委员会正式批准并公布强制性国家标准——《养老机构服务安全基本规范》（GB 38600—2019），这是我国养老服务领域第一项强制性国家标准，为养老机构服务的安全保障划出"红线"。

2012 年 12 月 31 日，民政部发布《养老机构基本规范》（GB/T 29353—2012）。2016 年 1 月 8 日，民政部发布《老年社会工作服务指南》（MZ/T 064—2016）。2017 年 12 月 29 日，民政部发布《养老机构服务质量基本规范》（GB/T 35796—2017）。2018 年 12 月 28 日，民政部发布《养老机构等级划分与评定》（GB/T 37276—2018）。2019 年 12 月 12 日，民政部发布《养老机构顾客满意度测评》（MZ/T

133—2019）和《养老机构预防压疮服务规范》（MZ/T 132—2019）。2019 年 12 月 31 日，民政部发布《关于加快建立全国统一养老机构等级评定体系的指导意见》。2021 年 12 月 10 日，民政部发布《养老机构预防老年人跌倒基本规范》（MZ/T 185—2021）、《养老机构膳食服务基本规范》（MZ/T 186—2021）、《养老机构洗涤服务规范》（MZ/T 189—2021）、《养老机构服务礼仪规范》（MZ/T 190—2021）、《养老机构岗位设置及人员配备规范》（MZ/T 187—2021）、《养老机构老年人营养状况评价和监测服务规范》（MZ/T 184—2021）、《养老机构康复辅助器具基本配置》（MZ/T 174—2021）。

2014 年 10 月 31 日，国家卫生计生委办公厅发布《养老机构医务室基本标准（试行）》和《养老机构护理站基本标准（试行）》。2021 年 7 月，国家医保局办公厅和民政部办公厅印发《长期护理失能等级评估标准（试行）》。2021 年 8 月 21 日，工业和信息化部发布《智慧健康养老服务平台参考模型》（SJ/T 11783—2021）。2021 年 11 月 4 日，国家市场监督管理总局批准发布《居家养老服务认证要求 通则》（RB/T 068—2021）和《居家养老服务认证要求 膳食服务》（RB/T 069—2021）。

（三）养老服务的地方标准不断丰富

从标准的适用层级看，有省（区、市）、市、县等不同层级的地方标准。从标准的内容看，涉及养老服务基本术语、老年人健康状况和生活能力评估，养老机构的消防安全和等级划分，居家、社区和机构养老服务，老年人医疗、康复和医养结合服务，老年人助餐、洗浴、心理支持、安宁疗护、智慧养老和社会工作服务，养老服务质量评估以及养老服务从业人员能力提升等。现行养老服务地方标准主要包括以下几个方面。

在基本术语方面，主要有，天津市的《养老服务标准体系建设指南》（DB12/T 978—2020）和《养老服务基本术语》（DB12/T 977—2020），山东省的《养老服务基本术语》（DB37/T 2891—2016），安徽省的《医养结合型养老基本术语》（DB34/T 3526—2019）等。

在老年人评估方面，主要有，河北省的《养老服务机构老年人健康评估规范》（DB13/T 1603—2012）和《老年人生活能力评估规范》（DB13/T 2103—2014），山西省的《老年人护理等级划分》（DB14/T 1534—2017），辽宁省的《老年人健康评估规范》（DB21/T 2240—2014），上海市的《养老机构照护服务分级要求》（DB31/T 684—2023），河南省的《养老机构入住评估规范》（DB41/T 1370—2017），安徽省的《养老机构休养人员入住评估规范》（DB34/T 2626—2016），福建省的《老年人生活自理能力等级划分与评定》（DB35/T 1479—2014），山东省的《老年人照护等级划分与评估》（DB37/T 3584—2019），重庆市的《养老机构老年人评估服务规范》（DB50/T 773—2017）等。

在安全管理和风险防范方面，主要有，广东省的《广东省〈养老机构服务安全基本规范〉操作指引（试行）》，江西省的《养老机构消防安全管理规范》（DB36/T 807—2023），上海市的《重点单位重要部位安全技术防范系统要求 第21部分：养老机构》（DB31/T 329.21—2019）和《重点单位消防安全管理要求》（DB31/T 540—2022），安徽省的《养老机构突发事件应急处置通用规范》（DB34/T 2627—2016）和《养老机构危险源识别与控制规范》（DB34/T 2476—2015），辽宁省的《社区老年人日间照料服务风险防控规范》（DB21/T 3730—2023），湖北省的《养老机构常见服务风险防控基本规范》（DB42/T 1251—2017），重庆市的《养老机构老年人护理常见风险防控规范》（DB50/T 772—2017），宁夏回族自治区的《养老机构安全应急处置规程 第1部分：老年人意外》（DB64/T 1522.1—2017）等。

在机构养老服务方面，主要有，北京市的《养老机构老年人生活照料操作规范》（DB11/T 1217—2021），天津市的《养老机构服务质量规范》（DB12/T 526—2019），河北省的《养老机构日常照护规范》（DB13/T 2264—2015）、《多元化养老服务规范》（DB13/T 2293—2015）和《老年人洗浴护理操作规程》（DB13/T 2515—2017），山西省的《养老机构配餐要求》（DB14/T 1531—2017）、《养老机构餐饮环境要求》（DB14/T 1899—2019）、《养老机构文体娱乐服务规范》（DB14/T 1903—2019）和《养老机构安保服务规范》（DB14/T 1900—2019），浙江省的《养老机构服务与管理规范》（DB33/T 926—2014），安徽省的《养老机构自理休养人员日常服务规范》（DB34/T 2624—2016）、《养老机构介护休养人员日常服务规范》（DB34/T 2628—2016）和《养老机构查房服务规范》（DB34/T 2629—2016），湖北省的《养老机构 护理员日常服务操作规范》（DB42/T 1247—2017）和《养老机构 老年人日常护理精细化服务流程》（DB42/T 1248—2017），广东省的《养老机构服务规范》（DB44/T 1750—2015），重庆市的《养老机构老年人介护服务规范》（DB50/T 590—2015），甘肃省的《机构养老服务管理规范》（DB62/T 2581—2015），宁夏回族自治区的《养老机构生活照料操作规范》（2017年颁布，涉及穿衣（DB64/T 1496.1—2017）、修饰（DB64/T 1496.2—2017）、口腔清洁（DB64/T 1496.3—2017）、饮食照料（DB64/T 1496.4—2017）、排泄护理（DB64/T 1496.5—2017）、皮肤清洁（DB64/T 1496.6—2017）、压疮预防（DB64/T 1496.7—2017）、床单位整理（DB64/T 1496.8—2017）、睡眠（DB64/T 1496.9—2017）等9个方面内容），新疆维吾尔自治区的《养老机构生活照料服务规范》（DB65/T 4081—2017），广西壮族自治区的《疗养型养老机构服务规范》（DB45/T 1878—2018）等。还有一些地方制定了养老机构内部管理规范，例如，山西省的《养老机构服务人员礼仪基本要求》（DB14/T 1896—2019）、《养老机构老年人健康档案技术要求》（DB14/T 1893—2019）、《养老机构服务合同管理规范》（DB14/T 1898—2019）、《养老机构信息管理要求》（DB14/T 1902—2019）、《社区老年人健康档案技术要求》（DB14/T 1906—2019）和《养老机构入住调访要求》

（DB14/T 1907—2019），安徽省的《养老机构业务咨询服务规范》（DB34/T 2625—2016）和《养老机构信息管理规范》（DB34/T 2471—2015），福建省的《养老机构顾客满意度测评规范》（DB35/T 1687—2017），新疆维吾尔自治区的《养老机构出入院管理规范》（DB65/T 4082—2017）等。

在居家和社区养老服务方面，省（区、市）级层面的标准、规范主要有，北京市的《居家养老服务规范》（包括：通则（DB11/T 1598.1—2018）、助餐服务（DB11/T 1598.2—2019）、助医服务（DB11/T 1598.3—2019）、助洁服务（DB11/T 1598.4—2018）、助浴服务（DB11/T 1598.5—2018）、康复服务（DB11/T 1598.7—2019）、呼叫服务（DB11/T 1598.8—2020）、信息采集与档案管理（DB11/T 1598.10—2020）和巡视探访服务（DB11/T 1598.12—2021）等），天津市的《居家养老 社区服务规范》（DB12/T 488—2013）和《居家养老 入户服务规范》（DB12/T 489—2013），河北省的《社区养老服务中心服务规范》（DB13/T 2741—2018），山西省的《家庭养老服务规范》（DB14/T 1033—2014）和《介护老年人居家照护服务规范》（DB14/T 1910—2019），辽宁省的《居家养老电子商务服务规范》（DB21/T 2938—2018），吉林省的《居家养老服务与管理规范》（DB22/T 1807—2013）、《农村居家养老服务大院基本规范》（DB22/T 1940—2013）、《社区居家养老服务中心服务管理规范》（DB22/T 2312—2015）、《居家养老服务机构助餐服务规范》（DB22/T 2680—2017）和《失能老年人居家长期照护服务规范》（DB22/T 2440—2016），黑龙江省的《居家社区养老服务规范》（DB23/T 1990—2017），江苏省的《居家养老送餐服务规范》（DB32/T 3458—2018）和《城市街道综合性养老服务中心建设及运营规范》（DB32/T 4183—2021），福建省的《城市社区居家养老服务规范》（DB35/T 1518—2015）和《农村居家养老服务规范》（DB35/T 2031—2021），安徽省的《社区养老服务指南》（DB34/T 3236—2018）和《农村老年人日间照料中心服务规范》（DB34/T 4370—2023），山东省的《居家养老 生活照料服务规范》（DB37/T 2893.1—2016），河南省的《社区居家养老服务规范》（DB41/T 1298—2016），湖北省的《居家养老服务通则》（DB42/T 1250—2017）、《居家和社区养老服务信息管理要求》（DB42/T 1847—2022）和《社区居家养老服务满意度评估》（DB42/T 1878—2022），江西省的《农村互助养老服务规范》（DB36/T 1578—2022），广东省的《社区居家养老服务规范》（DB44/T 1518—2015），重庆市的《社区养老服务规范》（DB50/T 762—2017），四川省的《家政服务——居家养老服务规范》（DB51/T 2199—2016），贵州省的《社区居家养老服务规范》（DB52/T 1128—2016），陕西省的《家政服务指南 居家养老护理》（DB61/T 922—2020）和《街道综合性养老服务中心管理规范》（DB61/T 1664—2023），甘肃省的《居家养老服务管理规范》（DB62/T 2582—2015）和《社区养老服务管理规范》（DB62/T 2583—2015），青海省的《社区老年人日间照料服务规范》（DB63/T 1322—2014），宁夏回族自治区的《社区居家养老服务基本规范》（DB64/T 1495—2017）等。

在老年人健康管理和医护服务方面，主要有，北京市的《养老机构医务室服务规范》（DB11/T 220—2014）和《养老机构老年人健康评估规范》（DB11/T 305—2014），天津市的《老年护理常见风险防控要求》（DB12/T 3002—2015），河北省的《老年护理常见风险防控要求》（DB13/T 3002—2015）和《养老机构安宁疗护服务规范》（DB13/T 2573—2017），山西省的《医疗养老结合基本服务规范》（DB14/T 1331—2017）、《养老机构康复服务规范》（DBI4/T 1529—2017）、《养老机构老年人常见慢性病护理规范》（DB14/T 2141—2020）和《健康养老服务标准体系》（DB14/T 2154—2020），黑龙江省的《机构养老护理服务规范》（DB23/T 1864—2017）和《医养结合服务质量规范 医疗机构》（DB23/T 1992—2017），江苏省的《病员（养老）生活护理服务规范》（DB32/T 2871—2016）和《养老机构医养结合服务规范》（DB32/T 3460—2018），安徽省的《养老机构常见病预防控制规范》（DB34/T 2468—2015）、《养老机构介护休养人员临终关怀规范》（DB34/T 2472—2015）、《养老机构介护休养人员保护性护理规范》（DB34/T 2473—2015）和《养老机构康复基础训练规范》（DB34/T 2475—2015），福建省的《养老机构护理服务规范》（DB35/T 1367—2013）和《养老机构老年人分级护理服务规范》（DB35/T 1702—2017），山东省的《居家养老 康复护理服务规范》（DB37/T 2893.2—2016）、《居家养老 陪同就医服务规范》（DB37/T 2893.3—2016），河南省的《医养结合机构服务规范》（DB41/T 1374—2017），宁夏回族自治区的《老年慢性病护理服务指南》（DB64/T 1521—2017）和《老年慢性病护理服务规范》（包含老年高血压护理（DB64/T 1523.1—2017）、老年冠心病护理（DB64/T 1523.2—2017）、老年糖尿病护理（DB64/T 1523.3—2017））等。

在医养结合方面，主要有，山西省的《养老机构医养结合服务质量要求》（DB14/T 1886—2019），湖南省的《养老机构医养结合服务规范》（DB43/T 1666—2019），江苏省的《养老机构医养结合服务规范》（DB32/T 3460—2018）和《社区居家医养结合服务规范》（DB32/T 4268—2022），福建省的《医养结合养老机构基本服务规范》（DB35/T 1809—2018），陕西省的《养老机构医养结合服务基本规范》（DB61/T 1510—2021），河南省的《医养结合机构服务规范》（DB41/T 1374—2017）黑龙江省的《医养结合服务质量规范医疗机构》（DB23/T 1992—2017），山东省的《医养结合（服务）机构分类与要求》（DB37/T 4088—2020）、《社区医养结合服务基本规范》（DB37/T 4087—2020）和《机构医养结合服务基本规范》（DB37/T 4086—2020）等。

在临终关怀方面，主要有，广东省的《养老机构服务规范 临终关怀》（DB44/T 1984—2017），广西壮族自治区的《养老机构安宁（临终关怀）服务规范》（DB45/T 1606—2017），湖南省的《安宁疗护病房管理规范》（DB43/T 2432—2022），黑龙江省的《安宁疗护服务规范》（DB23/T 3396—2022），吉林省的《养老机构安宁疗护服务规范》（DB22/T 3293—2021），辽宁省的《安宁疗护基本服务规范》（DB21/T 3346—2020），山西省的《养老机构临终关怀服务规范》（DB14/T 1890—2019），安徽省的《社会福利机构安宁疗护服务规范》（DB34/T 3513—2019），河北省的《养老机构安宁疗护服务规范》（DB13/T 2573—2017）等。

在老年社会工作服务方面，主要有，北京市的《养老机构社会工作服务规范》（DB11/T 1121—2014），天津市的《养老服务机构社会工作服务规范》（DB12/T 671—2016），河北省的《养老机构特殊困难老年人社会工作服务规范》（DB13/T 5715—2023），广东省的《养老机构社会工作服务规范》（DB44/T 1999—2017），江西省的《养老服务机构社会工作服务规范》（DB36/T 1580—2022），安徽省的《社区居家养老社会工作服务规范》（DB34/T 4192—2022），湖南省的《农村留守人群社会工作服务规范》（DB43/T 1790—2020）和《养老机构社会工作服务规范》（DB43/T 1667—2019），广西壮族自治区的《养老机构社会工作服务规范》（DB45/T 1999—2019），新疆维吾尔自治区的《养老机构社会工作服务规范》（DB65/T 4080—2017），深圳市的《老年社会工作服务指南》（DB4403/T 212—2021）等。

在老年心理服务和精神关爱方面，主要有，吉林省的《养老机构心理支持服务规范》（DB22/T 2221—2014）和《养老机构心理支持服务规范》（DB22/T 2222—2014），陕西省的《养老机构心理与精神支持服务规范》（DB61/T 1330—2020），江苏省的《老年精神关爱服务规范》（DB32/T 3192—2017）和《老年教育机构服务规范》（DB32/T 3452—2018），山东省的《医养结合服务机构心理支持服务指南》（DB37/T 4603—2023），安徽省的《养老机构休养人员心理护理规范》（DB34/T 2469—2015）和《养老机构休养人员情绪沟通规范》（DB34/T 2470—2015），河北省的《养老机构心理支持服务规范》（DB13/T 2430—2016）等。

在旅居养老方面，主要有，黑龙江省的《候鸟式养老服务规范》（DB23/T 1785—2016）和《候鸟式农养结合养老规范》（DB23/T 1810—2016）、《候鸟式旅养结合养老规范》（DB23/T 1811—2016）和《候鸟式医养结合养老规范》（DB23/T 1812—2016），安徽省的《养老机构旅居养老服务指南》（DB34/T 4193—2022），广西壮族自治区的《养老机构候鸟式养老服务规范》（DB45/T 1998—2019）等。

在养老服务设施方面，主要有，北京市的《社区养老服务设施设计标准》（DB11/T 1309—2015）、《养老服务驿站设施设备配置规范》（DB11/T 1515—2018）、《养老机构图形符号与标志使用及设置规范》（DB11/T 1353—2016）和《养老机构康复辅助器具配置基本要求》（DB11/T 1549—2018），河北省的《居家养老服务中心建设规范》（DB13/T 2739—2018）和《居家养老服务中心验收规范》（DB13/T 2738—2018），山西省的《养老机构设施设备管理要求》（DB14/T 1889—2019），黑龙江省的《黑龙江省养老设施建设标准》（DB23/T 1583—2015），上海市的《养老机构设施与服务要求》（DB31/T 685—2019）、《养老机构服务应用标识规范》（DB31/T 813—2014）和《养老机构建筑合理用能指南》（DB31/T 1080—2018），安徽省的《养老服务设施规划建设标准》（DB34/T 3943—2021），重庆市的《社区养老服务设施建设规范》（DB50/T 866—2018），江苏省的《农村区域性养老服务中心建设和服务规范》（DB32/T 4456—2023），山东省的《街道综合养老服务机构建设与运行规范》（DB37/T 4398—2021）和《农村区域性养老服务中心建设与运行规范》（DB37/T 4372—2021），重庆市的《社区养老服务设施建设规范》（DB50/T 866—2018），广西壮族自治区的《老年人宜居社区建设规范》（DB45/T 1607—2017）等。

在智慧养老服务方面，主要有，江苏省的《智慧养老建设规范》（DB32/T 3530—2019），内蒙古自治区的《智慧居家社区养老服务信息平台建设管理规范》（DB15/T 3016—2023），甘肃省的《虚拟养老机构基本规范》（包括术语（DB62/T 4299.1—2021）、建设通用要求（DB62/T 4299.2—2021）、服务通用要求（DB62/T 4299.3—2021）、加盟机构及从业人员要求（DB62/T 4299.4—2021）），广东省的《家政服务 智慧居家养老服务信息平台建设与管理规范》（DB44/T 2422—2023），安徽省的《智慧养老服务中心运营规范》（DB34/T 4187—2022）和《智慧社区居家养老服务模式建设规范》（DB34/T 4030—2021）等。

在养老从业人员方面，主要有，山西省的《养老服务从业人员培训规范》（DB14/T 2151—2020）、《养老护理员培训要求》（DB14/T 1901—2019）和《民办养老机构人员配置要求》（DB14/T 1909—2019），吉林省的《养老护理员培训规范》（DB22/T 2402—2015）、《居家养老服务员服务规范》（DB2/T 2412—2015）和《居家养老护理员培训规范》（DB22/T 2681—2017），黑龙江省的《老年人健康养护培训服务规范》（DB23/T 1759—2016），浙江省的《养老护理员培训规范》（DB33/T 2001—2016），安徽省的《养老机构人员培训管理规范》（DB34/T 2474—2015）和《家政培训服务规范 第1部分：居家养老》（DB34/T 2606.1—2016），江西省的《养老服务从业人员培训指南》（DB36/T 1579—2022），河南省的《养老护理员等级规定及服务规范》（DB41/T 595—2015），内蒙古自治区的《居家社区养老服务人员基本要求》（DB15/T 3019—2023），陕西省的《养老服务人员管理规范》（DB61/T 1282—2019）等。

在养老服务质量方面，主要有，北京市的《养老机构服务质量规范》（DB11/T 148—2017）、《养老机构服务质量星级划分与评定》（DB11/T 219—2021）和《居家养老服务规范 第11部分：服务满意度测评》（DB11/T 1598.11—2021），山西省的《养老机构服务评价》（DB14/T 1897—2019），吉林省的《养老机构等级评定规范》（DB22/T 2505—2023），重庆市的《养老机构等级划分与评定》（DB50/T 908—2019），贵州省的《养老机构等级划分与评定规范》（DB52/T 1648—2022），甘肃省的《居家养老服务组织星级划分与评定》（DB62/T 4480—2021），江西省的《养老助餐服务质量规范》（DB36/T 899—2016）和《养老护理服务质量规范》（DB36/T 944—2017），湖北省的《养老机构服务质量规范》（DB42/T 1246—2017），云南省的《居家养老服务质量》（DB53/T 865—2018），陕西省的《养老机构服务质量规范》（DB61/T 997—2015），内蒙古自治区的《居家社区养老服务质量日常监测评价规范》（DB15/T 3020—2023），新疆维吾尔自治区的《养老机构服务质量规范》（DB65/T 4055—2017），西藏自治区《养老机构服务评价与改进》（DB54/T 0210—2020），贵州省的《居家社区养老服务质量日常监测评价规范》（DB52/T 1649—2022），深圳市的《医养结合质量评价规范》（DB4403/T 104—2020）等。

在养老服务信用评价方面，主要有，河北省的《养老服务机构诚信管理规范》（DB13/T 5365—2021），上海市的《养老服务机构信用评价指标（试行）》（2022年6月16日印发），黑龙江省的《养老服务行业信用评价体系》（DB23/T 2708—2020）等。

（四）养老服务的团体标准和企业标准愈趋精细

表1为部分全国性组织制定的现行团体标准。

表1 部分全国性组织制定的现行团体标准

| 序号 | 团体名称 | 标准编号 | 标准名称 | 公布日期 |
| --- | --- | --- | --- | --- |
| 1 | 中国老龄产业协会 | T/CSI 0032—2023 | 《养老服务 卧床分段式助浴服务实施规范》 | 2023-07-12 |
| 2 | 中国联合国采购促进会 | T/UNP 27—2023 | 《养老服务 社区养老机构等级评价》 | 2023-06-30 |
| 3 | 中国联合国采购促进会 | T/UNP 26—2023 | 《养老服务 养老公寓服务规范》 | 2023-06-30 |
| 4 | 中国老龄产业协会 | T/CSI 0024.2—2023 | 《持续照料型养老社区 第2部分：服务要求》 | 2023-03-30 |
| 5 | 中国工程建设标准化协会 | T/CECS 1286—2023 | 《健康养老建筑评价标准》 | 2023-03-30 |
| 6 | 中国工程建设标准化协会 | T/CECS 1284—2023 | 《绿色智能居家养老系统设计标准》 | 2023-03-30 |
| 7 | 中国工程建设标准化协会 | T/CECS 1279—2023 | 《农村居家养老服务设施设计标准》 | 2023-03-30 |
| 8 | 中国老龄产业协会 | T/CSI 0024.1—2023 | 《持续照料型养老社区 第1部分：建设指南》 | 2023-03-28 |

续表

| 序号 | 团体名称 | 标准编号 | 标准名称 | 公布日期 |
| --- | --- | --- | --- | --- |
| 9 | 中国民营科技实业家协会 | T/CASTENG 005—2023 | 《养老机构安全应急能力建设指南》 | 2023-03-20 |
| 10 | 中国老龄产业协会 | T/CSI 0023—2022 | 《养老机构服务信用评价规范》 | 2022-12-15 |
| 11 | 中国老龄产业协会 | T/CSI 0022—2022 | 《质量分级及"领跑者"评价要求 居家养老服务》 | 2022-11-03 |
| 12 | 中国工程建设标准化协会 | T/CECS 1110—2022 | 《健康养老建筑技术规程》 | 2022-07-14 |
| 13 | 中国老年保健医学研究会 | T/CAGR 002—2022 | 《居家养老照护风险防控规范》 | 2022-06-30 |
| 14 | 中国康复医学会 | T/CARM 001—2022 | 《养老机构康复医疗服务基本规范（试行）》 | 2022-03-21 |
| 15 | 中国老年保健协会 | T/CAWAORG 003—2022 | 《养老机构护理分级与服务规范》 | 2022-03-18 |
| 16 | 中国老龄产业协会 | T/CSI 0019—2022 | 《居家社区养老服务 健康管理服务规范》 | 2022-02-16 |
| 17 | 中国老龄产业协会 | T/CSI 0020—2022 | 《机构养老服务 健康管理服务规范》 | 2022-02-16 |
| 18 | 中国电子商会 | T/CECC 015—2022 | 《机构养老智慧管理系统建设规范》 | 2022-02-12 |
| 19 | 中国老年医学学会 | T/CGSS 018—2021 | 《健康养老实践导师要求与评价》 | 2021-10-29 |
| 20 | 中国老龄产业协会 | T/CSI 0017—2021 | 《养老智能化系统安全要求》 | 2021-09-16 |
| 21 | 中国老龄产业协会 | T/CSI 0009—2021 | 《老龄产业术语 第2部分：养老服务》 | 2021-08-28 |
| 22 | 中国老龄产业协会 | T/CSI 0012—2021 | 《养老服务 机构服务质量评价》 | 2021-08-28 |
| 23 | 中国老龄产业协会 | T/CSI 0014—2021 | 《养老服务 志愿服务 低龄帮高龄》 | 2021-08-28 |
| 24 | 中国老龄产业协会 | T/CSI 0016—2021 | 《养老服务 居家养老服务质量评价》 | 2021-08-28 |
| 25 | 中国老龄产业协会 | T/CSI 0015—2021 | 《养老服务 服务项目购买指南》 | 2021-08-28 |

续表

| 序号 | 团体名称 | 标准编号 | 标准名称 | 公布日期 |
|---|---|---|---|---|
| 26 | 中国老龄产业协会 | T/CSI 0013—2021 | 《养老服务 喘息服务规范》 | 2021-08-28 |
| 27 | 中国老年保健协会 | T/CAWAORG 0017—2021 | 《居家养老照护师职业技能标准》 | 2021-06-17 |
| 28 | 中国认证认可协会 | T/CCAA 37—2020 | 《社区养老服务认证要求》 | 2021-05-23 |
| 29 | 全国城市工业品贸易中心联合会 | T/QGCML 092—2021 | 《养老护理员服务规范》 | 2021-03-17 |
| 30 | 中国老龄产业协会 | T/CSI 0006—2020 | 《互联网＋社区居家养老综合服务管理规范》 | 2021-01-22 |
| 31 | 中国老龄产业协会 | T/CSI 0005—2020 | 《老龄宜居社区智能化养老服务基本规范》 | 2021-01-22 |
| 32 | 中国电子工业标准化技术协会 | T/CESA 1127—2020 | 《基于人工智能语音交互的养老服务平台要求》 | 2020-12-21 |
| 33 | 中国老龄产业协会 | T/CSI 0004—2020 | 《居家养老智能化系统技术要求》 | 2020-09-04 |
| 34 | 中国工程建设标准化协会 | T/CECS 584—2019 | 《绿色养老建筑评价标准》 | 2019-12-12 |
| 35 | 中国老龄产业协会 | T/CSI 0003—2015 | 《旅居养老服务机构评价规则》 | 2019-07-09 |
| 36 | 中国社会福利与养老服务协会 | T/CASWSS 003—2019 | 《养老机构设施设备配置规范》 | 2019-01-26 |
| 37 | 中国社会福利与养老服务协会 | T/CASWSS 002—2019 | 《养老机构健康管理服务规范》 | 2019-01-26 |
| 38 | 中国社会福利与养老服务协会 | T/CASWSS 001—2019 | 《养老机构标准化建设质量评价规范》 | 2019-01-26 |

表2为部分企业制定的现行养老用品企业标准。

表2 部分企业制定的现行养老用品企业标准

| 序号 | 团体名称 | 标准编号 | 标准名称 |
|---|---|---|---|
| 1 | 山东龙跃医疗科技有限公司 | Q/370700（SDLYYL）006—2016 | 《老年购物车》 |
| 2 | 南阳市澳福来实业有限责任公司 | Q/AFL 056—2016 | 《中老年保健护眼贴》 |
| 3 | 深圳市贵宾科技开发有限公司 | Q/GB 003—2016 | 《老人移动健康管理设备》 |
| 4 | 河南省超亚医药器械有限公司 | Q/HCY 002—2017 | 《中老年明目保健贴》 |

续表

| 序号 | 团体名称 | 标准编号 | 标准名称 |
|---|---|---|---|
| 5 | 瑞安市永久亮无障碍设施有限公司 | Q/RYJL 03—2017 | 《高龄老人自助坐便两用椅》 |
| 6 | 衡水恒康医疗器材有限责任公司 | Q/HHK 03—2017 | 《老年购物车》 |
| 7 | 杭州简帛品牌管理有限公司 | Q/HZJB 001—2018 | 《老年鞋》 |
| 8 | 北京孝夕阳科技发展有限公司 | Q/ZIJ 001—2018 | 《足力健老人鞋》 |
| 9 | 宁波科强智能科技有限公司 | Q/KZNJ 1.1—2018 | 《老人智能手环（表）》 |

## 五、养老服务制度创新取得重大进展

### （一）推进了基本养老服务制度建设

2022年6月，中共中央办公厅、国务院办公厅印发《关于推进基本养老服务体系建设的意见》（中办发〔2022〕42号），要求"十四五"时期重点聚焦老年人面临家庭和个人难以应对的失能、残疾、无人照顾等困难时的基本养老服务需求。到2025年，基本养老服务制度体系基本健全，基本养老服务清单不断完善，服务对象、服务内容、服务标准等清晰明确，服务供给、服务保障、服务监管等机制不断健全，基本养老服务体系覆盖全体老年人。

一些地方陆续制定了本地的基本养老服务清单。例如，2022年11月，浙江省政府常务会议审议通过《关于加快建设基本养老服务体系的实施意见》，浙江省基本养老服务清单，细分13类老年群体21项基本养老服务。在国家基本养老服务清单的基础上，增加了"1类人群"和"5项服务"，包括子女为浙江户籍的外地老年人及老年人社区居家照料服务、老年人法律服务等。

《江苏省基本养老服务指导性目录清单（2022年版）》规定了30项基本养老服务内容。其中13项是面向社会老人的普惠项目，明确了全体老年人享有的基本公共服务，包括提供社区活动场所、就医便利服务、老年教育服务、健康管理服务、老年人能力综合评估、基本养老保险、尊老金、免费乘坐城市公共交通工具、参观公园和公共文化设施等，是促进全体老年人发展、激发老龄社会活力、保障老年人权益的重要内容，体现了基本公共服务均等化的导向。另外17项是面向特殊老年人的保障项目，明确了符合特困供养、最低生活保障、计划生育特殊家庭以及经济困难的高龄、空巢独居、失能等特殊困难老年人以及为社会做出特殊贡献的老年人，相应享有基本生活保障、养老服务护理补贴、居家探访、上门服务、家庭适老化改造、优先入住公办养老机构等服务，政府给予经费补贴，体现了对特殊老年人群的关爱扶助。

《北京市基本养老服务清单（2021年版）》规定，老年优待服务覆盖60岁及以上的本市户籍老年人和常住外埠老年人。驿站基本养老服务对所有60岁及以上老年人提供驿站 4 项基本养老服务事项：健康监测，即在驿站对外公示的营业期间内，根据老年人及其陪同人员要求，协助老年人开展测量心率、血压、血糖、体温等自查；方便服务，即提供"喝口水、歇歇脚、解内急"等服务；解难服务，即提供恶劣天气临时避险、应急雨具借用、问路指引和走失临时联络服务；文化娱乐，即提供读书看报、棋牌娱乐、健康教育、智能技术应用培训。提供基本公共卫生服务：为 65 岁及以上老年人提供城乡社区规范健康管理服务，建立健康档案，提供健康体检、健康指导等。提供医养结合服务：为 65 岁及以上老年人提供医养结合服务。每年对辖区内 65 岁及以上居家养老的老年人进行两次医养结合服务，内容包含血压测量、末梢血血糖检测、康复指导、护理技能指导、保健咨询、营养改善指导 6 个方面。对高龄、失能、行动不便的老年人上门进行服务。提供健康评估与健康服务：为 65 岁及以上失能老年人提供健康评估与健康服务。每年对辖区内提出申请的 65 岁及以上失能老年人上门进行健康评估，针对评估结果对符合条件的失能老年人及照护者 1 年内提供至少 1 次健康服务，健康服务的具体内容包括康复护理指导、心理支持等。

### （二）推进了老年人照护需求综合评估制度建设

2022 年 8 月，新修订的《北京市老年人能力评估实施办法（试行）》规定，由北京市民政局牵头负责本市老年人能力评估工作，制定老年人能力评估政策、评估标准和操作规范及老年人评估服务指引，编制评估培训教材，依托市社会福利服务管理平台建立老年人能力评估信息管理系统，指导各区对老年人能力评估工作开展监督管理，对各区开展定期不定期相结合的检查抽查，并结合日常收集投诉、全市大数据分析等开展针对性检查督导。

2022 年 12 月，上海市人民政府办公厅印发了修订后的《上海市老年照护统一需求评估及服务管理办法》，规定由上海市医保局会同相关部门协同推进统一需求评估工作，负责制定完善评估办理流程，对定点评估机构实施协议管理。按照全市统一的评估标准，依申请对其失能程度、疾病状况、照护情况等进行评估，确定评估等级。评估等级作为申请人享受长期护理保险待遇、养老服务补贴等政策的前提和依据。评估结果由民政、卫健、医保、残联等部门共享互认。面向全体老年人提供价格可负担、质量有保证的基本养老服务，优先保障低保、低收入家庭老年人，以及经济困难家庭中的孤寡、失能、重残、高龄等老年人的基本养老服务需求。本办法自 2023 年 1 月 1 日起施行，有效期到 2027 年 12 月 31 日。

### （三）全面建立对经济困难高龄、失能老年人养老服务补贴制度

2014 年 9 月，财政部、民政部、全国老龄工作委员会办公室印发《关于建立健全经济困难的高龄失能等老年人补贴制度的通知》，进一步加大公共财政支持力度，推动实现基本养老服务均等化。

自 2017 年 12 月起，天津市在 10 个涉农区分别选取 2 至 3 个乡镇开展农村居家养老服务（护理）补贴试点。2019 年 10 月 2 日，天津市委办公厅、天津市政府办公厅印发《关于加快养老服务发展的实施意见》，要求将符合条件的农村困难老年人全部纳入居家养老服务（护理）补贴范围。根据这一要求，天津市从 2019 年起在全市范围内将农村困难老年人全部纳入居家养老服务（护理）补贴范围，根据照料等级评估确定的轻度、中度、重度照料等级，凡是符合条件的农村困难老年人分别给予每人 100 元/月、200 元/月、300 元/月居家养老服务补贴及每人 100 元/月、200 元/月、300 元/月居家养老护理补贴。补贴对象是有天津市户籍的以下农村老年人：60 周岁及以上的农村低保对象且需要生活照料（失能）的老年人；60 周岁及以上的农村低收入救助家庭中需要生活照料（失能）的老年人；60 周岁及以上的农村优抚对象且需要生活照料（失能）的老年人；80 周岁及以上的农村无子女（包括未生育子女和子女已去世）且需要生活照料（失能）的老年人；80 周岁及以上的农村独生子女父母（子女年龄达 60 周岁及以上）且需要生活照料（失能）的老年人；农村特困供养人员中的老年人不享受居家养老服务（护理）补贴。

2016 年 2 月，武汉市民政局、武汉市财政局发布《关于进一步做好全市为困难老人购买居家养老护理服务工作的通知》，对免费服务和补偿服务做出规定，具有武汉市常住户口并同时具备以下条件之一、非城市"三无"和农村"五保"等政府特困供养老人的老人，可申报政府为困难老人购买居家养老护理免费服务：一是 60 周岁及以上，失独或独生子女为一、二级残疾（语言听力障碍除外），生活困难的；二是 70 周岁及以上，独居，本人为一、二级残疾（语言听力障碍除外），生活困难的；三是 80 周岁及以上，独居或与其居住一起的子女为一、二级残疾，生活困难的；四是 90 周岁及以上，生活困难的；五是 100 周岁及以上。具有武汉市 7 个中心城区及东湖高新开发区、武汉经济开发区、东湖风景区、化工区常住户口，70 周岁及以上、独居、本人或夫妻月人均收入低于当年中心城区最低工资标准 1.5 倍的老人，可申报政府为困难老人购买居家养老护理补偿服务。上述条件中，"生活困难"是指中心城区和新城区非农业户口的老人本人或夫妻月人均收入低于当年最低工资标准，新城区农业户口老人本人或夫妻月人均收入低于当年农村最低生活保障标准 2 倍的。"独居"是指老人与子女不居住在同一个社区（自然村）。

高龄津贴制度和经济困难老年人服务补贴、失能老年人护理补贴制度实现了省（区、市）级全覆盖。截至 2021 年底，全国享受高龄补贴的老年人为 3069.5 万人，享受护理补贴的老年人为 78.9 万人，享受养老服务补贴的老年人为 447.9 万人，享受综合补贴的老年人为 70.2 万人。[①]

---

① 民政部：《胸怀"国之大者"，守护幸福夕阳红——我国养老服务十年发展综述》，https：//www.mca.gov.cn/n152/n166/c46994/content.html。

## （四）建立了养老服务综合监管制度

2020年11月，国务院办公厅印发《关于建立健全养老服务综合监管制度促进养老服务高质量发展的意见》，这是我国养老服务领域第一份以监管为主题促进高质量发展的文件。该文件要求，聚焦机制创新，围绕质量安全、从业人员、涉及资金、运营秩序、突发事件应对等五个重点方面，加快构建养老服务跨部门、跨层级、跨领域的协同机制，通过清单式监管，严格履行业务指导和监管职责。围绕取消养老机构设立许可后养老服务从事前监管向事中、事后监管转变的实际，重点从明确监管重点、落实监管责任、创新监管方式三个方面着力推进养老服务综合监管。重点围绕登记备案、消防安全、食品安全、日常运营、防范非法集资、资金监管、突发事件应对、信用体系建设、投资者权益保护等九个制约现阶段养老服务发展的"痛点""堵点"问题，按照明确"管什么、谁来管、怎么管"的思路，提出了系列针对性措施。就建立健全养老服务综合监管制度确定了三方面政策措施。一是明确监管重点。重在加强质量安全监管、从业人员监管、资金监管、运营秩序监管。二是落实监管责任。强化政府主导责任，压实机构主体责任，发挥行业自律和社会监督作用。三是创新监管方式。加强协同监管，健全各部门协调配合机制，建立以"双随机、一公开"监管为基本手段、以重点监管为补充、以信用监管为基础的新型监管机制。加强信用监管，建立养老机构备案信用承诺制度，加大信用记录的披露和应用。加强信息共享，统筹运用养老服务领域政务数据资源和社会数据资源，推进数据统一和开放共享。

2019年11月，民政部印发《养老服务市场失信联合惩戒对象名单管理办法（试行）》，推进养老服务领域信用体系建设。2020年7月，民政部、中央政法委等6部门联合印发《关于规范养老机构服务行为 做好服务纠纷处理工作的意见》，坚持和发展新时代"枫桥经验"，推进养老机构和老年人矛盾纠纷及时高效化解。2020年9月，民政部修订出台《养老机构管理办法》，进一步规范养老机构管理，强化了事中事后监管。2021年11月，民政部、住房和城乡建设部、国家市场监督管理总局联合印发《关于推进养老机构"双随机、一公开"监管的指导意见》，积极推动跨部门监管法制化、规范化、常态化。

2022年1月上海市民政局出台《上海市养老服务机构信用评价管理办法》率先构建养老服务机构信用管理制度。涵盖信用信息归集、信用评价、结果应用、权益保护等内容，覆盖机构养老服务和居家社区养老服务，形成依法依规、公开透明、标准统一、分级分类的养老服务机构信用管理体系。注重数字化应用手段。依托养老服务领域的大数据资源，建立全市统一的信息平台，开发科学、有效的信用评价模型，对养老服务机构信用情况进行智能化评价，为基层管理减负，并减少对养老服务机构的干扰。

### （五）建立了养老服务机构等级评定制度

2019年2月，国家市场监督管理总局、国家标准化管理委员会联合发布《养老机构等级划分与评定》国家标准，填补了该领域空白。2022年9月，北京市民政局印发《北京市养老机构服务质量星级评定管理办法（试行）》，将养老机构服务质量星级从低到高划分为五个等级，分别为一星级、二星级、三星级、四星级、五星级。养老机构服务质量星级评定结果有效期为三年，自星级评定结果通知书印发之日起计算。养老机构可在现星级评定结果有效期届满前六个月提出参评申请。

### （六）积极探索建立长期护理保险制度

2016年6月，人力资源和社会保障部办公厅印发《关于开展长期护理保险制度试点的指导意见》。2020年9月10日，国家医保局和财政部印发《关于扩大长期护理保险制度试点的指导意见》，将试点范围扩大到49个城市。2016年12月30日，上海市民政局、上海市卫生计生委、上海市人力资源和社会保障局（市医保办）等部门制定上海市长期护理保险服务项目清单，共有42项，包括27项基本生活照料项目和15项常用临床护理项目。

## 六、提升养老服务发展活力和效能的重大行动

### （一）加强养老机构能力和质量建设

一是实施特困人员供养服务机构（敬老院）改造提升工程。民政部、发展改革委、财政部出台《关于实施特困人员供养服务设施（敬老院）改造提升工程的意见》，要求到2020年底前，重点提升现有县级供养服务设施照护能力，强化失能、部分失能特困人员兜底保障，加强安全管理，确保消除重大安全隐患。到2022年底前，按照填平补齐的原则，在每个县（市、区、旗）至少建有1所以失能、部分失能特困人员专业照护为主的县级供养服务设施（敬老院），优先满足辖区内所有生活不能自理特困人员专业照护需求。2019年9月5日，民政部、财政部、人力资源社会保障部联合印发《关于进一步加强特困人员供养服务设施（敬老院）管理有关工作的通知》，针对法人登记率不高、运营管理滞后、照护人员短缺、服务质量不高等问题，从六个方面提出并明确了优化管理服务的要求，主要包括：落实供养机构法人登记，加强供养机构负责人、照护人员的能力建设，加强供养对象基本生活资金、照料护理资金和机构运转经费保障，推进供养服务机构社会化改革，健全完善机构服务质量基本规范，加强消防、食品、财产等方面的安全管理。关于法人登记办法，具备相应条件的机构应依据相关法规政策，及时向编制部门提出法人登记申请，依法取得法人资格；推广县域"1+N"特困人员供养服务联合体建设，

暂不具备独立登记条件的机构可作为分院，由具备法人身份的供养服务机构实施统一管理。

二是实施民办养老机构消防安全达标提升工程。解决养老机构消防验收的难题。同时，利用民政部本级和地方政府用于社会福利事业的彩票公益金，通过以奖代补等形式，在全国范围内引导和帮助民办养老机构按照国家标准、行业标准配置消防设施、器材，落实日常消防安全管理要求，针对经判定为重大火灾隐患的养老机构进行有效整改。优先改造贫困地区和农村民办养老机构。具体改造范围和工作程序由各省（区、市）级民政部门会同有关部门结合实际审核确定。住房城乡建设部门、消防救援机构提供技术支持。养老机构内设医疗机构由审批改备案，简化、优化养老服务工程建设、消防审验、环保审查、食品卫生等方面的审批程序与要件。

三是加快推进养老护理院和护理型养老床位发展。2020年4月13日，民政部办公厅印发《关于加快推进护理型养老床位发展与监测工作的通知》，明确了护理型养老床位界定条件：不仅要配置具备一定功能的护理床、老年人活动空间，也需要实现无障碍，还应配备相应的辅助器具。对护理型养老床位做出了界定，提出了护理型养老床位的发展目标：到2022年，养老机构护理型床位占比不低于50%，到2035年不低于80%，2020年12月底前，深度贫困地区每个县至少建有1个县级供养服务中心且其护理型床位达到70%以上。政府投资新建、改建、扩建的养老机构原则上要符合《老年养护院建设标准》，以护理型养老床位为主。发展公办、民办养老机构的扶持优惠政策要向护理型养老床位倾斜，加大护理型养老床位建设引导力度。中央集中彩票公益金支持深度贫困地区特困人员供养服务设施（敬老院）建设改造行动资金重点用于县级供养服务机构护理型床位建设、改造提升。

四是深化公办养老机构社会化改革。2013年12月，民政部印发《关于开展公办养老机构改革试点工作的通知》，鼓励有条件的公办供养服务设施通过承包经营、委托运营、联合经营等方式，引入具备相应条件的企业或社会服务机构参与运营管理；在满足特困人员集中供养需求的基础上，可向社会开放床位，按相关规定实行市场定价，确保收益主要用于支持兜底保障对象的供养服务。公办民营机构同等享受政府购买服务、税费减免、财政补贴、投融资、人才队伍建设等扶持政策。

五是支持养老机构规模化、连锁化、品牌化发展。江苏省南通市探索推进"链式养老"服务模式，在全国率先打破机构养老、社区养老和居家养老界限，探索让养老机构发挥其专业优势，承接运营社区养老服务设施，延伸开展居家养老服务。目前，南通市已有27家养老机构承接运营了47家街道（乡镇）日间照料中心，为706个社区提供专业化、精细化养老服务。预计到2024年底，全市90%以上社区居家养老服务设施将由专业养老机构承接运营，形成一批具有示范带动作用的、以照护为主业、辐射社区周边、兼顾上门服务的综合性养老服务机构，为老人提供从机构到社区居家相衔接的一体化专业养老服务，让老人"原居养老"更舒心。①

六是持续开展养老院服务质量提升行动。2017年以来，民政部会同有关部门持续开展提升养老院服务质量的专项行动，对照影响养老院服务质量的运营管理、生活服务、健康服务、社会工作服务、安全管理等五个方面，开展养老院服务质量大检查、大整治。

### （二）加大居家社区养老服务支持力度

一是开展居家社区养老服务试点。2016年7月13日，民政部、财政部发布《关于中央财政支持开展居家和社区养老服务改革试点工作的通知》。2017年2月10日，财政部、民政部印发《中央财政支持居家和社区养老服务改革试点补助资金管理办法》。2021年10月12日，民政部办公厅、财政部办公厅印发《关于组织实施2021年居家和社区基本养老服务提升行动项目的通知》。"十三五"期间，民政部、财政部先后在全国遴选了5批203个地区开展试点。5年间，中央彩票公益金采用以奖代补的方式共投入50亿元。中央引导资金撬动效应明显。试点期间，50亿元中央财政资金撬动的地方投入超过180亿元，社会投资至少130亿元，总投资规模超过360亿元。

二是建立政府购买居家养老服务制度。2014年8月26日，财政部、发展改革委、民政部、全国老龄办联合印发《关于做好政府购买养老服务工作的通知》。要求根据养老服务的性质、对象、特点和地方实际情况，重点选取生活照料、康复护理和养老服务人员培养等方面开展政府购买服务工作。在购买居家养老服务方面，主要包括为符合政府资助条件的老年人购买助餐、助浴、助洁、助急、助医、护理等上门服务，以及养老服务网络信息建设；在购买社区养老服务方面，主要包括为老年人购买社区日间照料、老年康复文体活动等服务；在购买机构养老服务方面，主要为"三无"（无劳动能力，无生活来源，无赡养人和扶养人或者其赡养人和扶养人确无赡养和扶养能力）老人、低收入老人、经济困难的失能半失能老人购买机构供养、护理服务；在购买养老服务人员培养方面，主要包括为养老护理人员购买职业培训、职业教育和继续教育等；在养老评估方面，主要包括老年人能力评估和服务需求评估的组织实施、养老服务评价等。2022年3月25日，财政部印发《关于做好2022年政府购买服务改革重点工作的通知》，要求推广政府购买基本养老服务，优先保障经济困难的失能、高龄、无人照顾等老年人的服务需求，加大对基层和农村养老服务的支持。适宜通过政府购买提供的养老服务，政府不再直接举办公办养老机构提供。

三是发展家庭养老床位和家庭病床。南京市从2016年11月开始探索开展家庭养老床位建设，将其作为南京市参加第一批"中央财政支持开展居家和社区养老服务

---

① 南通市民政局：《坚持高质量发展 构建人民满意养老服务体系》，https：//www.nantong.gov.cn/ntsrmzf/xwfbh/content/8ecf0a1f-2fc8-4ddb-9121-6d1057609d43.html。

改革试点"的措施之一，并于2017年在全市正式推广。截至2021年底，南京市已建成家庭养老床位0.75万张。在家庭养老床位建设中，南京市坚持做到：家庭养老床位老人与入住机构老人实现"六个统一"，即统一评估、统一协议、统一服务内容、统一服务流程、统一人员调度，并把家庭养老床位的服务监管统一纳入市、区级信息平台，实时进行监管。2020年5月21日，苏州市出台《苏州市家庭养老夜间照护床位建设运营管理办法》，开展夜间上门照护老人服务。

四是实施家庭"适老化"改造。2014年7月，住房城乡建设部、民政部等5部门印发《关于加强老年人家庭及居住区公共设施无障碍改造工作的通知》。2020年7月，民政部、国家发展和改革委员会、财政部、住房城乡建设部、国家卫生健康委、银保监会、国务院扶贫办、中国残联、全国老龄办等发布《关于加快实施老年人居家适老化改造工程的指导意见》。2022年3月，民政部、财政部、住房城乡建设部与中国残联联合印发《关于推进"十四五"特殊困难老年人家庭适老化改造工作的通知》，确保"十四五"完成200万户的改造目标。

五是探索开展"社区＋物业＋养老"服务新模式。2020年11月，住房和城乡建设部联合国家发改委、民政部、国家卫生健康委员会、国家医疗保障局、全国老龄工作委员会办公室，共同发布《关于推动物业服务企业发展居家社区养老服务的意见》，推行和支持"物业服务＋养老服务"的居家社区养老模式。

### （三）加强老年人精神关爱服务

2017年12月，民政部、公安部、司法部等印发《关于加强农村留守老年人关爱服务工作的意见》，推动广泛开展关爱农村留守老年人志愿服务，探索推动社会工作专业力量参与留守老年人关爱服务，支持社会组织为留守老年人提供关爱服务。2019年11月，民政部办公厅印发《关于进一步做好贫困地区农村留守老年人关爱服务工作的通知》。2022年9月民政部等10部门印发《关于开展特殊困难老年人探访关爱服务的指导意见》，要求建立探访关爱服务机制，通过定期上门入户、电话视频、远程监测等方式，了解、掌握特殊困难老年人居家生活情况，着力解决老年人居家养老困难或者帮助其化解安全风险。

2016年12月30日，国家卫生健康委员会、中央宣传部、中央综治办和民政部等22部门联合印发《关于加强心理健康服务的指导意见》，要求关注老年人心理健康，将老年人列入心理健康服务的工作重点，充分利用老年大学、老年活动中心、基层老年协会、残疾人康复机构、有资质的社会组织等宣传心理健康知识。通过培训专兼职社会工作者和心理工作者、引入社会力量等多种途径，为空巢、丧偶、失能、失智、留守老年人和计划生育特殊家庭提供心理辅导、情绪疏解、悲伤抚慰、家庭关系调适等心理健康服务。2018年11月，国家卫健委、中央政法委等10部门联合印发《全国社会心理服务体系建设试点工作方案》，对建立社会心理服务网络做出安排。2019年3月,国家卫生健康委办公厅印发《关于实施老年人心理关爱项目的通知》,要求持续改善老年人心理健康状况。老年人心理关爱项目覆盖全国每个省(区、市),选取了1600个城市社区和320个农村行政村作为试点。江苏省卫健委从2019年开始遴选58个老年人心理关爱项目,依托基层医疗机构对辖区内的老人开展心理评估工作。

国家卫健委启动了全国范围内的老年心理关爱行动:2022—2025年在全国范围内选取1000个城市社区、1000个农村行政村开展关爱行动,到"十四五"期末原则上全国每个县(市、区)至少一个社区或村设有老年心理关爱点。

(四)积极防治老年痴呆症

2016年10月,中共中央、国务院发布《"健康中国2030"规划纲要》,要求加强对老年痴呆等的有效干预。2019年6月,国务院发布《关于实施健康中国行动的意见》,明确提出,到2022年和2030年,65岁及以上人群老年期痴呆患病率增速下降。2020年8月,国家卫生健康委印发《关于探索开展抑郁症、老年痴呆防治特色服务工作的通知》,要求建立全科医生、志愿者、社工、心理治疗师等多学科协作的轻度认知障碍及老年痴呆诊疗与照护服务团队。

2019年8月,国家卫生健康委办公厅印发《关于老年失能预防核心信息的通知》。2019年9月,国家卫生健康委办公厅印发《关于阿尔茨海默病预防与干预核心信息的通知》。2020年9月,国家卫生健康委办公厅公布《探索老年痴呆防治特色服务工作方案》,要求开展老年痴呆患者评估筛查和预防干预服务。2021年4月,国家卫生健康委印发《关于开展老年人失能(失智)预防干预试点工作的通知》,确定在北京、山西、辽宁、福建、山东、河南、湖南、广西、四川、贵州、云南、陕西、甘肃等13个省(区、市)组织开展老年人失能(失智)预防干预试点工作,对失能(失智)高风险老年人进行心血管疾病及危险因素管理、膳食管理、体重管理、放松训练、抗阻训练、八段锦运动锻炼等综合干预。

# Major Innovations in China's Elderly Service Policies, Systems and Practices in the New Era

Zhu Yaoyin

(School of Sociology, Beijing Normal University, Beijing 100091, China)

**Abstract**:Since the 18th National Congress of the Communist Party of China, the Party and the state have attached great importance to the construction of the elderly care service system. The Central Committee of the Communist Party of China, the State Council, various regions, and departments have issued a series of policy documents to accelerate the innovation and developments of elderly care services. The work of elderly care services has further strengthened its foundation, established mechanisms, overcome difficulties, and filled in shortcomings. The system design has become more perfect, and diversified investment mechanisms, standardized management measures, and standardized service methods have accelerated their developments. Significant progress has been made in the infrastructure construction, functional performance, and service effectiveness of elderly care services. China's elderly care services have entered a high-quality development track, and a coordinated elderly care service system that combines home-based communities and medical care is accelerating its formation.

**Keywords**: elderly services; policy system; norms; standards

# 养老服务的三个基本问题

## 青连斌

[摘　要] 年轻而健康的"活力老人",并非需要政府、社会和家庭"养"起来。失能半失能老人、高龄老人、空巢或独居老人,以及慢性病患病老人,才是养老服务的"刚需"群体。发展养老服务,必须以老年人的有效而合理的需求为导向。发展基础性养老服务,推动实现全体老年人享有基本养老服务。推动医养结合以满足老年人的疾病医疗需求,推动康养结合以满足老年人的健康需求。大力发展普惠性养老服务,使全体老年人的获得感、幸福感和安全感更加充实、更有保障。

[关键词] 老年人;养老服务;医养结合;康养结合

---

发展养老服务,"必须以老年人的需求为导向"①,而且这种需求必须是合理的。发展基础性养老服务,推动实现全体老年人(又称"老人")享有基本养老服务。推动医养结合以满足老年人的疾病医疗需求,推动康养结合以满足老年人的健康需求。顺应老年人对更加美好生活的向往,必须进一步健全和完善我国养老服务体系,特别是大力发展社区和居家养老服务,破解医养结合发展中的现实障碍,大力发展普惠性养老服务,使全体老年人的获得感、幸福感和安全感更加充实、更有保障。

## 一、哪些人需要养老服务

人口老龄化是不可逆转的趋势,因而老年人口肯定是越来越多。但是,"老年人

---

基金项目:中共中央党校(国家行政学院)2022年校级课题"我国人口老龄化的发展趋势及其对策研究"(项目编号:2022YB017)。

作者简介:青连斌,中共中央党校(国家行政学院)教授,湖州师范学院特聘教授,中国社会保障学会养老服务分会会长。

① 青连斌:《老年人有效需求视域下的养老服务高质量发展——基于城乡老年人问卷调查的数据分析》,《社会保障评论》2022年第5期。

是相对的","老年人的年龄起点"是"随着人口平均预期寿命的延长而提高的"。①不论是制定养老服务发展规划,还是布局养老服务机构和设施,不能简单地以 60 岁及以上"老年人口"数或所占比重为依据,而应该以真正需要养老服务的"刚需"老年人口数或所占比重为依据。失能半失能老人、高龄老人、空巢或独居老人,以及慢性病患病老人,才是养老服务的"刚需"群体。

## (一)人口老龄化是必然趋势

按照国际通用标准,当一个国家或地区 65 岁及以上老年人口数量占总人口的比重达到 7% 时,这个国家或地区进入老龄化社会;达到 14%,即进入老龄社会;达到 20%,则进入超老龄社会。从老龄化的进程划分,则分别被称为轻度老龄化、中度老龄化和重度老龄化。

从历次人口普查的数据看,我国人口老龄化逐步加深的特征越来越明显。1953 年、1964 年和 1982 年全国人口普查,65 岁及以上人口所占比重均在 5% 以下。1990 年首次超过 5%,达到 5.57%。2000 年达到 6.96%,基本进入老龄化社会。2010 年和 2020 年分别达到 8.87% 和 13.5%。②受 20 世纪 60 年代出生高峰期人口已经或即将进入老年阶段的影响,我国老年人口将进入快速增长通道。根据以前一些学者和机构的预测,预计"十四五"时期,我国 65 岁及以上老年人口所占比重将超过 14%,达到"中度老龄化"水平。实际上,截至 2021 年末,我国 65 周岁及以上老年人口已经占总人口的 14.2%,"十四五"开局第一年就迈进了"中度老龄化"阶段。

"人口老龄化是多种因素综合作用的结果,是'合力'的结果"③,但其中起决定性作用的主要因素是两个,即人口预期寿命和生育率。

一方面,人口预期寿命延长的趋势是不可逆的。人口预期寿命的延长,是经济社会发展的一个重要标志。从世界各主要国家看,自从 1840 年以来,人口预期寿命的延长是非常稳定的,延长速度一直保持在每年增加 3 个月左右。随着人口预期寿命的不断延长,老年人口数在总人口数中所占的比重越来越高。新中国成立之初,我国人均预期寿命为 35~40 岁,到 2020 年已经提高到 77.9 岁。根据"十四五"规划确定的目标,到 2025 年我国人均预期寿命将达到 78.3 岁。

另一方面,我国的生育率持续下降。"随着人们生活水平的提高、医疗技术的发展和卫生环境的改善,婴儿死亡率和孕产妇死亡率大大下降,但与此同时,生育率

---

① 青连斌:《应对人口老龄化的理念更新》,《中国特色社会主义研究》2018 年第 5 期。
② 赵玉峰:《全国人口发展变化的五大趋势》,《中国经贸导刊》2021 年第 10 期。
③ 青连斌:《积极应对人口老龄化要"两手抓"的战略选择和政策建议》,《西北大学学报(哲学社会科学版)》2021 年第 2 期。

也是下降的"①。据国家相关部门统计,2017年出生人口数为1723万人,比2016年减少63万人;2018年出生人口数为1523万人,比上一年减少约200万人。2019年出生人口数下降到1465万人,2020年和2021年分别只出生了约1200万人和1062万人,2022年出生人口数下降到956万人。根据全国人口普查数据,"80后""90后""00后"的出生人口分别是2.19亿、1.88亿、1.47亿。从"80后"到"00后"不到一代人的时间,出生人口就萎缩了32.9%。近年来,我国生育率已经下降到1.2左右,远远低于2.1的人口正常世代更替水平,从而导致少儿人口在总人口中所占比重下降,老年人口在总人口中所占比重上升,人口老龄化程度日益加剧。

(二)老年人的年龄起点是不断变化的

老年人不是绝对的,而是相对的。根据人体的生理机能、心理状态和在社会中扮演的社会角色,我们可以把人的生命周期划分为青少年期、中年期、老年期。但是,"划分青少年、中年人、老年人的具体年龄标准,则不是固定的,在不同的人口预期寿命条件下,划分的具体标准是变化的"②。目前,多数国家和国际组织以及专家学者,都是按照生理年龄来界定老年人的,把60岁作为老年人的年龄起点。

但是,各个国家采用的老年人具体标准,其实是并不相同的。世界各国都默认,老年人的起始年龄就是退休年龄,年老了退出工作岗位。随着人均预期寿命的延长,当然也是为了应对人口老龄化和日益加大的养老金支付压力,许多国家相继推出了提高退休年龄的举措。许多发达国家的人均预期寿命达到了80多岁,退休年龄则相应地延长到了65岁甚至更高,两者之差,也即我们经常所讲的退休后的平均余命,大约为15年。

我国现行退休年龄政策制定时,全国人均预期寿命只有约50岁,但2020年已经提高到77.9岁。随着我国经济社会的不断发展和人均预期寿命的不断延长,相应地,延迟退休年龄是一种必然趋势。我国已经制定了延迟退休年龄方案,将"小步慢走、渐进到位",每年推迟几个月的时间,逐步达到新的法定退休年龄的目标。

"这一渐进式延迟退休年龄的政策建议,既有目前我国部分人群退休年龄偏低、不同人群退休年龄差异较大的现实考量,更考虑到了人口平均预期寿命每几年延长1岁为延迟退休年龄提供的可能性,而并不是仅仅考虑到养老金负担问题"③。但是,对这一问题,目前媒体和学界没有充分向公众说明清楚,相关部门也没有向公众解释清楚制定有关政策的理论依据和现实背景,这是造成公众对延迟退休政策不理解甚至不满意的一个重要原因。

"如果说在我国人口平均预期寿命才40岁上下时,60岁确实是老年人了",随着

---

① 青连斌:《实施积极应对人口老龄化国家战略,有何深意?》,《学习时报》2021年5月26日。
② 青连斌:《应对人口老龄化的理念更新》,《中国特色社会主义研究》2018年第5期。
③ 青连斌:《应对人口老龄化的理念更新》,《中国特色社会主义研究》2018年第5期。

我国人口平均预期寿命的不断延长，老年人的年龄起点应该相应提高。60岁并不意味着就成了要被养起来的老人，就成了闲人，成了社会和家庭的负担。[①] 所以，必须适当淡化60岁作为划分老年人的年龄标准。我们制定养老服务发展规划，或者讨论养老服务相关议题时，简单地以60岁及以上人口作为基数实际上是没有太大意义的。因为60多岁、身体健康的"活力老人"，不仅不需要社会和家庭来"养"，他们在自我照顾的同时，还可以在国家经济社会发展、各种公益领域以及家庭发展中继续发挥作用，做出他们应有的贡献。

(三) 优先满足"刚需"老年人的养老服务需求

低龄、健康的"活力老人"，是不需要政府和社会为他们提供全方位的养老服务的。发展养老服务，要优先满足的是"刚需"老年人的养老服务需求。

相对于其他国家，我国人口老龄化具有速度快、规模大、未备先老（也有学者概括为"未富先老"，这是有争议的，我们也不赞成这一提法）和城乡区域不平衡等特点。实际上，我国人口老龄化还有一个重要的特点，我们姑且概括为"三多"加"一高"，即失能半失能老人多、高龄老人多、空巢或独居老人多、老人慢性病患病率高。据估测，在我国2亿多60岁及以上人口中，失能半失能老人4000多万人，80岁及以上高龄老人约3000万人，空巢或独居老人有1亿人。根据2002年中国老年人口健康状况调查数据，患有一种及以上慢性病的老年人所占比重为59.9%。近年来，老年慢性病患病率仍然在不断提高，而且城市比农村更严重。

"三多"老人和长年累月带病生存的老年慢性病患者，大多数生活自理能力较差，他们的日常生活照料、护理服务和疾病医疗问题越来越凸显，已经成为政府和社会迫切需要考虑的现实问题。在家庭成员越来越难以承担老年人日常生活照料重担的背景下，发展社会化的老年人日常生活照料服务、健全长期护理保险制度、推动长期护理服务的发展、促进医养结合，是解决这一问题的主要途径，也是养老服务发展的方向。

## 二、老年人需要什么样的养老服务

发展养老服务，必须以老年人的需求为导向，不能简单地以供给引导需求。不应是社会能提供什么服务，老年人就接受什么服务。老年人的养老服务需求是多方面、多层次、个性化的，不同年龄段、不同身体健康状况、不同教育和职业背景的老年人的养老服务需求又存在比较大的差别。满足老年人的养老服务需求，并非全方位、保姆式地把老年人"养"起来，而是要满足老年人合理且有效的需求。重点是优

---

① 青连斌：《"60后"群体的时代特征与社会贡献》，《人民论坛》2022年第23期。

化孤寡老人服务，以满足他们的"刚性"养老服务需求。同时，顺应广大老年人更加美好的生活需要，发展普惠性、基础性养老服务，推动实现全体老年人享有基本养老服务。要推动医养结合以满足老年人的疾病医疗需求，推动康养结合以满足老年人的健康需求。

### （一）发展养老服务必须以老年人的需求为导向

发展养老服务，必须以老年人的需求为导向。"老年人的需求只要是正当和合理的，都应当得到满足，但要优先满足老年人最迫切的需求。"[①] 这是关爱老年人，衡量养老服务发展水平和质量的一个重要标准。国务院《关于加快发展养老服务业的若干意见》明确提出，要拓展养老服务内容。各地要积极发展养老服务业，引导养老服务企业和机构优先满足老年人基本服务需求，鼓励和引导相关行业积极拓展适合老年人特点的文化娱乐、体育健身、休闲旅游、健康服务、精神慰藉、法律服务等服务，加强残障老年人专业化服务。[②]

随着年龄的增长和生理机能的老化，老年人的晚年生活是需要社会和家庭的扶持、照顾和帮助的。老年人的养老服务需求是多方面、多层次、个性化的，从大的方面讲，主要包括基本生活照料、医疗保健、精神慰藉，失能失智老人还需要长期护理。"目前的问题是，一方面，老年人有需求的养老服务不一定有供给，需求得不到满足；另一方面，有供给的养老服务不一定有需求，造成养老服务供给的过剩或浪费。养老服务的发展，必须着力解决需求与供给相脱节的问题"[③]。

必须明确的一点是，发展养老服务，并非要把老年人"养"起来，而是要满足老年人的有效需求，重点是满足失能半失能、高龄、空巢老人等"刚需"群体的基本养老服务需求。

相较于基于老年人的健康需求而构建起来的健康老龄化理论，基于老年人社会参与权利和需求而构建的积极老龄化理论对我们更有参考价值。积极老龄化理论不仅关注老年人的健康需求（这同健康老龄化理论是一致的），而且关注老年人的保障需求，老年人在需要帮助时，能够获得充分的安全保护和照料。同时特别关注老年人的社会参与权利和需求，能够按照自己的需要、愿望和能力参与社会经济文化和公共事务。坚持既要促进健康老龄化，更要引导和推动积极老龄化，老年人不仅要老有所养、老有所依，也要老有所学、老有所乐、老有所为。

---

① 青连斌：《老年人有效需求视域下的养老服务高质量发展——基于城乡老年人问卷调查的数据分析》，《社会保障评论》2022 年第 5 期。
② 国务院：《关于加快发展养老服务业的若干意见》，https://www.gov.cn/zhengce/zhengceku/2013-09/13/content_7213.htm。
③ 青连斌：《老年人有效需求视域下的养老服务高质量发展——基于城乡老年人问卷调查的数据分析》，《社会保障评论》2022 年第 5 期。

首先,并非所有的老年人都需要社会和其他人提供养老服务,年轻的、健康的、具备生活自理能力的老人并不需要社会和其他人为他们服务,真正需要社会和其他人提供养老服务的主要是失能失智、空巢和高龄老人,也就是我们经常讲的养老服务"刚需"群体。

其次,老年人在需要帮助和服务时,当然应该获得充分的安全保护和照料,但更应该按照他们自己的需要、愿望和能力,自我照顾、自我服务,这样才能充分体现他们自身的价值。所以,养老服务也不应该包办代替。

最后,"人的生理、心理机能的维护,是需要相关活动来激发的,老年人从事一些力所能及的家务,如打扫、做饭、看护儿童等,甚至参与一些公益活动,既能体现自身的价值,又能进行保健运动"①。

近年来,许多地方为了解决老年人的吃饭问题,纷纷办起了"长者饭堂""老年餐桌""助老小食堂"等。这对解决失能半失能、高龄、空巢老人以及其他特殊困难老人的吃饭难问题("不是没钱吃饭,而是有钱变不成饭")起到了应有的效果。开办的老年人"小饭堂",并非要把老年人的吃饭问题全包下来。能够自己做饭的老人,如果连自己吃的饭都不做了,做饭的技能也丢了,做饭过程中的快乐也没有了,自己想吃的味道也尝不到了,久而久之,身体的相关机能也就退化了。能够自己做饭的老人,应该鼓励他们自己做饭。老年人的吃饭问题不应该由社会包下来,老年人的其他养老服务需求也是同样的道理,能够自己解决的应该由自己解决,并非所有老年人的养老服务都要交给社会和他人。要把有限的养老服务资源,优先用于满足"刚需"老年人的养老服务需求。

## (二)推动实现全体老年人享有基本养老服务

党的二十大报告明确指出,要实施积极应对人口老龄化国家战略,发展养老事业和养老产业,优化孤寡老人服务,推动实现全体老年人享有基本养老服务。② 发展养老事业和养老产业,强调的是养老服务的供给结构。优化孤寡老人服务,推动实现全体老年人享有基本养老服务,强调养老服务的发展要满足不同的需求,既要满足孤寡老人的"兜底性"养老服务需求,又要顺应广大老年人对更加美好生活的向往,满足全体老年人享有基本养老服务的需求。

兜底性养老服务,是指为经济困难的老年人(特别是其中的失能半失能老人)、特困老年人(即以前所讲的城镇"三无"老人、农村"五保"老人)、特殊困难老年人(经济困难的空巢、留守、失能、残疾、高龄老年人以及计划生育特殊家庭老年人

---

① 青连斌:《老年人有效需求视域下的养老服务高质量发展——基于城乡老年人问卷调查的数据分析》,《社会保障评论》2022年第5期。
② 习近平:《高举中国特色社会主义伟大旗帜 为全面建设社会主义现代化国家而团结奋斗——在中国共产党第二十次全国代表大会上的报告》,北京:人民出版社2022年版。

等）提供的养老服务，这是养老服务体系中的最后一道安全网。兜住底线，守住底线，就是靠兜底性养老服务这道安全网。

基本养老服务，是用以满足广大老年人基本生存和发展需要的养老服务，旨在"保基本"，保障老年人基本的生活需要，以及老年人基本的生存和发展权利。党的十七大报告和党的十八大报告提出"五有"，党的十九大报告和党的二十大报告进一步将其拓展为"七有"。"五有"和"七有"，讲的就是基本民生建设的目标，其中之一是"老有所养"。从近期讲，城乡老年助餐服务、助浴服务、助洁服务、巡访关爱服务、生活性为老服务等，就是以"保基本"为目标的基本养老服务，是保障老年人基本生活需要不可或缺的基础性养老服务。从中长期讲，关键是建立国家基本养老服务清单制度，为不同类别的老年人提供相应的基本养老服务。

在较长一段时间里，受经济发展水平和国家财力的限制，我国养老服务体系的建设主要聚焦于兜底性养老服务，以满足特困老年人等兜底对象最基本的养老服务需要。中国特色社会主义进入新时代，我国社会主要矛盾已经转化为人民日益增长的美好生活需要和不平衡不充分的发展之间的矛盾。党的十八大以来，在经济发展的基础上，国家投入了大量人力物力财力发展兜底性养老服务，建立了包括为经济困难的老年人提供养老服务补贴、为经济困难的失能老年人提供护理补贴、为经济困难的失能老年人提供必要的访视、照料服务等制度安排，坚持公办养老机构公益属性承担兜底职能，兜底性养老服务发展取得了明显成就。在继续织牢兜底性养老服务网的同时，要重点发展基本养老服务，以满足全体老年人享有基本养老服务的需求。

首先，要建立基本养老服务清单制度。通过建立老年人能力综合评估制度，统一开展老年人能力综合评估，对健康、失能、经济困难等不同老年人群体分类提供养老保障、生活照料、康复照护、社会救助等基本养老服务。这就必须研究制定可满足老年人能力综合评估需要的国家标准，提供统一、规范和可操作的评估工具，在此基础上建立基本养老服务清单制度，出台基本养老服务清单，"对健康、失能、经济困难等不同老年人群体，分类提供养老保障、生活照料、康复照护、社会救助等适宜服务"[①]，并根据经济社会发展和科技进步对服务对象、服务内容、服务标准和支出责任进行动态调整。

其次，要大力发展城乡老年助餐、助浴、助洁等基础性上门养老服务。我国空巢老人已经达到约1亿人，失能半失能老人约4000万人，高龄老人约3000万人。吃饭、洗澡、保洁等成为困扰这些老人日常生活的难题。老年人对助浴、助洁等基本养老服务的需求很旺盛。但是，一方面，老年人的支付能力有限，对正常合理的市场定价可能都难以接受；另一方面，从事助浴、助洁等上门服务的机构和企业，盈利能力

---

① 国务院：《"十四五"国家老龄事业发展和养老服务体系规划》，https：//www. gov. cn/zhengce/conten-t/2022-02/21/content_5674844. htm。

很低,甚至亏损运营,积极性不高。要适时研究制定老年人助浴、助洁服务相关标准规范,支持助浴服务相关产品研发,支持社区助浴点、流动助浴车、入户助浴等多种业态发展。要"支持家政企业开发被褥清洗、收纳整理、消毒除尘等适合老年人需求的保洁服务产品。引导物业企业将保洁服务范围由公共区域向老年人家庭延伸"①。

最后,要加快发展生活性为老服务产业。国家"十四五"公共服务规划明确要求,要持续推进基本公共服务均等化,着力扩大普惠性非基本公共服务供给,丰富多层次、多样化生活服务供给。这就在以前把公共服务区分为基本公共服务和非基本公共服务的基础上,增加了生活服务这一类别。② 生活性服务中有很大一部分涉及老年人,属于为老服务。物业企业、零售服务商、社会工作服务机构等要拓展为老服务功能,提供生活用品代购、餐饮外卖、家政预约、代收代缴、挂号取药、精神慰藉等服务。社区综合服务平台要无缝对接老年人需求,提供就近就便消费服务。

### (三) 推动医养结合以满足老年人的疾病医疗需求

疾病医疗问题,是老年人最关心的问题。随着年龄的增长和身体机能的退化,老年人在晚年不仅需要社会和他人提供日常生活照料服务和精神慰藉,而且需要医疗护理服务。我国90%以上的老年人需要居家养老,医疗卫生必须延伸到老年人家庭,解决好上门医疗服务问题。约4000万名失能半失能老人需要医疗护理服务,他们的医疗护理服务需求不可能完全由养老机构来满足,必须依靠专业的护理机构和护理人员来解决。我国70%左右的老年人患有各种慢性病,这一剧增的医疗服务需求已经远远超出了养老服务的范畴,但又不是单一的医疗服务能够满足的。目前我国绝大多数养老机构只有很简陋的医务室,甚至根本就没有医疗设施,离医院又远,入住老人的看病吃药问题需要医疗卫生体系的配套和协调。老年人在医院治疗之后的后续康复,更是不可能长期占用宝贵的医院床位资源,必须由养老机构来承接,但又不只是"养"的问题,需要专业的医疗护理。大量闲置的医疗资源可以用于补充养老服务资源的短缺,使其得到更有效的利用。

《关于推进医疗卫生与养老服务相结合的指导意见》明确指出,失能、部分失能老年人口大幅增加,老年人的医疗卫生服务需求和生活照料需求叠加的趋势越来越显著,健康养老服务需求日益强劲,目前有限的医疗卫生和养老服务资源以及彼此相对独立的服务体系远远不能满足老年人的需要,迫切需要为老年人提供医疗卫生与养老相结合的服务。③ 实现医养结合,既能解决老年人"医"的问题,又能解决老

---

① 国务院:《"十四五"国家老龄事业发展和养老服务体系规划》,https://www.gov.cn/zhengce/conten-t/2022-02/21/content_5674844.htm。
② 青连斌:《以基础服务推动养老服务高质量发展》,《中国社会保障》2022年第6期。
③ 卫生计生委、民政部:《关于推进医疗卫生与养老服务相结合的指导意见》,https://www.gov.cn/gongbao/content/2015/content_2973149.htm。

年人"养"的问题，使患病的老年人得到及时有效的救治，缩短老年人的患病周期，保证其晚年生活质量，同时减轻老年人家庭和社会负担。

"医养结合的'医'，应严格同医院的医疗服务区分开来，不应该简单地理解为养老院内设医院，或医院直接开办养老院"。"从居家养老和社区养老来讲，医养结合的主体是卫生和医疗机构，主要是开展社区医疗服务和上门服务"①，为社区和居家养老的老人提供健康管理、定期体检、上门巡诊、家庭病床、社区护理等基本医疗服务。但是，从机构养老来讲，医养结合的"医"，主要包括两个方面：一是医疗，包括养老机构以不同形式为入住老年人提供医疗卫生服务，医疗卫生机构为养老机构开通预约就诊绿色通道，为入住老年人提供医疗巡诊、健康管理、保健咨询、预约就诊、急诊急救、中医养生保健等服务，确保入住老年人能够得到及时有效的医疗救治；二是护理，作为医院医疗救治后老人的后期康复护理场所，为老年人提供康复期护理、稳定期生活照料以及临终关怀等健康和养老服务。② 因此，养老机构的"医养结合"，主体是养老机构，卫生和医疗部门配合和支持养老机构开展医养结合。

据有关方面统计，截至 2020 年底，全国共有超过 4000 家医养结合机构，超过 20000 家医疗机构与养老机构建立了签约合作关系。我国目前的医养结合主要采用养老机构内设医疗机构、医院内设养老机构、养老机构与医疗机构携手建立医养协作联盟、医疗机构向养老和医疗服务结合转型、社区居家养老服务机构与医疗机构建立合作机制等几种模式。

（四）推动康养结合以满足老年人的健康需求

在医养结合已经成为共识的背景下，必须顺应广大老年人日益增长的健康需求，推动康养结合，建立健全包括健康教育、预防保健、疾病诊治、康复护理、长期照护、安宁疗护等在内的综合性、连续性老年健康服务体系，为老年人提供更高质量的健康服务。

新中国成立 70 多年来，包括老年人在内的我国人民健康水平有了很大提高。按照国际通用的衡量国民健康水平的三大指标（人均预期寿命、孕产妇死亡率和婴儿死亡率）来衡量，我国人民的健康水平已经达到中高收入国家或地区的水平。2020 年，我国人均预期寿命已经提高到 77.9 岁，孕产妇死亡率下降到 16.9/10 万，婴儿死亡率下降到 5.4‰。应该说，后两项指标，已经下降到极低的水平，人均预期寿命同发达国家还有差距，但这个差距不大。

新中国成立之初，我国人口的平均预期寿命为 35～40 岁。70 多年时间内，我国人口的平均预期寿命增长了约一倍。但是，"长寿不健康"的状况值得引起高度的重

---

① 人民论坛"特别策划"组：《来自于理论界的 70 个观点》，《人民论坛》2017 年第 36 期。
② 卫生计生委、民政部：《关于推进医疗卫生与养老服务相结合的指导意见》，https://www.gov.cn/gongbao/content/2015/content_2973149.htm。

视。需要说明的是,"长寿不健康"并不是一个准确的学术用语,只是用来反映我国人口预期寿命不断延长但健康状况不容乐观这一现实。"长寿"是相对以前来讲的,并非说我国人口的预期寿命已经太长。全国人口普查、卫生主管部门的调查和一些学术研究机构的调查,都得出一个共同的结论:中国老年人口的健康状况不容乐观。这不仅体现在失能半失能老人多,随着年龄的增长,老年人的各项生活自理能力均呈快速下降趋势,相当多的老年人是瘫痪在床度过余生的,更体现在老年慢性病患者剧增上。在庞大的慢性病患者人群中,老年慢性病患者所占比例最高,患有一种及以上慢性病的老年人所占比例高达75%。

扎实推进康养结合,提高老年人健康水平,是亿万老年人的迫切期望,事关亿万老年人的幸福安康,事关健康中国战略的落实和实际成效。

首先,要更加重视提高健康预期寿命。在现阶段,我国人均预期健康寿命比人均预期寿命要少8年左右。"十四五"规划提出了"十四五"期间人均预期寿命提高1岁的目标。[①] 在提高人均预期寿命的同时,要努力同步甚至更大幅度地提高人均预期健康寿命。只有长寿且健康,才能充分体现国民健康水平的提高。

其次,针对老年人慢性病剧增的现实,必须切实加强老年慢性病防治。党的二十大报告强调,要加强重大慢性病健康管理,[②] 这是很有针对性和现实意义的。要结合健康中国战略的实施,推进国民健康事业改革与创新,建立基本医疗卫生服务均等化、可及化的慢性病防治体系。慢性病防控理念要由"重治疗、轻预防"向"预防为主、防治兼顾"转变。加强老年人群重点慢性病的早期筛查、早期干预及分类管理,积极开展阿尔茨海默病、帕金森病等神经退行性疾病的早期筛查和健康指导。[③]

再次,切实加强老年人健康管理。慢性病高发是影响老年人健康的最主要因素,慢性病防治的基础是健康管理,要健全包括老年人健康档案、老年人健康监测、老年人健康评估、老年人健康指导在内的老年人健康管理体制机制,从而做到早发现疾病,早治疗,减少并发症,降低致残率和病死率。[④]

最后,切实加强老年人健康教育。合理膳食、适量运动、戒烟限酒、心理平衡,被世界卫生组织界定为健康的四大基石。做好预防保健的一个前提,是提高老年人的健康素养。老年教育不能仅仅是文化学习、琴棋书画技能的培训,必须把老年健康教育纳入老年教育的范围,作为老年教育的重要组成部分。要利用多种方式,面向老年人及其照护者,开展包括营养膳食、运动健身、心理健康、伤害预防、疾病预

---

① 《中华人民共和国国民经济和社会发展第十四个五年规划和2035年远景目标纲要》,《人民日报》2021年3月13日第1版。
② 习近平:《高举中国特色社会主义伟大旗帜 为全面建设社会主义现代化国家而团结奋斗——在中国共产党第二十次全国代表大会上的报告》,人民出版社2022年版。
③ 国家卫健委、发改委等:《关于建立完善老年健康服务体系的指导意见》,http://www.nhc.gov.cn/lljks/s7785/201911/cf0ad12cb0ec4c96b87704fbbeb5bbde.shtml。
④ 温勇:《加强老年健康管理 提升老年健康水平》,《人口与健康》2020年第12期。

防、合理用药、康复护理、生命教育和中医养生保健等健康教育活动，提高老年人健康素养。

## 三、怎样更好地为全体老年人提供养老服务

顺应老年人对更加美好生活的向往，必须进一步健全和完善我国养老服务体系，特别是大力发展社区和居家养老服务，破解医养结合中的现实障碍，大力发展普惠性养老服务，使全体老年人的获得感、幸福感和安全感更加充实、更有保障。

（一）不断完善我国养老服务体系基本框架

我国养老服务体系建设的总体思路，经历了从居家为基础、社区为依托、机构为支撑，到居家为基础、社区为依托、机构为补充的转变，进而调整为推动居家社区机构相协调、医养康养相结合的养老服务体系。

对养老机构的理解，目前存在宽、中、窄三种口径。宽口径的养老机构，大体包括五大类：以低龄老人和有一定经济能力的老人为入住对象的老年公寓；以基本自理和半自理老人为入住对象的养老院、托老所、敬老院等；以失能半失能老年人为入住对象，提供全方位的养老服务，特别是专业化的医疗护理服务的护理院；为护理院入住的老人以及居家的老人在人生的最后一程设立的临终关怀机构，这也是目前我国养老服务机构发展的短板；日间照料中心和短期托养机构等社区养老照料机构。中口径的养老服务机构则不包括前述第一类，即老年公寓。民政部发布的《养老机构管理办法》，把养老机构界定为"依法办理登记，为老年人提供全日集中住宿和照料护理服务，床位数在10张以上的机构"，即为中口径的界定。窄口径的界定，则把养老机构限于前述第二、三、四类机构，把社区养老照料机构划入社区养老的范畴。

国家民政部对养老机构的统计，基本上是基于中口径的养老机构。截至2021年底，全国共有注册登记的养老机构4.0万个，床位503.6万张。一方面，目前养老机构的床位空置率接近50%；另一方面，入住的人员中有几十万人并非老年人，而是低于60岁的"假老人"，部分地区民政部门把本该由救助站救助的人员也委托给了养老机构托管。养老床位是一种准公共产品，应该优先提供给最需要的老年人。但是，现在不少低龄、健康的老人占据了相当大比重的养老床位。鼓励和支持低龄、健康老人更多地选择居家和社区养老，实际上相当于他们让渡了宝贵的养老床位资源，间接地帮助了高龄、失能失智、空巢老人这些渴望入住养老机构的"刚性"需求群体。机构养老只是我国养老服务体系中的"补充"，以满足部分失能失智、高龄、空巢老人和其他困难老年人入住养老机构的"内需"，以及部分"高端"消费老年人群的需求。仅靠养老机构很难解决数以亿计老年人的养老服务问题。投

入大量的人力物力财力建设养老机构,增加养老床位,不是解决养老服务难题的唯一方向。

社区养老肩负着居家养老服务支持和日间照料、短期托养的功能。截至 2021 年底,全国共有社区养老服务机构和设施 31.8 万个,共有床位 312.3 万张。社区开展的日间照料和短期托养,本身就是一种机构养老服务。居家养老支持才是社区养老发展的重点。社区为依托,主要就是从依托社区发展居家养老服务这个意义上讲的。以居家养老服务支持为重点,兼顾日间照料、短期托养为一体的社区综合性养老服务中心,是社区养老发展的方向。

养老服务体系建设的最大短板是居家养老的基础地位没有打牢。从目前来看,机构养老得到了长足的发展,社区养老也有了起色,但最大的短板恰恰是基础没有打牢,满足最大多数老年人需求的居家养老服务没有得到应有的发展。要真正解决我国数以亿计的老年人的养老问题,最根本的还得靠居家养老,这就必须健全和完善居家养老服务支持体系,让几亿名老年人居家就能够养得了老、养得好老。发展养老服务的重点,必须切实从以前重机构、轻居家转变到打牢居家养老的基础地位、机构养老只是补充上来,从以前把大量人力物力财力用于建设养老机构、增加养老床位转变到健全和完善居家养老服务支持体系上来,以满足最大多数老年人居家养老服务的需求。

(二) 重点是发展居家养老服务

在传统社会,老年人的养老主要依靠家庭成员,尤其是子女的经济供给和生活照料,也就是我们通常所讲的家庭养老。在现代社会,因为各种原因,家庭养老越来越难以满足老年人的养老需要,但家庭养老仍然是社会养老的一个重要补充。同传统的家庭养老主要依靠家庭成员提供赡养和照料不同,居家养老服务是一种社会化的养老服务,把社会化的养老服务延伸到家庭,居家养老服务机构、企业、社区可以为居家的老人提供全方位、多样化、个性化的上门服务,家庭只是承担了部分养老功能。

发展居家养老服务,必须采取切实措施支持家庭承担养老功能,加强家庭、家教、家风建设,加快发展健康、养老、家政、物业等服务业,健全老年人关爱服务体系和设施。从当前来讲,要着力做好以下几个方面的工作。

一是扎实推进老年人家庭住房适老化改造。我国目前仍有较多老旧居民住房不符合适老化要求。适老化改造的重点是电梯、坡道、入户门和室内防滑设施,尤其是后者。按照相关政策规定,要把适老化改造,特别是增添防滑设施的政府补贴范围扩大到所有老年人家庭。道理很简单,一个老人因为摔倒致伤致残,从小的方面看增加了这个家庭的负担,从大的方面讲增加的是整个社会的成本,影响整个国家中坚劳动力作用的发挥。

二是采取切实措施,把鼓励和支持家庭成员与老年人共同或就近居住落到实处。在这方面,新加坡等国的经验是值得借鉴的。新加坡政府规定,如果父母或已婚子女选择一起购买转售组屋,或购买对方附近的转售单位,都可以享受到最高4万新元的公积金购屋津贴。不论是首次购屋者或已享有购屋津贴的家庭,都可以享受这一津贴。在我国,如果父母与子女的住房相距较远,任何一方出售原有住房后到对方住房附近新购住房,不仅没有政策优惠,还要缴纳一笔不菲的税费。要研究和制定对父母和子女为就近居住置换和购买住房的免除或部分免除相关税费的政策和配套措施。

三是扶持、培育居家养老上门服务机构和企业。居家养老把社会化的养老服务延伸到家庭,为居家养老的老人提供服务的不仅仅包括家庭成员,还包括政府、社区、养老服务机构和企业,以及志愿者和义工,等等。其中,养老服务机构和企业是居家养老上门服务的主要提供者。从大量的调研数据看,一方面,尽管老年人的上门服务需求很旺盛,并且多种多样,但支付能力有限,对正常合理的市场定价可能都难以接受;另一方面,从事助餐、助浴、助洁、助急、助医等上门服务的机构和企业,盈利能力较低,甚至亏损运营,缺乏积极性。上门服务要可持续,就必须走出一条老人付得起、机构和企业能盈利的路子。

四是居家养老服务要更有温度,更有人情味,必须健全特殊老年人群关爱服务体系,更加注重人文关怀。要把关爱服务体系覆盖的人群从农村留守老人,扩大到城乡空巢、失能失智、高龄老人,以及计划生育特殊家庭老人等特殊老年人群,并把子女常回家看看、社区工作人员定期巡查、志愿者和义工上门巡访、年轻健康老人与高龄失能失智老人结对帮扶、驻区单位和其他社会组织积极参与机制化、制度化,在做好生活照料和医疗护理服务的同时,更加注重心理疏导、危机预防,更好地满足老年人多样化、多层次化、个性化的精神文化需求。

### (三)着力破解医养结合的障碍

医养结合要重在"结合"上下功夫。医养结合的"医",是以不同形式为老年人提供医疗卫生服务,其中不容忽视的是护理服务。推进医养结合,最主要的不是在养老机构内设立医院,而是将医疗护理服务的资源盘活,广泛延伸并下沉到养老机构、社区和百姓家中。

推进医养结合,必须解决两者如何结合的问题,形成有效的结合机制是十分重要的。据有关方面统计,截至2020年底,全国共有超过4000家医养结合机构,超过20000家医疗机构与养老机构建立了签约合作关系。从医养结合、医养融合发展的现实看,仍然面临不少难题需要解决。

一是必须进一步明确主管部门的责任边界,加强主管部门之间的协调和合作。养老服务的主管部门是民政部门,老年健康管理是养老服务的重要内容,但这一职能归卫生健康部门，医疗机构的主管部门是卫生健康部门，医疗保险的主管部门是国家医保部门。实际上，医养结合的业务涉及的还不止这几个部门。要推动医养结合，就必须理顺主管部门的责任边界，加强主管部门之间的协调和合作，建立健全顺畅的协调合作机制，共同解决医养结合中面临的体制性、机制性障碍。

二是完善职业教育体系，多措并举加强医养结合人才队伍建设，提高医护人员的专业化水平和素养。医养结合照护人员队伍建设滞后，既表现为照护人员数量的不足，也表现为照护人员质量的有待提高。这是推动医养结合的一个很现实的困难。一方面，养老机构的护理人员学历层次普遍偏低，专业化水平严重不足，难以承担专业化的医疗护理工作；另一方面，医生和医疗专业护理人员资源有限，而且面临着部分流失的问题。养老院内设医疗机构的医务人员收入又远远低于其他专业医疗机构，养老院即使有内设医疗机构，也很难招到医护人员，医养结合所需的医生和医疗护理人员更为紧缺。

三是借鉴国外经验，总结推广国内比较成熟的做法，解决好养老机构推动医养结合的现实困难。养老机构普遍认识到医养结合的重要性，道理很简单，老年人选择养老机构越来越看重养老机构的医疗条件，看病和报销是否方便，但是养老机构开展医养结合的能力普遍欠缺。这是因为养老机构如果按标准设置医务室和配备专业医务人员，则需要承担较高的运营费用，但养老服务利润率较低，多数养老机构不盈利甚至亏损运营，事实上难以在医养结合上投入更多资金。日本采取医院医生到养老机构坐诊的做法，是值得借鉴和学习的。

四是切实把医养结合的重点放在医疗卫生进社区、进老年人家庭方面。我国大部分老年人只能依靠社区和居家养老度过自己的晚年。因此，医养结合的重点应该是医疗与社区居家养老相结合，当然这也是医养结合的难点。机构养老同医疗相结合，医院内设养老机构，以及医疗机构向老年照料和康复为主转型发展等医养结合模式，是目前比较容易达成共识，且推进力度相对较小、成效较突出的方面。医疗同社区居家养老相结合方面则相对滞后，远远满足不了数以亿计的社区居家养老老年人的需求。必须大力推动医疗卫生进社区、进老年人家庭，为老年人提供上门医疗服务，特别是推动实行家庭医生制等。

五是必须落实好医疗保险报销的相关政策规定，解决好老年人就医报销难题。对医疗上门服务，相关文件明确要求将符合规定的医疗费用纳入医保支付范围，符合条件的养老机构内设医疗机构可以按照规定纳入城乡基本医疗保险定点范围。但是，养老机构反响最强烈的，也正是纳入基本医疗保险定点范围太难。有的养老机构内设医疗机构长时间没有能够申请通过纳入医疗保险定点范围，老人看病治疗后的报销问题成为老人、养老机构都很头疼的难事。这一问题不解决，养老机构推进医养结合的积极性是很难真正调动起来的。

（四）顺应老年人对更加美好生活的向往，推进普惠性养老服务发展

早在 2016 年 2 月，习近平总书记在江西吉安、井冈山、南昌等地调研考察时就指出，要集中力量做好普惠性、基础性、兜底性民生建设。习近平总书记在有关民生建设的一系列重要讲话和中央有关文件中，反复强调要注重加强普惠性、兜底性、基础性民生建设。这为我国民生建设指明了方向，明确了民生建设的重点。

养老服务体系建设是我国民生建设的重要方面，不仅要重视发展基础性、兜底性养老服务，而且要重视发展普惠性养老服务。

普惠性养老服务，是指面向全体老年人的，以满足广大老年人更加美好生活需求的养老服务，主要包括以社区养老服务机构、专业化养老机构和公办养老机构等构成的普惠性养老服务网络建设，面向全体社区老年人的社区养老服务配套设施建设，以及各类养老服务提供方以普惠价格提供的养老服务。

机构养老服务并非都是普惠性养老服务。公办养老机构为特困老年人提供的集中供养属于兜底性养老服务。专业化养老机构以营利为目的，按照市场价格提供的养老服务属于市场行为。最具普惠性的养老服务，实际上是面向全体社区老年人的社区养老服务配套设施，以及利用配套设施以普惠价格提供的社区养老服务。

要把养老服务置于保障和改善民生的大视野中，适应养老服务面临的宏观环境和内在条件发生的变化，特别是广大老年人更加向往美好的生活，老年人的养老服务需求越来越多样化、多层次、高品质这些新变化，从广大老年人最关心、最直接、最现实的利益问题入手，采取针对性更强、覆盖面更大、作用更直接、效果更明显的举措，统筹做好养老服务各个方面的工作，让老年人共享改革发展成果、安享幸福晚年。

# Three Basic Questions about Elderly Care Services

Qing Lianbin

(Party School of the Central Committee of C. P. C，Beijing 100089，China)

**Abstract**：Young and healthy "energetic elderly" do not need to be "raised" by the government，society and family. The disabled and semi-disabled elderly, the elderly, the empty-nest or solitary elderly, and the elderly with chronic diseases are the "just in need" groups of elderly care services. The development of elderly care services must be guided by the effective and reasonable needs of the elderly. We will develop basic old-age services and promote the realization of basic old-age services for all the elderly.

Promote the development of integrated elderly care and medical services to meet the medical needs of the elderly, and promote the development of integrated elderly care and health services to meet the health needs of the elderly. Vigorously develop inclusive elderly care services to make the sense of gain, happiness and security of all the elderly more substantial and more secure.

**Keywords**: the aged; elderly care services; integrated elderly care and medical services; integrated elderly care and health services

# 未满足的社区养老服务需求与老年人心理健康
## ——基于 CLHLS 2005—2018 年的追踪研究

周 帅　白 雪

[摘　要]　在人口快速老龄化的背景下,社区居家养老服务供给与老年人群多元需求之间的矛盾日益严峻。基于需求理论和照护贫困理论,本研究利用中国老年健康影响因素跟踪调查(CLHLS)2005—2018 年的数据,分析了社区养老服务供需匹配状况以及未满足的社区养老服务需求对老年人心理健康的影响。研究结果表明,2005—2018 年,社区养老服务供给和需求均有明显提高,但是在供需匹配方面,仅医疗健康相关服务需求的未满足程度有小幅下降。未满足的社区养老服务需求与心理健康呈负相关。并且,未满足的社区养老服务需求在受教育程度较高、经济独立、居住在城镇社区的老年人中具有更强的负面心理效应。本研究拓展了照护贫困理论,有助于改善社区养老服务相关的政策制定和服务递送。

[关键词]　照护贫困;未满足的需求;社区居家养老服务;心理健康;社会经济资源;城乡差异

## 一、问题的提出

社区居家养老有助于保持老年人的自主和独立,提升晚年生活质量。[①]在东亚地区,绝大多数老年人都倾向于居家养老,依靠家人提供照顾。社区居家养老模式强调,在家庭照料之外,社区应为居住在家的老年人提供养老照顾服务。[②]这种模式既满

---

作者简介:周帅,香港理工大学应用社会科学系博士生。白雪,香港理工大学应用社会科学系教授,乐龄与家庭研究中心主任。

① Lehnert, Thomas, et al., "Stated preferences for long-term care: a literature review", *Ageing & Society*, 2019, 39 (9).
② 胡湛:《家庭建设背景下中国式居家社区养老模式展望》,《河海大学学报(哲学社会科学版)》2022 年第 6 期。

足了老年人对居家养老的偏好,同时也减轻了子女的照料负担。近年来,中国人口老龄化的快速发展催生了激增的社区照护需求。2021年,中国65岁及以上老年人口规模超过2亿人,老年抚养比高达20.8%。① 而且,全国失能老年人在2020年约有4530万人,预计在2030年将增加30%,达到近6000万人。② 如何有效满足当前和未来老年人口的社区居家养老需求,是我国积极应对人口老龄化趋势中亟待攻克的关键议题之一。

多样化、高质量的社区服务和设施对实现社区居家养老至关重要。③ 对此,中央和各地政府从供给侧出发,制定相关政策及措施推动构建完善的养老服务体系。但由于对老年人群多元需求的关注仍不足,养老服务供给和需求不匹配问题日益严峻。④ 研究表明,提供社区居家养老服务有利于提升老年人的主观幸福感,⑤ 然而,鲜有文献探究社区养老服务供需不匹配问题对老年人心理健康产生的影响。基于需求理论和照护贫困理论,本研究对我国老年人未满足的社区养老服务需求和心理健康情况之间的关系进行了实证分析。通过分析社会经济资源和城乡差异,本研究还揭示了社区养老服务供需匹配中存在的不平等问题。这些研究可以为未来社区居家养老相关的政策制定和服务开发提供参考依据。

## 二、文献回顾和研究假设

### (一) 需求理论

马斯洛需求层次理论认为,根据目标差异,人的需求可以划分为生理、安全、关爱、尊重以及自我实现五类需求。这五大需求的满足具有层次性,只有当较低层次的需求得到满足后,人们才会关注较高层次的需求。布兰德肖将需求分为规范性、感知性、表达性和相对性四种类型,⑥ 其中,感知性需求指人们对某种服务的主观期

---

① 国家统计局:《中国统计年鉴2022》,中国统计出版社2022年版。
② JinquanG., et al., "Nowcasting and forecasting the care needs of the older population in China: analysis of data from the China Health and Retirement Longitudinal Study (CHARLS)", *The Lancet Public Health*, 2022, 7 (12).
③ 参见 https://apps.who.int/iris/handle/10665/68896。
④ 丁志宏、曲嘉瑶:《中国社区居家养老服务均等化研究——基于有照料需求老年人的分析》,《人口学刊》2019年第2期;丁志宏、王莉莉:《我国居家养老中社区为老服务的均等化研究》,《社会保障研究》2011年第3期。
⑤ 邓国国、余泽梁:《社区各类养老服务对老年人生活质量的影响——以需求响应为视角的实证分析》,《学术交流》2021年第9期;陈谦谦、郝勇:《社区养老服务对老年人心理健康改善的影响研究》,《西北人口》2020年第3期。
⑥ Bradshaw, Jonathan, "Taxonomy of social need", Oxford UK: Oxford University Press, 1972.

待，这种需求受到社会结构和社会观念的塑造和影响，是影响服务使用的关键因素之一。①

现有养老研究大量探讨了老年人对养老服务的需求。② 比如，齐铱等学者区分了医疗和康复服务、工具性服务、社会心理服务等三个方面的不同需求。③ 张冲、兰想、王艳等将老年人的社区养老服务需求分为四个方面，包括生活照料、医疗保健、精神文化和调解维权。④ 此外，石园、纪伟、张智勇等还强调了社会参与这一方面的需求。⑤ 乔晓春则把老年人的需求划分为六个层级，包括生理需求、生活需求、医疗需求、娱乐和健身需求、社会交往和融入需求，以及自我实现需求。⑥

### （二）未满足的需求

近年来，国内外学者开始关注未满足的需求。从定义来看，未满足的需求指服务的实际获得程度与需求水平之间的差距。⑦ 克罗格的照护贫困理论指出，未满足的需求反映了正式和非正式资源的匮乏。⑧ 根据此理论，照护的需求及资源既与个体生活相关，也与个体所处社会的结构和政策密切相关。如果社会政策未能有效提供可及的高质量服务，照护资源的获取不平等现象就会加剧。因此，照护贫困理论通过结合宏观与微观视角，试图理解养老服务供需不平衡现象的深层原因。

从具体内容来看，克罗格将照护贫困划分出日常照护贫困（ADL方面的需求）、实用性照护贫困（IADL方面的需求）和社会情感贫困三个维度。⑨ 希尔则将照护贫困的维度进一步扩展到养老服务的方方面面，包括功能性需求，特殊类型的养老服务，社会情感及关系性需求，与尊严、尊重及选择相关的人类权利，认知障碍照顾和

---

① Andersen, Ronald M., "Revisiting the behavioral model and access to medical care: does it matter?" *Journal of Health and Social Behavior*, 1995, 36 (1).
② 杨庆芳：《居家养老服务需求研究：现状、问题和展望》，《兰州学刊》2020年第6期。
③ Hong L., Xu L., et al., "Perceived need for home- and community-based services: experiences of urban Chinese older adults with functional impairments", *Journal of Aging & Social Policy*, 2017, 29 (2).
④ 张冲、兰想、王艳等：《中国社区社会化养老服务需求变迁及影响因素——基于CLHLS 2005—2018年的纵贯分析》，《调研世界》2022年第5期。
⑤ 石园、纪伟、张智勇等：《基于差异化服务内容的社区养老服务需求与供给协调机制研究》，《人口与发展》2019年第3期。
⑥ 乔晓春：《如何满足未满足的养老需求——兼论养老服务体系建设》，《社会政策研究》2020年第1期。
⑦ Kalánková, Dominika, et al., "Unmet care needs of older people: a scoping review", *Nursing Ethics*, 2021, 28 (2).
⑧ Kröger T., "Care poverty: unmet care needs in a Nordic welfare state", *International Journal of Care and Caring*, 2019, 3 (4).
⑨ Kröger T., "Care poverty: when older people's needs remain unmet", Cham, Switzerland: Palgrave Macmillan, 2022.

临终关怀，以及多元群体的特殊需求等。① 这意味着，分析老年人的未满足需求不能只着眼于基本的照护需求（如日常照料），还要更多地关注发展性和社会性需求。从测量方式来看，学者们大多根据服务使用者的主观报告来界定未满足的需求。② 这种路径强调照护贫困的相对性和主观性，因为判断标准往往取决于特定的社会情境和老年人的个体偏好。③

有关未满足需求的实证研究大多关注残障或失能老人的需求未满足程度，尤其是基本及工具性日常生活活动能力方面的照料和健康服务需求。④ 比如，对于美国残疾老年人的调查显示，超过20%失能的美国老年人有日常生活方面的照顾需求，但是未能获得相应的服务。⑤ 在中国，大约30%的失能老年人存在未被满足的照顾需求，并且照护贫困现象在农村地区尤其严峻。⑥ 也有研究发现，我国仅有四成失能老年人的日常照顾需求得到满足，而其他六成老年人的需求未被满足。⑦ 然而，针对失能老年人的研究并未考虑其他方面的老年照护贫困问题，也未考虑自理老年人的养老服务需求。这是因为，失能老年人与自理老年人对于照护服务的需求存在较大差异，前者对基本照护服务的需求迫切，而后者更希望获得诸如聊天解闷、信息提供等社会情感性服务。⑧ 对此，克罗格强调，照护贫困研究应当更加重视老年人群的社会情感性需求。⑨ 基于多层次需求视角，一些研究分析了多种社区居家养老服务需求的未满足程度。张冲、兰想、王艳等人的研究发现，我国老年人对于各类社区居家养

---

① Hill T., "Understanding unmet aged care need and care inequalities among older Australians", *Ageing & Society*, 2022, 42 (11).
② Godfrey M., Callaghan G., "Exploring unmet need: the challenge of a user-centred response", York, UK: Joseph Rowntree Foundation, 2000; Vlachantoni A., "Unmet need for social care among older people", *Ageing and Society*, 2019, 39 (4).
③ Kröger T. "Care poverty: when older people's needs remain unmet", *Cham, Switzerland: Palgrave Macmillan*, 2022.
④ Williams J., Lyons B., et al., "Unmet long-term care needs of elderly people in the community: a review of the literature", *HomeHealth Care Services Quarterly*, 1997, 16 (1-2); Kalánková, Dominika, et al., "Unmet care needs of older people: a scoping review", *Nursing Ethics*, 2021, 28 (2).
⑤ Liam J. C., ALLEN S. M., "Targeting risk for unmet need: not enough help versus no help at all", *The Journals of Gerontology, Series B, Psychological Sciences and Social Sciences*, 2001, 56 (5).
⑥ Zhu, Y., Österle A., "Rural-urban disparities in unmet long-term care needs in China: the role of the hukou status", *Social Science & Medicine*, 2017, 191.
⑦ Cao Y., Feng Z., et al., "Unmet needs and associated factors among community-living older people with disability in China: 2005-2014", *Journal of Aging & Social Policy*, 2022, 35 (5).
⑧ 吴丹贤、高晓路：《居家失能老人照护的未满足需求分析——基于空间资源链接的视角》，《国际城市规划》2020年第1期。
⑨ Kröger T., "Care poverty: when older people's needs remain unmet", Cham, Switzerland: Palgrave Macmillan, 2022.

老服务的需求均较高,但是社区居家养老服务的供给水平较为滞后且不均衡。① 并且,我国老年人对于社区居家养老服务的知晓度较低、利用率不高。② 由于社区居家养老服务的供需失衡,我国老年人正面临着十分严峻的照护贫困危机。

社区养老服务的供需匹配对心理健康有重要影响。有学者指出,社区养老服务体现了社区社会资本储量,丰富的社区养老服务能够促进老年人的人际互动和社区参与。③ 在个体层面上,社区养老服务可能有助于增强老年人的反脆弱性能力,以应对潜在的健康风险。④ 实证研究表明,社区居家养老服务和设施的发展能够提升老年人的心理健康水平,⑤ 改善晚年生活质量。⑥ 当供需错位时,未满足的需求会引发一系列心理健康问题,加剧抑郁和焦虑等负面情绪。⑦ 这是因为,在需求未能被满足时,关于服务分配、程序、人际和信息方面的不公平感就会加剧。⑧ 此外,陷入照护贫困的老年人由于难以获得社会支持,可能会更加依赖医疗卫生服务以及机构性的养老服务。⑨ 长期来看,未满足的养老服务需求还会提高老年人的死亡率。⑩

然而,现有的照护贫困研究集中于分析失能老年人日常照料服务需求的满足程度,未能充分考虑老年人需求的多样性,也没有将未满足的服务需求与社会结构相联系。同时,有关社区居家养老服务需求的研究过度依赖需求理论,而对照护贫困等新的理论视角缺乏关注。在需求理论和照护贫困理论的启发下,本研究试图从社区居家养老服务的供需匹配出发,系统分析老年人未满足的社区养老服务需求与心理健康之间的关系,并提出如下假设:未满足的社区养老服务需求越多,老年人的心理健康状况越差(假设1)。

---

① 张冲、兰想、王艳等:《中国社区社会化养老服务需求变迁及影响因素——基于CLHLS2005—2018年的纵贯分析》,《调研世界》2022年第5期。

② 丁志宏、曲嘉瑶:《中国社区居家养老服务均等化研究——基于有照料需求老年人的分析》,《人口学刊》2019年第2期。

③ 张文宏、张君安:《社会资本对老年心理健康的影响》,《河北学刊》2020年第1期。

④ 邓大松、丰延东:《社区养老服务缓解了中国老年人健康脆弱性吗?》,《湖北大学学报(哲学社会科学版)》2021年第5期。

⑤ 陈谦谦、郝勇:《社区养老服务对老年人心理健康改善的影响研究》,《西北人口》2020年第3期。

⑥ 邓保国、余泽梁:《社区各类养老服务对老年人生活质量的影响——以需求响应为视角的实证分析》,《学术交流》2021年第9期。

⑦ Song H., Sun H., "Association of unmet long-term care needs with depression and anxiety among older adults in urban and rural China", *Geriatric Nursing*, 2023, 49.

⑧ 马朵朵、封铁英:《不患寡而患不均:社区居家养老服务公平性解构与提升》,《经济社会体制比较》2023年第1期。

⑨ Kröger T. "Care poverty: when older people's needs remain unmet", *Cham, Switzerland: Palgrave Macmillan*, 2022.

⑩ Zheng Z., Feng Q., et al., "The impacts of unmet needs for long-term care on mortality among older adults in China", *Journal of Disability Policy Studies*, 2015, 25(4).

## （三）社会经济资源与城乡差异

需求未满足程度和心理健康的关系可能受社会经济影响。丁志宏、曲嘉瑶的研究显示，社会经济状况与社区养老服务的知晓度、利用率呈正相关，与服务需求呈负相关。[①] 从养老服务成本看，社会经济资源可以促进养老服务的获取，[②] 拥有较多社会经济资源的老年人更加希望保持自主和独立，更加追求高水平的生活质量，因此他们可能更为依赖社区居家养老服务。对于这些老年人而言，未满足的社区养老服务需求可能会导致心理落差和不公平感。[③] 基于此，本研究提出第二个假设：相比社会经济地位较低的老年人，未满足的社区养老服务需求对社会经济地位较高的老年人心理健康造成的负面影响更强（假设2）。

城乡差异也是影响需求未满足程度与老年人心理健康的关系的一个关键因素。一方面，社区养老服务资源的城乡分布不均衡，城市社区中各类养老服务的供给水平明显高于农村社区。[④] 就供需匹配而言，农村老年人未满足的社区养老服务需求远高于居住在城市的老年人。[⑤] 另一方面，未满足需求可能会对城乡老年人的心理健康造成不同程度的影响。一些研究表明，相比农村老年人，城市老年人受到未满足需求对心理健康的影响更大。[⑥] 然而，也有研究发现，照护贫困和心理健康问题给农村残障老人带来了"双重劣势"的困境。[⑦] 对此，本研究希望通过探究未满足的社区养老服务需求对不同地区老年人心理健康造成的影响，来厘清照护贫困效应中的城乡差异。考虑到农村社区养老服务供给普遍低于城镇，本研究认为未满足的社区养老服务需求可能会对城镇老年人造成更多心理压力。由此提出第三个假设：相比农村老年人，未满足的社区养老服务需求对居住在城镇的老年人造成的心理健康负面影响更强（假设3）。

---

① 丁志宏、曲嘉瑶：《中国社区居家养老服务均等化研究——基于有照料需求老年人的分析》，《人口学刊》2019年第2期。
② Rahman M., Rosenberg M., et al., "A systematic review and meta-analysis of unmet needs for healthcare and long-term care among older people", *Health Economics Review*, 2022, 12 (1).
③ 马朵朵、封铁英：《不患寡而患不均：社区居家养老服务公平性解构与提升》，《经济社会体制比较》2023年第1期。
④ 丁志宏、王莉莉：《我国居家养老中社区为老服务的均等化研究》，《社会保障研究》2011年第3期。
⑤ Rahman M., Rosenberg M., et al., "A systematic review and meta-analysis of unmet needs for healthcare and long-term care among older people", *Health Economics Review*, 2022, 12 (1).
⑥ Song H., Sun H., "Association of unmet long-term care needs with depression and anxiety among older adults in urban and rural China", *Geriatric Nursing*, 2023, 49.
⑦ Hu B., Wang J., "Unmet long-term care needs and depression: the double disadvantage of community-dwelling older people in rural China", *Health & Social Care in the Community*, 2019, 27 (1).

## 三、数据与方法

### (一) 数据与样本

中国老年健康影响因素跟踪调查(简称"中国老龄健康调查",英文缩写为 CLHLS)是由北京大学健康老龄与发展研究中心和国家发展研究院合作开展的一项大型老年人口追踪调查,涵盖了全国23个省(区、市),主要调查对象为65岁及以上的老年人以及35~64岁的成年子女。该调查项目于1998年进行基线调查,之后于2000—2018年开展了七次追踪调查。与其他社会调查显著不同的是,中国老龄健康调查对高龄老年人进行了过度抽样,因此涵盖了更多高龄人群,包括百岁老人。考虑到一些老年人的疾病和认知状况,该调查对于部分问题采取了代答策略进行资料收集。

本研究采用的是中国老龄健康调查于2005年(15638人)、2008年(16540人)、2011年(9765人)、2014年(7192人)和2018年(15874人)共五期的截面调查资料。考虑到认知下降会影响老年人对社区养老服务需求的判断,研究样本限定于65岁及以上、居家且认知功能良好的老年人。中国老龄健康调查采用中文版简易智力状态检查量表(CMMSE)进行认知障碍筛查,总分取值区间为0~30分。根据既有文献,[①] 低于18分的老年人可以被视为存在中度或重度认知障碍。在排除65岁以下或年龄信息缺失(640人)、居住在机构或居住信息缺失(2324人)、存在认知障碍(14990人)、性别信息不一致(105人)的样本后,我们共获得46950份问卷。进一步剔除心理健康(2343人)、社区服务供给或需求(389人),以及其他控制变量(1251人)存在缺失值的样本后,最终有效样本量为42967,每位老年人的平均调查次数为1.6次。

### (二) 变量测量

**1. 心理健康**

中国老龄健康调查中涉及心理健康的主观问题均由受访者本人回答。与先前研究一致,[②] 本研究采用五项有关积极和消极情绪的问题来评估老年人心理健康状况,包括:"感到紧张、害怕""觉得孤独""觉得越老越不中用""都能想得开"以及

---

[①] Zhang, Z. X., Zahner, G. E., et al., "Socio-demographic variation of dementia subtypes in China: methodology and results of a prevalence study in Beijing, Chengdu, Shanghai, and Xi'an", *Neuroepidemiology*, 2006, 27 (4).

[②] Wang J., Chen T., et al., "Does co-residence with adult children associate with better psychological well-being among the oldest old in China?" *Aging & Mental Health*, 2014, 18 (2).

"觉得与年轻时一样快活"。回答选项包括：1＝总是，2＝经常，3＝有时，4＝很少，以及 5＝从不。我们将最后两项题目反向编码后，通过计算五项题目总分来衡量心理健康水平，总分越高，表明心理健康状态越好。该量表的克隆巴赫系数为 0.66，表明量表具有良好的内部一致性。

2. 未满足的社区养老服务需求

未满足的社区养老服务需求根据社区养老服务供给与需求的匹配程度进行评估。社区养老服务供给通过多项选择题"您所在社区为老年人提供了哪些社会服务？"测量。选项包括 8 项具体社会服务：① 起居照料；② 上门看病或买药；③ 精神慰藉、聊天解闷；④ 日常购物；⑤ 组织社会和娱乐活动；⑥ 提供法律援助或维权；⑦ 提供保健知识；⑧ 家庭邻里纠纷调解。受访者可以对每项社会服务选择"有"或者"没有"（2008 年调查时可选"不知道"）。社区养老服务需求则通过询问受访者是否希望社区提供上述 8 项社会服务，对每项服务可以选择"是"或者"否"。尽管两道题目都提供了一个"其他（请注明）"服务类型，但该选项缺失较多，因此不纳入分析。针对未满足的社区养老服务需求，本文将每项服务的需求（1＝是；0＝否）减去对应服务的供给（1＝有；0＝没有或不知道），并将负值编码为 0。因此，每项服务未被满足的需求均是一个虚拟变量，1 表示需求未满足，0 表示需求已满足或者社区已有此项服务，但没有需求。本文在此基础上计算了未满足的社区养老服务需求总分，取值区间为 0~8。

3. 社会经济资源

我们通过三个指标测量社会经济资源，包括受教育程度、主要收入来源以及经济压力。受教育程度是一个虚拟变量，1 表示初中及以上，0 表示小学或文盲。主要收入来源包括两类：① 经济独立，即依靠退休金或劳动；② 经济依赖，即依靠配偶、子女、孙子女、其他亲属、当地政府或社团或其他人提供生活来源。经济压力通过询问受访者是否认为收入来源够用进行测量，答案包括 1＝不够用（财务拮据），0＝够用（财务宽裕）。

4. 其他控制变量

根据既有文献以及安德森的服务利用模型，[①] 在社会经济资源之外，本研究还纳入了社会人口学特征和健康状况等控制变量。社会人口学特征包括年龄、性别（男或女）、居住地（城市、镇或者乡村）、婚姻状况（再婚或者其他）、居住安排（独居或与他人同住）和社会支持。年龄是一个类别变量，包括 65~74 岁、75~84 岁、

---

① Andersen R. M., "Revisiting the behavioral model and access to medical care: does it matter?" *Journal of Health and Social Behavior*, 1995, 36（1）.

85～94岁、95岁及以上四类。社会支持通过四个问题进行评估：①"当您身体不舒服时或生病时，主要是谁来照料您？"②"您平时与谁聊天最多？"③"如果您有心事或想法，最先向谁说？"④"如果您遇到问题和困难，最先想找谁解决？"参考既有研究，[①] 本文将社会支持编码为虚拟变量，若有人（家人、亲属、朋友邻里、社会服务/社会工作者以及保姆等）可以在任一方面提供支持则编码为1，若四个方面均无人提供支持则编码为0。

本研究还纳入了三个健康特征变量，包括自评健康、自理能力和慢性并发症。自评健康由受访者本人报告，采用5点李克特量表计分：1表示非常好，5表示非常差。自理能力是一个虚拟变量，通过日常生活活动能力量表测量，包括洗澡、穿衣、上厕所、室内走路、大小便以及吃饭六项指标，若有至少一项活动需要帮助，则编码为1，可以判定为失能，否则编码为0。慢性并发症通过15类常见慢性疾病（包括高血压、糖尿病、心脏病、中风、支气管炎/肺气肿/哮喘病/肺炎、肺结核、白内障、青光眼、癌症、前列腺疾病、胃肠溃疡、帕金森病、褥疮、关节炎和痴呆）评估。若受访者存在两项以上症状，则编码为1，表示存在慢性并发症，否则编码为0。

### （三）分析策略

本研究首先对整体样本的社会人口学特征、健康状况、社会经济资源、社区养老服务未满足程度以及心理健康进行了描述性分析。然后，具体描述了社区养老服务的供给、需求以及未满足程度在2005—2018年间的变化趋势。基于中国老龄健康调查提供的截面权数，本研究汇报了加权后的描述性分析结果。在分析未满足的社区养老服务需求与心理健康之间的相关性时，本研究采用了多层线性模型来拟合追踪数据：第一层为观测值层面，纳入随时间变化的个体因素；第二层为个体层次，纳入不随时间变化的个体因素。假定$i$表示观测值，$j$表示个体，则模型的表达式如下：

层一模型：$PWB_ij = \beta_0 j + \beta_1 j \text{Unmetneeds}_i j + \beta_2 j Z_i j + r_i j$

层二模型：$\beta_0 j = \gamma_0 0 + \gamma_0 1 W_j + u_0 j$

其中，$PWB_i j$ 和 $\text{Unmetneeds}_i j$ 分别表示个体$j$在第$i$次观测时的心理健康水平以及未满足的社区养老服务需求。$Z_i j$是一组随时间变化的个体因素，而$W_j$表示不随时间变化的个体特征。$r_i j$和$u_0 j$分别表示层一和层二的随机误差项。回归分析采用最大似然估计的随机截距模型，该模型可以分析不同层次因素对心理健康的影响，并且探究跨层次的交互效应。空模型的拟合显示，个体组内相关系数约为0.23，表明个体层次的方差约占总体方差的23%，而个体内部的方差占总体方差的77%。同时，似然比检验的结果显示，多层次线性回归模型要显著优于普通线性回归模型。

---

[①] Wang J., Chen T., et al., "Does co-residence with adult children associate with better psychological well-being among the oldest old in China?" *Aging & Mental Health*, 2014, 18 (2).

在进行回归分析时,模型 1 首先纳入了社会人口学特征、健康状况以及社会经济资源等控制变量。模型 2 进一步纳入了未满足的养老服务需求。我们还在回归模型中加入了调查年份的虚拟变量,以控制未满足的社区养老服务需求效应的时间异质性。

为分析社会经济资源的调节效应,本研究在模型 3 至模型 5 中分别纳入了受教育程度、主要收入来源以及经济压力与未满足的社区养老服务需求的交互项。分析城乡差异时,本研究在模型 6 中纳入了居住地与未满足的社区养老服务需求的交互项。在调节效应模型中,未满足的社区养老服务需求变量均按照总体均值经过了中心化处理,以避免多重共线性问题。此外,本研究还进一步检验了代答和样本损耗对主要结果的影响。

## 四、实证分析结果

### (一) 样本特征

在受访者中,三分之二为低龄老人(65~74 岁),约有 51% 为女性,64.40% 有配偶,大多数居住在乡村或镇上(78.36%),超过八成与家人亲属同住(85.69%),仅有极少数人缺乏社会支持(6.75%)。在健康状况方面,自评健康均值约为 2.51,表明受访者处于中等健康水平;大约 5% 的老年人属于失能人群;近三成受访者存在慢性并发症(29.18%)。样本文化程度较低,仅有 21% 的老年人接受过初中及以上教育。在收入来源方面,48.04% 的老年人主要依靠退休金或自己劳动,51.96% 的老年人主要依靠其他收入来源。整体来看,大部分老年人经济状况良好,仅有 19.18% 的老年人存在财务拮据情况。

如表 1 所示,未满足的社区养老服务需求处于中等水平(均值为 4.09,标准差为 3.09),有四分之一受访者的需求全部未被满足。在心理健康方面,受访者心理健康水平大约为 18.90(标准差为 3.28),表明大部分老年人心理健康良好。

表 1 样本特征的描述性分析结果（$N=42967$）

| 变量 | 维度 | 百分比/均值(标准差) |
| --- | --- | --- |
| 社会人口学特征 | | |
| 年龄 | 65~74 岁 | 66.10 |
| | 75~84 岁 | 29.04 |
| | 85~94 岁 | 4.70 |
| | 95 岁及以上 | 0.16 |
| 性别 | 男 | 49.11 |
| | 女 | 50.89 |

续表

| 变量 | 维度 | 百分比/均值（标准差） |
| --- | --- | --- |
| 居住地 | 城市 | 21.63 |
| | 镇 | 24.83 |
| | 乡村 | 53.53 |
| 婚姻状态 | 其他 | 35.60 |
| | 在婚 | 64.40 |
| 社会人口学特征 | | |
| 居住安排 | 与他人同住 | 85.69 |
| | 独居 | 14.31 |
| 社会支持 | 缺乏支持 | 6.75 |
| | 有支持 | 93.25 |
| 健康特征 | | |
| 自评健康（1～5） | | 2.51（0.92） |
| 自理能力 | 自理 | 94.99 |
| | 失能 | 5.01 |
| 慢性并发症 | 无 | 70.82 |
| | 有 | 29.18 |
| 社会经济资源 | | |
| 受教育程度 | 小学或文盲 | 79.00 |
| | 初中及以上 | 21.00 |
| 收入来源 | 经济独立 | 48.04 |
| | 经济依赖 | 51.96 |
| 经济压力 | 财务宽裕 | 80.82 |
| | 财务拮据 | 19.18 |
| 未满足的社区养老服务需求（0～8） | | 4.09（3.09） |
| 心理健康（5～25） | | 18.90（3.28） |

注：数据已加权。

### （二）社区养老服务供给、需求与未满足程度

2005—2018 年，我国社区养老服务的供给和需求发生了较大变化，图 1 显示了五次调查期间各类社区养老服务的供给、需求以及未满足需求比例。

首先，各类社区养老服务的供给呈现较为显著的上升趋势，其中两种与医疗相关的服务上升最为明显："提供保健知识"的供给比例在 2018 年达到 43.38%，较

2005 年上升了 31.62 个百分点;"上门看病或买药"从 10.07% 提高至 32.90%,上升了 22.83 个百分点。此外,"组织社会和娱乐活动""家庭邻里纠纷调解""提供法律援助或维权"等三类服务的供给水平也提高了 9～13 个百分点。尽管"日常购物""起居照料"和"精神慰藉、聊天解闷"上升了 5～9 个百分点,但整体仍然处于较低供给水平。

| 供需匹配 | 服务类型 | 整体 | 2005年 | 2008年 | 2011年 | 2014年 | 2018年 |
|---|---|---|---|---|---|---|---|
| 供给 | 起居照料 | 4.31 | 2.52 | 3.83 | 2.57 | 3.34 | 8.49 |
| | 上门看病或买药 | 19.26 | 10.07 | 7.18 | 27.71 | 35.11 | 32.90 |
| | 精神慰藉、聊天解闷 | 7.13 | 4.93 | 4.55 | 5.88 | 8.58 | 13.02 |
| | 日常购物 | 7.50 | 5.55 | 4.44 | 8.07 | 12.35 | 11.21 |
| | 组织社会和娱乐活动 | 16.53 | 13.64 | 12.28 | 17.18 | 19.83 | 23.32 |
| | 提供法律援助或维权 | 12.00 | 8.41 | 6.42 | 12.25 | 16.13 | 21.12 |
| | 提供保健知识 | 24.76 | 11.76 | 8.55 | 38.77 | 42.72 | 43.38 |
| | 家庭邻里纠纷调解 | 24.40 | 21.38 | 17.58 | 27.15 | 28.36 | 32.76 |
| 需求 | 起居照料 | 56.70 | 48.46 | 57.40 | 57.78 | 60.90 | 63.20 |
| | 上门看病或买药 | 74.04 | 67.57 | 67.68 | 81.07 | 80.90 | 82.03 |
| | 精神慰藉、聊天解闷 | 62.35 | 57.50 | 60.28 | 63.59 | 67.50 | 67.73 |
| | 日常购物 | 55.84 | 48.32 | 55.14 | 57.31 | 60.16 | 62.90 |
| | 组织社会和娱乐活动 | 65.69 | 61.80 | 62.38 | 68.11 | 69.04 | 71.34 |
| | 提供法律援助或维权 | 61.90 | 56.74 | 58.74 | 63.60 | 65.60 | 69.23 |
| | 提供保健知识 | 70.77 | 64.01 | 63.88 | 77.91 | 80.74 | 78.44 |
| | 家庭邻里纠纷调解 | 64.54 | 60.33 | 60.23 | 67.06 | 69.53 | 71.08 |
| 未满足 | 起居照料 | 52.95 | 46.27 | 54.28 | 55.53 | 58.01 | 55.60 |
| | 上门看病或买药 | 56.32 | 58.10 | 61.18 | 55.92 | 48.14 | 51.85 |
| | 精神慰藉、聊天解闷 | 56.16 | 53.22 | 56.54 | 58.46 | 59.87 | 56.23 |
| | 日常购物 | 49.11 | 43.55 | 51.16 | 49.98 | 48.95 | 52.70 |
| | 组织社会和娱乐活动 | 51.31 | 50.00 | 52.01 | 53.19 | 51.46 | 50.74 |
| | 提供法律援助或维权 | 51.28 | 49.39 | 53.28 | 52.53 | 50.61 | 50.56 |
| | 提供保健知识 | 48.55 | 53.58 | 56.56 | 42.93 | 41.58 | 39.42 |
| | 家庭邻里纠纷调解 | 42.88 | 41.16 | 44.62 | 42.69 | 44.29 | 42.39 |

**图 1  2005—2018 年间中国社区养老服务供给、需求及其未满足程度的变化(单位:%)**

注:数据已加权。

其次,各类社区养老服务的需求始终保持较高水平,且均有小幅增长。其中,对医疗健康服务的需求十分强烈,2018 年需求较高的服务类型为"上门看病或买药"(82.03%)和"提供保健知识"(78.44%)。同时,老年人对"组织社会和娱乐活动"(71.34%)、"家庭邻里纠纷调解"(71.08%)和"提供法律援助或维权"(69.23%)服务也有较高需求。相比 2005 年,老年人对社区照顾服务的需求也有明显提高:在 2018 年,67.73% 的老年人需要"精神慰藉、聊天解闷"服务,63.20% 的老年人需要"起居照料"服务,62.90% 的老年人需要"日常购物"服务。

最后,各类社区养老服务需求的未满足程度保持在中等水平。2005—2018 年,对"起居照料""日常购物""精神慰藉、聊天解闷"等三类服务的需求的未满足程度均有明显上升,分别增长了 9.33%、9.15%、3.01%。对"上门看病或买药"和"提供保健知识"这两类医疗健康服务的需求的未满足程度出现小幅下降,降幅分别为 6.25% 和 14.16%。对"组织社会和娱乐活动"和"提供法律援助或维权"服务的需求的未满足程度变化较小,约有一半受访者 2005—2018 年未能获得此类服务。"家庭邻里纠纷调解"的需求未满足程度也未发生较大变化,约有四成老年人始终未获得此类服务。

(三) 回归分析结果

表 2 为未满足的社区养老服务需求与老年人心理健康的多层次线性模型估计结果。模型 1 是基准模型,纳入了社会人口学特征、健康特征以及社会经济资源。模型 2 进一步纳入了未满足的社区养老服务需求。根据判决系数,模型 2 可以解释心理健康变量中大约 32% 的方差。在模型 2 中,未满足的社区养老服务需求的系数为 -0.057,在 0.1% 的显著性水平上具有统计显著性。这表明,未满足的社区养老服务需求与心理健康呈现负相关。换言之,当未满足的社区养老服务需求增加时,老年人的心理健康水平会随之降低,这与假设 1 一致。

表 2 未满足的社区养老服务需求与老年人心理健康的多层次线性模型估计结果

| 项目 | 模型 1 | 模型 2 |
| --- | --- | --- |
| 65～74 岁 | 0.160*** | 0.169*** |
|  | (0.039) | (0.040) |
| 75～84 岁（参照组） | | |
| 85～94 岁 | −0.132*** | −0.131*** |
|  | (0.039) | (0.039) |
| 95 岁及以上 | 0.067 | 0.061 |
|  | (0.050) | (0.050) |
| 女（参照组：男） | −0.243*** | −0.250*** |
|  | (0.032) | (0.032) |
| 城市 | 0.553*** | 0.516*** |
|  | (0.042) | (0.042) |
| 镇 | 0.108** | 0.114*** |
|  | (0.034) | (0.034) |
| 乡村（参照组） | | |
| 在婚（参照组：其他） | 0.526*** | 0.534*** |
|  | (0.038) | (0.038) |
| 独居（参照组：与他人同住） | −0.507*** | −0.494*** |
|  | (0.042) | (0.042) |
| 有社会支持（参照组：缺乏支持） | 0.394*** | 0.408*** |
|  | (0.057) | (0.057) |

续表

| 项目 | 模型1 | 模型2 |
|---|---|---|
| 自评健康 | −1.269*** | −1.263*** |
|  | (0.017) | (0.017) |
| 失能（参照组：自理） | −0.422*** | −0.425*** |
|  | (0.044) | (0.044) |
| 慢性并发症（参照组：无并发症） | −0.097** | −0.104** |
|  | (0.033) | (0.033) |
| 初中及以上（参照组：小学或文盲） | 0.332*** | 0.335*** |
|  | (0.046) | (0.046) |
| 经济依赖（参照组：经济独立） | −0.285*** | −0.258*** |
|  | (0.037) | (0.037) |
| 财务拮据（参照组：财务宽裕） | −1.143*** | −1.131*** |
|  | (0.038) | (0.038) |
| 未满足的需求 |  | −0.057*** |
|  |  | (0.005) |
| 年份 | 控制 | 控制 |
| 常数项 | 21.704*** | 21.892*** |
|  | (0.087) | (0.088) |
| 观测值 | 42967 | 42662 |
| Log Likelihood | −106592.200 | −105743.400 |
| AIC | 213228.400 | 211532.800 |
| BIC | 213419.100 | 211732.000 |
| Marginal $R^2$/Conditional $R^2$ | 0.227/0.318 | 0.231/0.320 |

注：括号内为标准误。* $p<0.05$；** $p<0.01$；*** $p<0.001$。

在控制变量方面，模型1和2均表明，65~74岁的低龄老人要比75~84岁的老年人拥有更好的心理健康状态，而85~94岁的高龄老人心理健康较差。居住在城镇、在婚、拥有社会支持与心理健康水平呈正相关，而女性、独居与心理健康水平呈负相关。在健康方面，自评健康较差、失能、患有两种及以上慢性疾病与心理健康水平呈负相关。就社会经济资源而言，相比受教育程度为小学或文盲的老年人而言，拥有初中及以上学历的受访者心理状况更好。相比依靠他人提供生活来源的老年人，经济独立的老人心理状况更好，而财务拮据与较差的心理健康水平有关。

表3进一步分析了社区养老服务需求的未满足程度与心理健康之间的关系。首先，模型3至模型5纳入了社区养老服务需求的未满足程度与三个社会经济资源变量

（受教育程度、主要收入来源、经济压力）的交互项。然后，模型6纳入了未满足的社区养老服务需求与居住地的交互项，以分析未满足的社区养老服务需求与心理健康关系之间的地区差异。

表3 未满足的社区养老服务需求与心理健康关系中的社会经济资源与地区差异

| 项目 | 模型3 | 模型4 | 模型5 | 模型6 |
| --- | --- | --- | --- | --- |
| 未满足的需求 | −0.053*** | −0.081*** | −0.062*** | −0.039*** |
|  | (0.005) | (0.008) | (0.005) | (0.006) |
| 未满足的需求×初中及以上（参照组：小学或文盲） | −0.030* |  |  |  |
|  | (0.013) |  |  |  |
| 未满足的需求×经济依赖（参照组：经济独立） |  | 0.036*** |  |  |
|  |  | (0.010) |  |  |
| 未满足的需求×财务拮据（参照组：财务宽裕） |  |  | 0.023 |  |
|  |  |  | (0.012) |  |
| 未满足的需求×城市（参照组：乡村） |  |  |  | −0.061*** |
|  |  |  |  | (0.012) |
| 未满足的需求×镇（参照组：乡村） |  |  |  | −0.022* |
|  |  |  |  | (0.011) |
| 年份 | 控制 | 控制 | 控制 | 控制 |
| 控制变量 | 控制 | 控制 | 控制 | 控制 |
| 常数项 | 21.658*** | 21.654*** | 21.656*** | 21.654*** |
|  | (0.087) | (0.087) | (0.087) | (0.087) |
| 观测值 | 42662 | 42662 | 42662 | 42662 |
| Log Likelihood | −105740.600 | −105736.400 | −105741.500 | −105729.800 |
| AIC | 211529.200 | 211520.700 | 211531.000 | 211509.500 |
| BIC | 211737.000 | 211728.600 | 211738.900 | 211726.100 |
| Marginal $R^2$/Conditional $R^2$ | 0.231/0.320 | 0.231/0.321 | 0.231/0.320 | 0.232/0.320 |

注：括号内为标准误。控制变量包括年龄、性别、居住地、婚姻、居住模式、社会支持、自评健康、自理能力、慢性并发症、受教育程度、收入来源和经济压力。* $p<0.05$；** $p<0.01$；*** $p<0.001$。

模型3显示，社区养老服务需求的未满足程度与心理健康呈负相关，且在0.1%的显著性具有统计学意义（$B=-0.053$），表明老年人社区养老服务需求的未满足程度越高，其心理健康水平就越低。需求未满足程度与初中及以上教育程度的交互项为负，且具有统计学意义（$B=-0.030$，$SE=0.013$，$p=0.019$），表明较高的受教育程度可能会加强未满足需求对心理健康造成的负向影响。在模型4中，未满足需求的主效应为-0.081,未满足需求与经济依赖的交互项系数为0.036,表明相比经济独立的老年人,未满足的社区养老服务需求对依靠他人提供生活来源的老年人心理健康的负向影响较小。模型5显示,需求未满足程度的主效应为-0.062,在0.1%的显著性水平上具有统计学意义;未满足需求与财务拮据的交互项系数为0.023,但是并不显著区别于0。综上所述,模型3至模型5的结果部分支持了假设2,表明社会经济资源能够调节未满足的社区养老服务需求与心理健康的关系。

在模型6中,社区养老服务需求未满足程度的主效应为-0.039,未满足需求与城市的交互项系数为-0.061,与镇的交互项系数为-0.022,均具有统计显著性。这说明,相比乡村居民,未满足的社区养老服务需求与城镇老年人心理健康的负向关联要更强,假设3得到验证。

(四)稳健性检验

调查中73.90%的问卷由老年人独立回答,其余26.10%由其他人代答部分问题。我们在模型2至模型6的基础上,控制了代答的虚拟变量(1=代答;0=自我报告),以分析代答对于社区养老服务需求未满足程度与心理健康之间关系的影响。结果表明,代答与心理健康呈现显著负相关($B=-0.184$,$p<0.001$),说明使用代答的老年人的心理健康状况可能更差。即使控制了代答效应,未满足的社区养老服务需求及所有交互项的系数并未发生明显变化。这可能是因为大多数老年人与家人对养老服务需求持有同样看法。[①] 因此,是否使用代答对未满足的社区养老服务需求的心理健康效应可能没有影响。

由于本研究涉及时间周期较长(2005—2018年),约有半数受访者(50.59%)在后续追踪调查中出现失访、数据缺失或死亡的情况。为评估因失访、数据缺或死亡导致的样本损耗对研究结果的影响,我们将样本分为损耗组和未损耗组,以此对未满足的社区养老服务需求与心理健康之间的相关性进行分组回归分析。结果显示,未满足的社区养老服务需求的系数在未损耗组($B=-0.069$,$p<0.001$)和损耗组($B=-0.044$,$p<0.001$)均为正。这表明,尽管追踪过程中的样本损耗对未满足的社区养老服务需求的心理健康效应有一定影响,但研究结果依然具有稳健性。

# 五、讨论与结论

本研究使用2005—2018年中国老年健康影响因素跟踪调查资料,分析了社区居家养老服务的供需匹配以及未满足的社区养老服务需求对老年人心理健康的影响。

---

[①] Brimblecombe N., Pickard L., et al.,"Perceptions of unmet needs for community social care services in England: a comparison of working carers and the people they care for", *Health & Social Care in the Community*, 2017, 25 (2).

此外，本研究还对未满足的社区养老服务需求与心理健康关系中的社会经济资源差异和城乡差异进行了检验。结果显示，未满足的社区养老服务需求可能会损害老年人的心理健康，并且，社会经济地位较高、居住在城镇地区的老年人的心理健康更易受到社区养老服务供需不匹配的影响。研究结果拓展了照护贫困理论，揭示了未满足的社区养老服务需求背后的社会不平等现象，对未来研究制定社区居家养老服务相关政策和规划也具有参考意义。

## （一）主要发现

本文的描述性分析结果表明，我国社区养老服务的供需不匹配问题十分严峻。2005—2018 年，各类社区养老服务的供给和需求均有所提高，但需求水平远高于供给水平。在各类服务中，仅医疗健康服务（"上门看病或买药"和"提供保健知识"）需求的未满足程度小幅降低，"起居照料""日常购物""精神慰藉、聊天解闷"等服务需求的未满足程度均有明显提高，其余服务需求的未满足程度始终保持着中等水平。根据照护贫困理论，社区养老服务供需不匹配问题可能与老年生活的变化有关。随着社会经济的发展和医疗条件的改善，老年人在低层次的需求得到一定满足后，更加注重文化娱乐、情感慰藉、陪伴等较高层次的需求。此外，社会结构变化以及政策因素也可以解释老年人的照护贫困现象。由于家庭规模急剧缩小，老年人难以获得充足的家庭照顾资源，因此更加期待政府和社区提供养老服务。[①] 在政策层面，为应对人口老龄化带来的健康挑战，国家投入了大量资源建设基层医疗健康服务和社区居家养老体系。这些政策强调医疗健康在养老服务供给中的优先地位，对于老年群体的多元需求以及所需的人力资源投入不足，导致社区居家养老服务供给难以响应老年人的社会心理需求。[②] 需求格局的变化、家庭结构的变迁以及养老政策的医疗健康导向可能会造成养老资源的分配不精准与浪费现象，加剧养老服务获取的不平等问题。因此，各地政府应充分调研老年人群的多元服务需求状况，着力提高社区养老服务的利用率，因地制宜地打造多层次、高质量的社区养老服务体系。

本文的研究结果显示，社区养老服务的供需不匹配会损害老年人心理健康。本研究首次将照护贫困概念从失能人群的基本照料服务需求拓展到社区居家养老服务供需匹配议题，探讨了社区照护贫困的心理健康后果。当社区养老服务可及性不足但需求较高时，老年人会更加担心自己的健康和生活。[③] 由于无法获得社区养老服务

---

[①] Bai X., Lai D., et al., "Personal care expectations: photovoices of Chinese ageing adults in Hong Kong", *Health & Social Care in the Community*, 2020, 28 (3).

[②] 邓保国、余泽梁：《社区各类养老服务对老年人生活质量的影响——以需求响应为视角的实证分析》，《学术交流》2021 年第 9 期。

[③] Katz J., Holland C., et al., "Hearing the voices of people with high support needs", *Journal of Aging Studies*, 2013, 27 (1).

资源，老年人的安全和尊严可能会受到损害，社会参与也会减少。[①] 克罗格强调，照护贫困可能引发一系列的消极或负面的情绪，并且降低老年人的生活品质。[②] 总之，本研究表明，解决社区照护贫困问题、改善晚年生活质量，可能需要多方面的努力。在宏观层面上，政府应通过政策引导进一步提升我国社区养老服务供给能力，着力解决养老服务的供需不匹配、不平衡问题。在社会层面上，社会服务机构应组织专业社工和志愿者积极开展养老服务递送，以补充社区居家养老服务资源。在微观层面上，社区应鼓励老年人互帮互助，并向老年人提供陪伴、心理慰藉、居家照料等服务。

本研究揭示了社会经济资源对未满足的社区养老服务需求与心理健康之间关系的调节作用，未满足的社区养老服务需求可能会对受教育程度较高、经济独立的老年人的心理健康带来更严重的负面影响。一方面，社会经济资源可能会影响老年人对养老服务的知晓度和购买力。尽管社会经济地位较低的老年人可能对社区养老服务有较高需求，但他们对服务的知晓度和有效需求可能较低。[③] 相反，社会经济地位较高的老年人更容易接触到社区养老服务，也拥有较强的支付能力，可能更希望借助社区养老服务来保持健康和独立。另一方面，社会经济资源也会影响服务偏好。对社会经济条件较好的老年人而言，社区养老服务的供需错位会限制较高层次需求的满足，例如自我实现等。这些因素导致照护贫困问题对拥有较多社会经济资源的老年人会产生更大的心理冲击。这需要社区组织和社区工作者根据老年人不同的社会经济情况，开展有针对性的服务宣传和递送。对社会经济地位较低的老年人，社会工作者可以提供有效信息和资料，广泛宣传普及社区居家养老的意义和作用，引导他们认识到社区居家养老服务的优势，并发现自己的需求。同时，服务提供者可考虑提供公益性服务，以提高服务利用率。对于社会经济条件较好的老年人群，服务提供者可以根据他们不同的健康状况和需求偏好，一对一地开发和提供专业化、差异化、特色化的服务项目，尤其关注高水平需求的满足。

最后，本研究发现未满足的社区养老服务需求对城镇老年人心理健康造成的负面影响更为明显。宋欢等人的研究发现，需求未满足的城镇老年人要比农村老年人更容易出现抑郁和焦虑症状。[④] 这种城乡差异可能源于两个方面：一方面，老年人在

---

① Bai X.，"Hong Kong Chinese aging adults voice financial care expectations in changing family and sociocultural contexts: implications for policy and services"，*Journal of Aging & Social Policy*，2019，31（5）.

② Kröger T.，"Care poverty: when older people's needs remain unmet"，Cham，Switzerland: Palgrave Macmillan，2022.

③ 丁志宏、曲嘉瑶：《中国社区居家养老服务均等化研究——基于有照料需求老年人的分析》，《人口学刊》2019年第2期.

④ Song H.，Sun H.，"Association of unmet long-term care needs with depression and anxiety among older adults in urban and rural China"，*Geriatric Nursing*，2023，49.

社区养老服务的使用程度上存在较大城乡差异，城镇老年人面临家庭规模缩减、非正式支持匮乏等问题，因此他们比农村老年人更加依赖社区提供养老服务，而如果社区无法提供需要的服务和设施，这种未满足的社区养老服务需求会带来更显著的心理压力；另一方面，由于城市社区异质性较高，城市老年人可能会因为不同社区服务水平和质量的差异而进行比较，社区养老服务需求未满足程度高的老年人在比较中更易产生不公平感等负面情绪。[1] 此外，研究结果不支持胡博等人有关农村老年人"双重劣势"的观点，[2] 这可能是因为该观点适用于理解残障老年人的照料需求困境。总之，本研究表明，社区居家养老服务存在显著的城乡差异，各地政府应因地制宜地开展相关政策制定和服务提供，在城镇社区着力推进养老服务均等化，在农村社区中扩大服务覆盖面，提升服务整体供给能力。

(二) 研究局限与未来方向

本研究对社区养老服务供需不匹配问题进行了实证分析，对照护贫困理论做出了多个方面的拓展。首先，本文将照护贫困理论应用于社区居家养老情境中，强调了社区养老服务需求的多样性以及供需匹配不平衡问题；其次，本研究分析了未满足的社区养老服务需求与老年人心理健康的相关性，揭示了社区照护贫困带来的负面心理健康后果；最后，通过分析社会经济资源和城乡差异，本研究进一步剖析了照护贫困效应的异质性，并且强调了照护贫困中的社会不平等问题。

本研究存在以下三个不足之处。第一，本研究主要关注老年人对多种社区居家养老服务的需求，对于高龄和失能老年人的照料需求或者医疗服务需求讨论较少。既有文献大多根据基本和工具性日常生活活动能力状况来识别未满足照护需求，而本研究采取了更为广义的界定策略，因此可能会低估失能或高龄老年人的特殊需求。未来的研究可以尝试比较社区养老服务需求与日常活动相关的基本和工具性照料需求的未满足程度，以全面理解照护贫困。第二，本研究侧重于讨论社区中的照护贫困现象，可能忽视了老年人在养老准备和规划方面的能动性。既有研究表明，为了保持独立和自我照护，一些老年人会通过社会参与、学习新技术等方式积极地进行养老准备。[3] 因此，未来的研究可以从养老规划的角度出发，深入分析老年人应对照护贫困的策略，以更好地理解老年人的照护需求。第三，由于剔除了认知功能受损的样本，本研究的结论仅适用于认知良好的老年人群，而无法推测患有认知障碍的

---

[1] 马朵朵、封铁英：《不患寡而患不均：社区居家养老服务公平性解构与提升》，《经济社会体制比较》2023年第1期。

[2] Hu B., Wang J., "Unmet long-term care needs and depression: the double disadvantage of community-dwelling older people in rural China", *Health & Social Care in the Community*, 2019, 27 (1).

[3] Bai X., Lai D., et al., "Personal care expectations: photovoices of Chinese ageing adults in Hong Kong", *Health & Social Care in the Community*, 2020, 28 (3).

老年人群对社区养老服务的需求及其未满足程度。未来的研究可以采取专家评估或他人汇报等间接调查方式来测量认知障碍老年人的养老服务需求及其未满足程度。

# Unmet Needs for Home-and Community-Based Servicesand Older Adults' Psychological Well-Being
## —A Longitudinal Study Based on CLHLS 2005-2018

Zhou Shuai, Bai Xue

(Department of Applied Social Sciences, The Hong Kong Polytechnic University, Hong Kong 999077, China)

**Abstract**: In the context of rapid population aging, the supply of home-and community-based services (HCBS) becomes increasingly inconsistent with the diverse needs of older people in China. Guided by the human need theory and care poverty theory, this research utilized the longitudinal data of the Chinese Longitudinal Healthy Longevity Survey (CLHLS) collected during 2005-2018 to analyze the unmet needs for HCBS and psychological well-being among older adults. The results showed that during 2005-2018, the supply of and needs for HCBS increased substantially, whereas only the unmet needs for healthcare-related services had a modest decline. Unmet needs for HCBS were negatively associated with psychological well-being. Moreover, the adverse psychological effects of unmet needs were more salient among older adults with better education, independent income sources, and residing in urban communities. This study extends the care poverty theory and has implications for improving policymaking and service delivery regarding HCBS.

**Keywords**: care poverty; unmet needs; home-and community-based services; psychological well-being; socioeconomic resources; urban-rural disparities

# 共享发展理念下普惠性养老服务发展路径
## ——基于西安市调查数据

温海红　翟育巍

[摘　要]　从"十四五"时期开始，我国人口老龄化进入快速上升期，如何通过扩大养老服务供给覆盖面实现全体老年人老有所养的愿望，成为养老服务领域发展的重点任务。普惠性养老致力于为全体老人提供无偿、低偿、有偿相结合的服务，以满足不同老年人的多层次养老服务需求。本文基于已有研究成果，以城市社区老年人为研究对象，采用有序多分类 logistic 回归方法，基于社会生态系统理论和共享发展理念实证分析普惠性养老服务的发展水平及其影响因素，并从明确政府责任、扩大养老服务覆盖面、提高养老服务人员专业化水平、更新养老服务理念等方面提出普惠性养老服务发展路径。

[关键词]　普惠性养老服务；共享发展；社会生态系统；影响因素

## 一、引言及文献综述

第七次全国人口普查数据显示，截至 2020 年 12 月，全国 60 岁及以上老年人口占总人口的 18.7%，65 岁及以上人口占总人口的 13.5%。据相关研究预测，从现在到 2035 年乃至 2050 年，我国老年人口规模将持续增长，老年人口比重在 2035 年时将达到 30% 左右，到 2050 年则会在 38% 左右。在这样的人口新常态下，存在着高龄化、空巢化、少子化和老龄化等问题，对我国养老服务体系提出了较大挑战。目前我国养老服务虽有所发展，但仍处于初始阶段，各地养老服务对象仍主要是特殊困难老人，对一般老年人考虑较少，同时市场所提供的高端养老服务让多数老年人望而

---

基金项目：陕西省社科联重点项目"陕西省普惠性养老服务发展路径研究"（项目编号：20ZD195-63）；西安市社科基金项目"西安市普惠性社区养老模式构建研究"（项目编号：FX50）。
作者简介：温海红，西安交通大学公共政策与管理学院副教授。翟育巍，西安交通大学公共政策与管理学院博士生。

却步,覆盖面较窄。老年人养老需求多元与服务供给不足的矛盾突出,普惠性养老服务发展水平有待提高。普惠性养老应被放入人口与家庭结构,以更好理解养老服务发展在解决人口老龄化过程中的重要定位。① 普惠性养老服务具有服务全面化、专业化、人性化、智能化、高效化的特点,普惠性养老服务的发展要求全体老年人均可享受,参与其中,使得老年人的养老需求得以满足。2019年,《城企联动普惠养老专项行动实施方案(试行)》出台,遵循政府支持、社会运营、合理定价的基本思路,吸引城市政府和企业参与,以期扩大普惠性养老服务供给。2021年颁布的《"十四五"国家老龄事业发展和养老服务体系规划》中提出,要通过建设普惠性养老服务网络和支持普惠性养老服务发展,扩大普惠性养老服务覆盖面。普惠性养老服务在发展过程中所具有的普遍性、多元性、公平性及参与性,与共享发展理念全民共享、全面共享、共建共享、渐进共享的核心要义相符合。推动普惠性养老服务发展是共享发展理念在我国养老领域的实践与探索,普惠性养老服务需要在共享发展理念的引导下进行,二者具有较高的内在耦合性。"十四五"时期,如何从共享发展理念的角度和思路出发,通过扩大养老服务项目种类和服务范围,为全体老年人提供多种养老服务选择,让全体老年人获得价格合理、质量可靠的养老服务,探索共享发展理念下的普惠性养老服务发展路径,是养老服务发展需要解决的重点现实问题。

普惠性养老服务具有普惠社会福利的基本特点和基本内容,它是基于底线公平及公共服务均等化理念,以全体老年人的基本需求为基点,在基本养老服务外,通过政府引导,市场供给和其他社会力量参与,为全体老年人提供各类无偿、低偿、有偿相结合的服务。② 发展普惠性养老服务是养老服务体系完善的必经之路,普惠性养老服务具有普遍性、主体多元性、适度性的特征,体现了基本养老服务均等化的宗旨。③ 改革开放以来,伴随经济发展和人口结构的变化,我国养老服务对象由补缺型转变为普惠型,服务主体逐步多元化,政策体系逐步社会化。④ 由于普惠性养老投资成本较低、针对性较强、效率较高,适合大规模推广覆盖,有利于社会养老资源的整合,可从根本上满足老年人的基本养老服务需求。

目前普惠性养老服务发展存在的问题主要体现为老年人对养老服务需求增加与养老服务供给范围较小、养老服务体系不完善之间的矛盾。其一,养老服务辐射范围较小。免费或廉价的社区养老服务对象以特殊老年群体为主,对一般老人考虑较

---

① 程翔宇、赵曼:《城企联动普惠养老:政策精髓与政策运用》,《社会保障研究》2019年第4期。
② 穆光宗:《普惠养老如何实现真正普惠》,《中国社会工作》2020年第11期;许加明:《适度"普惠型"养老服务体系的构建研究》,《社会福利(理论版)》2018年第11期。
③ 吕琦:《完善河北省普惠型养老服务制度研究》,河北大学,2020年;许小玲、汪青:《城市社区服务体系:适度"普惠型"社会福利的实现路径》,《社会工作下半月(理论)》2009年第12期。
④ 窦玉沛:《中国社会福利的改革与发展》,《社会保障研究(北京)》2006年第2期。

少，一些有需要的老人无人照顾或没有得到应有的照顾。① 其二，服务单一且专业化水平较低。当前养老服务输出片面强调老年人需求，开展服务不够深入，服务队伍专业化水平有限，难以满足不同老年人的多元需求。② 其三，基础设施不健全，地区养老资源分布不均。研究表明，较多社区养老设施陈旧，未能充分利用社区内的现有资源，且地区之间养老资源分布存在较大差异。③ 影响普惠性养老服务发展的因素是多方面的。宏观影响因素主要包括经济、制度、人口及文化等，具体表现为政府补贴、扶持政策、监管机制、资金投入、文化认知度等。④ 中观影响因素主要包括社区、企业及社会组织等，具体表现为社区治理、信息技术、服务供给、服务人员等。⑤ 微观影响因素主要包括老年人及其家庭等，具体表现为老年人的年龄、生活自理能力等个人特征、主观态度及家庭环境等。

目前国内外已有研究从人口老龄化、社会公平、社会福利等视角，运用社会福利理论、福利多元主义理论、新公共服务理论、社会公平理论等，采用文献分析、实地调查和案例分析等方法，分析普惠性养老服务发展的现状及存在的问题，并提出对策建议。学者们对普惠性社会福利的深入研究，为普惠性养老服务的发展奠定了一定的学术理论基础，但是仍有部分内容需要进一步研究。第一，当前文献主要从社会福利发展的宏观框架及视角进行养老服务供需研究，缺少从共享发展理念分析我国养老服务发展的研究。第二，现有研究主要从政策视角采用案例分析法总结普惠性养老服务发展的现状及问题，缺乏对普惠性养老服务发展影响因素的实证分析。因此本研究基于共享发展理念，运用社会生态系统理论实证分析我国普惠性养老服务发展的影响因素，并提出推进普惠性养老服务发展的相关政策建议，对满足老年人多样化养老需求、增进普惠性养老服务水平与经济社会发展水平的协调性具有重要的现实意义。

---

① 钱雪飞：《"普惠型"居家养老服务体系的实现路径》，《南通大学学报（社会科学版）》2012年第3期。
② 贾玉娇：《中国养老服务体系建设中的突出问题与解决思路》，《求索》2017年第10期。
③ 黄少宽：《我国城市社区养老服务模式创新研究综述》，《城市观察》2018年第4期；付舒、韦兵：《合理存在与认同危机：社区养老模式发展困境及出路》，《社会科学战线》2018年第7期。
④ 汪中杰、何珊珊：《社区居家养老服务模式探析——以武汉市为例》，《武汉大学学报（哲学社会科学版）》2014年第4期；朱慧：《我国社区养老服务文献综述》，《劳动保障世界（理论版）》2012年第1期。
⑤ Lawton M. P., Nahemow L., "Ecology and the aging process", in C. Eisdorfer, M. P. Lawton (ed.), *The Psychology of Adult Development and Aging*, American Psychological Association, 1973；梁海艳：《人口老龄化背景下的社区居家养老》，《中国老年学杂志》2019年第13期；仉嫒：《人口老龄化背景下中国城镇社区居家养老模式探析》，《河北学刊》2015年第1期。

## 二、理论模型及研究假设

（一）理论模型构建

社会生态系统理论将人类生存的社会环境看作一种社会生态系统，查尔斯·扎斯特罗对社会生态系统进行了分层，并强调人与环境间各系统的相互作用以及对人类行为的重大影响。社会生态系统理论将生态系统分为微观系统、中观系统、宏观系统三个系统。微观系统即指"自我"，聚焦个体所体验到的意义感及情感联结，包括个体心理认知等要素，如家庭、亲戚、朋友等。中观系统即聚焦群体成员之间的关系的社会系统，包括业主委员会、社区卫生服务站或其他社会群体。宏观系统是指聚焦共同目标、比小群体更大的社会系统，包括政府、社会、信仰等。该理论是一个开放的理论系统，适用于人类行为的研究，同样也适用于当前普惠性养老服务发展影响因素的研究。

共享发展理念以全民共享、全面共享、共建共享、渐进共享为理论维度，旨在实现改革成果由全体人民共享。全民共享，指共享成果主体的全面性，不同年龄阶段的人均可享有发展成果。全民共享在普惠性养老服务发展中重点强调服务对象覆盖面及服务价格，为全体老年人提供专业化水平较高、价廉质优的养老服务，扩大服务辐射范围。全面共享，强调共享成果种类的多层性，保障人民在各方面的权益。全面共享体现在普惠性养老服务项目、服务技术、基础设施等方面，以满足老年人的多层养老需求。共建共享，强调共享成果实现的参与性，参与共建才能实现共享。共建共享体现为多主体的协同合作，普惠性养老服务发展不仅需要发挥政府主导作用，同时需要社区、企业、个人及社会组织等多主体共同参与、协同联动、促进发展。渐进共享，强调共享成果实现的过程性，不同阶段的共享水平不同，从不均衡到均衡。渐进共享的理念融合在普惠性养老服务发展的每个阶段，是一个循序渐进的过程。

本文以社会生态系统理论和共享发展理念为基础，结合当前已有研究成果，从宏观、中观、微观三个层面来构建普惠性养老服务发展影响因素的理论模型。具体来看，宏观层面即政府因素，包括政策支持力度、财政补贴力度、社会保障水平。中观层面即社会因素，包括企业、社区、社会组织。其中，企业因素包括服务项目、服务技术、服务价格、服务质量；社区因素包括基础设施建设、服务对象覆盖面、养老服务人员专业化；社会组织因素包括社会力量支持度。微观层面即个人因素，具体包括年龄、生活自理能力、经济收入。普惠性养老服务发展水平影响因素理论分析模型如图1所示。

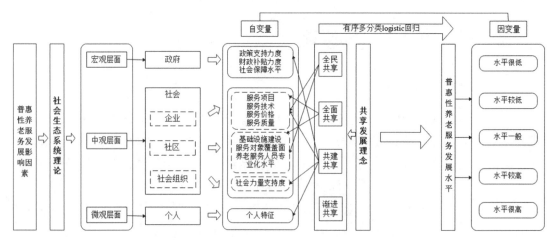

**图 1　普惠性养老服务发展水平影响因素理论分析模型**

## （二）研究假设

### 1. 政府因素

目前中国养老服务属于以政府为核心主导，辅之以社会力量的综合性模式，政府政策在普惠性养老服务发展过程中起关键作用。养老服务作为社会福利的一项重要事业，需要政府给予各类优惠政策支持。对于非营利机构或营利机构开展养老服务，政府理应承担财政投入的责任。[①] 财政补贴力度是促进养老服务发展、提高养老服务水平、增强老年人养老服务意识的关键性指导变量。我国的社会保障发展迅速，其中养老保险和医疗保险能较好反映我国社会保障水平，有学者认为政府对老年人养老金与医疗保险的支持对服务质量有显著影响。[②] 以上述分析为基础，提出研究假设 H1-1、H1-2 和 H1-3（见表 1）。

### 2. 社会因素

（1）企业因素。

企业具有技术和管理上的效率优势，养老相关企业的技术水平、提供服务项目的丰富多样程度对普惠性养老服务发展有重要影响。信息化技术推动了养老服务的普惠化，企业养老服务技术水平对普惠性养老服务发展具有显著的正向影响。[③] 采用

---

① 赵小兰、孟艳春：《社区"嵌入式"养老服务模式：优势、困境与出路》，《河北大学学报（哲学社会科学版）》2019 年第 4 期。

② 赵娜、方卫华：《城市机构养老服务质量评价影响因素研究——基于个体差异的视角》，《郑州大学学报（哲学社会科学版）》2018 年第 2 期。

③ 温海红、王怡欢：《居家社区养老服务质量及其影响因素分析——基于陕西省三市调查数据》，《河北大学学报（哲学社会科学版）》2019 年第 2 期。

不同类别设计，通过丰富养老服务，满足不同年龄段老年人的不同需求。养老服务是一种长期供给服务，老年人是养老服务的主体消费者，对消费者而言，质量与价格尤为重要。普惠性养老服务发展强调提供价格合理、质优价廉的高性价比服务，因此养老服务价格及服务质量对普惠性养老服务发展水平有一定影响。① 以上述分析为基础，提出研究假设H2-1、H2-2、H2-3、H2-4（见表1）。

表1  研究假设汇总

| 序号 | 假设 | 假设方向 |
| --- | --- | --- |
| H1-1 | 政策支持力度对普惠性养老服务发展水平具有正向显著影响 | + |
| H1-2 | 财政补贴力度对普惠性养老服务发展水平具有正向显著影响 | + |
| H1-3 | 社会保障水平对普惠性养老服务发展水平具有正向显著影响 | + |
| H2-1 | 服务项目多样化对普惠性养老服务发展水平具有正向显著影响 | + |
| H2-2 | 服务技术对普惠性养老服务发展水平具有正向显著影响 | + |
| H2-3 | 服务价格对普惠性养老服务发展水平具有负向显著影响 | − |
| H2-4 | 服务质量对普惠性养老服务发展水平具有正向显著影响 | + |
| H3-1 | 基础设施建设对普惠性养老服务发展水平具有正向显著影响 | + |
| H3-2 | 服务对象覆盖面对普惠性养老服务发展水平具有正向显著影响 | + |
| H3-3 | 服务人员专业化水平对普惠性养老服务发展水平具有正向显著影响 | + |
| H4 | 社会力量支持度对普惠性养老服务发展水平具有正向显著影响 | + |
| H5-1 | 年龄对普惠性养老服务发展水平具有负向显著影响 | − |
| H5-2 | 生活自理能力对普惠性养老服务发展水平具有负向显著影响 | − |
| H5-3 | 经济收入对普惠性养老服务发展水平具有正向显著影响 | + |

（2）社区因素。

社区作为养老服务的直接承担者和引导者，其服务水平直接反映出相关养老政策的实际落实情况。有学者在研究中将社区有关指标纳入实证性分析，发现社区相关因素是影响老年人养老满意度的重要因素。有研究表明，老年人最为关心的是社区设施，这关系到是否能够满足他们未来的物质、精神、社交与医疗等需求，具有正相关性。② 养老服务对象覆盖面会影响各类老年人的需求满足程度，进而影响到老年人对养老服务水平的评价。同时，普惠性养老服务发展离不开一批专业的工作人员，

---

① 石园、纪伟、张智勇等：《基于差异化服务内容的社区养老服务需求与供给协调机制研究》，《人口与发展》2019年第3期。
② Curtis M. P., "Satisfaction with care among community residential care residents", *Journal of Aging and Health*, 2005 (1).

培养一批专业水平较高的服务队伍至关重要。① 以上述分析为基础，提出研究假设 H3-1、H3-2 和 H3-3（见表1）。

（3）社会组织因素。

在多中心治理与共享发展理念下，社会力量对养老服务发展起着不可忽视的作用，尤其是社会组织的参与。积极鼓励社会组织及志愿者参与到养老服务中，拓宽养老志愿者服务范围，提高服务质量与效率，是提高养老服务水平的必然要求，② 对促进普惠性养老服务发展具有推动作用。以上述分析为基础，提出研究假设 H4（表1）。

### 3. 个人因素

老年人的个体特征是研究普惠性养老服务发展水平过程中不可或缺的因素。各年龄段的老年人对养老服务水平的感知不同。老年人的生活自理能力会在很大程度上影响老年人对养老服务水平的感知。同时，老年人的经济收入会影响老年人的养老服务体验和享受养老服务的能力，从而会影响老年人对普惠性养老服务发展水平的感知。以上述分析为基础，提出研究假设 H5-1、H5-2 和 H5-3（见表1）。

## 三、研究设计

### （一）问卷设计及数据来源

课题组于 2020 年 7 月在西安市开展实地调研，运用访谈法和问卷调查法，对社区老年人及社区工作人员进行调研。首先，对社区工作人员举行座谈会。其次，问卷调查采用分层随机抽样法，面向调研对象社区老年人一对一进行问卷调查。共收回有效问卷 383 份，问卷有效回收率达 95.8%。其中老年人共 330 份问卷，工作人员共 53 份问卷。问卷内容包括人口基本特征、社区养老服务现状及对社区养老服务的期望三大部分。

### （二）变量观测

#### 1. 因变量

为调查当前普惠性养老服务发展水平的影响因素，本文将因变量设置为普惠性

---

① 高红：《城市老年人社区居家养老的社会支持体系研究——以青岛市为例》，《南京师大学报（社会科学版）》2011 年第 6 期。
② 李灵芝、张建坤、石德华等：《社会组织参与社区居家养老服务的模式构建研究》，《现代城市研究》2014 年第 9 期。

养老服务发展水平。为了便于研究分析,将其概念操作化为"您认为目前普惠性养老服务发展水平?",问题答案设置为"很高=5;较高=4;一般=3;较低=2;很低=1"。

2. 自变量

本文基于上述理论分析,将可能影响普惠性养老服务发展水平的因素分为宏观、中观、微观三个层面。变量观测及赋值如表2所示。

表2 变量观测及赋值

| 维度 | 影响因素 | 变量名称 | 变量赋值 |
| --- | --- | --- | --- |
| 宏观层面 | 政府因素 | 政策支持力度 | 很低=1,较低=2,一般=3,较高=4,很高=5 |
| | | 财政补贴力度 | 很低=1,较低=2,一般=3,较高=4,很高=5 |
| | | 是否参加养老及医疗保险 | 是=0,否=1 |
| 中观层面 | 企业因素 | 服务项目多样化水平 | 很低=1,较低=2,一般=3,较高=4,很高=5 |
| | | 服务技术 | 很低=1,较低=2,一般=3,较高=4,很高=5 |
| | | 服务价格 | 很低=1,较低=2,一般=3,较高=4,很高=5 |
| | | 服务质量 | 很低=1,较低=2,一般=3,较高=4,很高=5 |
| | 社区因素 | 基础设施建设 | 很低=1,较低=2,一般=3,较高=4,很高=5 |
| | | 养老服务对象覆盖面 | 很低=1,较低=2,一般=3,较高=4,很高=5 |
| | | 养老服务人员专业化水平 | 很低=1,较低=2,一般=3,较高=4,很高=5 |
| | 社会组织因素 | 社会力量支持度 | 很低=1,较低=2,一般=3,较高=4,很高=5 |
| 微观层面 | 个人因素 | 年龄 | 60~64岁=1;65~69岁=2;70~74岁=3;75~79岁=4;80岁及以上=5 |
| | | 生活自理能力 | 正常=1;轻度依赖=2;中度依赖=3;重度依赖=4 |
| | | 经济收入 | 1000元以下=1;1000~1999元=2;2000~2999元=3;3000~3999元=4;4000~4999元=5;5000元及以上=6 |

(三)信度与效度检验

本文通过SPSS 22.0统计分析软件,使用克隆巴赫系数进行信度分析,使用KMO检验和Bartlett球形检验进行效度分析。检验得出克隆巴赫系数为0.693>

0.6，KMO 值为 0.933＞0.7，Bartlett 球形检验显著性为 0，说明问卷信效度达到标准，具有研究意义。

## 四、实证分析

（一）描述性统计分析

被调查的老年人中，男性为 139 人，占 42.1%，女性为 191 人，占 57.9%。从年龄看，60~64 岁为 111 人，占 33.6%；65~69 岁为 64 人，占 19.4%；70~74 岁为 63 人，占 19.1%；75~79 岁为 43 人，占 13.0%；80 岁及以上为 49 人，占 14.8%。从受教育程度看，小学及以下为 51 人，占 15.5%；初中为 58 人，占 17.6%；高中及中专 91 人，占 27.6%；大专为 74 人，占 22.4%；本科及以上为 56 人，占 17.0%。从婚姻状况看，未婚为 42 人，占 12.7%；已婚为 184 人，占 55.8%；离异为 39 人，占 11.8%；丧偶为 65 人，占 19.7%。从生活自理能力看，正常自理的老年人为 168 人，占 50.9%；轻度依赖为 64 人，占 19.4%；中度依赖为 38 人，占 11.5%；重度依赖为 60 人，占 18.2%。从月收入看，月收入 1000 元以下为 55 人，占 16.7%；1000~1999 元为 44 人，占 13.3%；2000~2999 元为 63 人，占 19.1%；3000~3999 元为 55 人，占 16.7%；4000~4999 元为 44 人，占 13.3%；5000 元及以上为 69 人，占 20.9%。调查数据显示，有 225 位老年人参加了医疗及养老保险，占 68.2%；有 105 位老年人没有参加，占 31.8%。

（二）普惠性养老服务发展水平及影响因素分析

1. 普惠性养老服务发展水平分析

普惠性养老服务发展水平是指在基本养老服务之外为全体老年人提供养老服务的价格合理、质量较高、项目多样、方便可及等程度高低。调查数据显示，绝大多数老年人对当前普惠性养老服务发展水平评价较低，较少数老年人评价较高。其中，37.3% 的老年人认为当前普惠性养老服务发展水平很低；41.2% 的老年人认为当前普惠性养老服务发展水平较低；12.1% 的老年人认为当前普惠性养老服务发展水平一般；仅有 6.1% 和 3.3% 的老年人认为当前普惠性养老服务发展水平较高和很高。该题项平均得分仅 1.97（见表 3），说明当前普惠性养老服务发展缓慢、水平较低。具体表现如下。

表 3　普惠性养老服务发展水平

| 调查题目 | 平均得分 |
| --- | --- |
| 普惠性养老服务发展水平 | 1.97 |

续表

| 调查题目 | 平均得分 |
| --- | --- |
| 养老服务覆盖面 | 1.91 |
| 养老服务价格 | 2.13 |
| 养老服务质量 | 1.93 |
| 养老服务专业化 | 1.91 |
| 养老服务信息化 | 1.88 |
| 养老服务项目 | 1.91 |

(1) 普惠性养老服务覆盖面较窄。

当前养老服务未能全面考虑到一般老年人的需求，调查数据显示，81.2%的老年人认为养老服务覆盖面较窄。借鉴李克特量表，对该题项进行打分，平均得分仅1.91，说明老年人个人养老需求无法得到完全满足。

(2) 养老服务价格偏高且质量偏低。

普惠性养老服务旨在为更多老年人提供价廉质高的养老服务。而在调查结果中发现，养老服务价格平均得分为2.13，养老服务质量平均得分为1.93。养老服务价格评分相对较高，说明有部分老年人认为当前养老服务价格偏高需要调整。养老服务质量得分较低，说明养老服务需要不断完善，有针对性、高质量的服务才能更好满足老年人需求，从而不断提高我国普惠性养老服务发展水平。

(3) 普惠性养老服务专业化水平较低。

研究表明，80%的老年人认为当前养老服务人员的专业化水平较低，无法提供专业化服务。该题项平均得分为1.91，由此可见，当前养老服务专业化程度有待提高。

(4) 养老服务信息化程度较低。

信息化程度的高低决定着养老服务发展的效率。调查数据显示，82.4%的老年人认为当前养老服务信息化水平较低，平均得分为1.88。

(5) 养老服务项目内容单一。

当前养老服务缺乏层次性，所提供的个性化、多样化服务项目较少。调查结果显示，81.5%的老年人认为他们所享受到的养老服务项目多样化程度较低，该题项平均得分仅1.91，老年人的真实需求得不到满足。

2. 影响普惠性养老服务发展水平的因素分析

本文中的因变量为"普惠性养老服务发展水平"，属于有序多分类变量，因此采用有序logistic回归模型来探究普惠性养老服务发展水平的影响因素。有序logistic回归模型如下：

$$\text{logit}(p_j) = \ln\left(\frac{p_j}{1-p_j}\right) = \alpha_j + \beta_1 x_1 + \beta_2 x_2 + \cdots + \beta_n x_n$$

$$p_1 + p_2 + \cdots + p_k = 1, \quad j = 1, 2, \cdots, k-1$$

式中，logit（$p_j$）表示普惠性养老服务发展的五个水平，即"很低""较低""一般""较高""很高"；$x_1$ 至 $x_n$ 表示各个自变量，其中 $n$ 为自变量的个数（$n=14$），主要包括政策支持力度、财政补贴力度、社会保障水平、服务项目、服务技术、服务价格、服务质量、基础设施建设、养老服务对象覆盖面、养老服务人员专业化水平、社会力量支持度、年龄、生活自理能力、经济收入 14 个自变量；$\beta_n$ 表示自变量系数，$\alpha_j$ 表示常数项。

为避免该模型出现多重共线，本研究进行了多重共线性检验。较常使用的是回归分析中的 VIF 值，VIF 值越高，说明多重共线性越严重。一般认为 VIF 大于 10 时，多重共线性严重。本文在检验后所得 VIF 值均小于 5，表明模型良好，不存在严重的多重共线性。

有序多分类 logistic 回归分析结果（见表 4）表明，$-2$ 倍的对数似然函数值为 474.878，似然比卡方检验的观测值为 364.791，显著性水平 $p$ 值为 $0 < 0.05$。伪 $R^2$ 各项数值均在 0 至 1 之间，数值越接近 1，表示模型效果越好。模型结果显示，残差指标大于 0.6，拟合优度指标大于 0.7，似然比指标接近 0.5。此外，平行线检验显著性水平 $p$ 值为 $0.937 > 0.05$，说明该有序多分类 logistic 回归有效。总体而言，模型整体拟合效果良好，具有较好的回归效果。

表 4 有序多分类 logistic 回归结果

| 变量 | 估算值 | 标准误 | 显著性 | 估算值 95%CI | |
| --- | --- | --- | --- | --- | --- |
| | | | | 下限 | 上限 |
| 政策因素 | | | | | |
| 政策支持力度 | 0.230** | 0.101 | 0.023 | 0.032 | 0.427 |
| 财政补贴力度 | 0.439** | 0.148 | 0.003 | 0.148 | 0.729 |
| 社会保障水平 | 0.472 | 0.293 | 0.107 | −0.103 | 1.047 |
| 企业因素 | | | | | |
| 服务项目 | 0.490** | 0.211 | 0.020 | 0.077 | 0.903 |
| 服务技术 | 0.877*** | 0.164 | 0.000 | 0.555 | 1.199 |
| 服务价格 | −0.366** | 0.172 | 0.034 | −0.704 | −0.028 |
| 服务质量 | 0.532** | 0.210 | 0.011 | 0.120 | 0.944 |
| 社区因素 | | | | | |
| 基础设施建设 | −0.046 | 0.186 | 0.805 | −0.410 | 0.318 |
| 养老服务对象覆盖面 | 1.516*** | 0.229 | 0.000 | 1.068 | 1.964 |
| 养老服务人员专业化水平 | 0.525** | 0.222 | 0.018 | 0.089 | 0.961 |

续表

| 变量 | 估算值 | 标准误 | 显著性 | 估算值95%CI | |
|---|---|---|---|---|---|
| | | | | 下限 | 上限 |
| 社会组织因素 | | | | | |
| 社会力量支持度 | −0.151 | 0.312 | 0.629 | −0.764 | 0.461 |
| 个人因素 | | | | | |
| 年龄 | 0.114 | 0.095 | 0.230 | −0.072 | 0.301 |
| 生活自理能力 | −0.274** | 0.126 | 0.030 | −0.521 | −0.027 |
| 经济收入 | 0.006 | 0.073 | 0.931 | −0.137 | 0.150 |

注：残差指标＝0.669，拟合优度指标＝0.726，似然比指标＝0.434。*** 表示 $p<0.001$，** 表示 $p<0.05$，* 表示 $p<0.1$。

实证分析结果如下。

(1) 政府因素。

政策支持力度与普惠性养老服务发展水平之间具有显著正相关关系。$\beta=0.230>0$，$p=0.023<0.05$，差异在5%的水平下显著，证实本文假设 H1-1。政府财政补贴投入力度与普惠性养老服务发展水平具有显著正相关关系，即财政补贴力度对普惠性养老服务水平起正向影响。$\beta=0.439>0$，$p=0.003<0.05$，差异在5%的水平下显著，证实本文假设 H1-2，这与赵小兰等学者的研究结果[①]基本相同。在养老服务政策支持和财政补贴对养老服务发展的影响研究中，政府相关政策及服务补贴的提供等，有助于提高我国普惠性养老服务水平。是否参加医疗及养老保险，即社会保障水平未通过检验，无法证实本文假设 H1-3，说明社会保障水平对普惠性养老服务发展水平无显著影响，与赵娜等学者的研究结果[②]有出入，可能是因为我国养老保险和医疗保险的覆盖面已经较大，而在调研过程中的老年人绝大多数都参加了养老保险或医疗保险。

(2) 社会因素。

① 企业因素。服务项目多样化对普惠性养老服务发展水平具有显著正向激励作用。$\beta=0.490>0$，$p=0.020<0.05$，差异在5%的水平下显著，证实本文假设 H2-1。服务技术水平对普惠性养老服务发展具有显著正向激励作用。$\beta=0.877>0$，$p=0.000$，差异在0.1%的水平下显著，证实本文假设 H2-2。随着先进的大数据及互联网技术与社区养老服务相结合，为老年人打造了优质、高效、便捷的养老服务，

---

[①] 赵小兰、孟艳春：《社区"嵌入式"养老服务模式：优势、困境与出路》，《河北大学学报（哲学社会科学版）》2019年第4期。

[②] 赵娜、方卫华：《城市机构养老服务质量评价影响因素研究——基于个体差异的视角》，《郑州大学学报（哲学社会科学版）》2018年第2期。

"互联网+养老"促使普惠性养老服务水平不断提高,这与温海红等学者的研究结果①基本一致。服务价格对普惠性养老服务发展水平具有显著负向影响。$\beta=-0.366<0$,$p=0.034<0.05$,差异在5%水平下显著,证实本文假设H2-3。当养老服务价格较低时,普惠性养老服务将会更受欢迎,老年人的使用积极性会更高。服务质量对普惠性养老服务发展水平具有显著正向影响。$\beta=0.532>0$,$p=0.011<0.05$,差异在5%的水平下显著,证实本文假设H2-4。质量较高的养老服务会使老年人参与养老服务的意愿和满意程度上升,不同年龄段的老年人参与到普惠性养老服务之中,促使普惠性养老服务发展水平不断提高,这与石园等学者的研究结果②一致。

② 社区因素及社会组织因素。养老服务对象覆盖面对普惠性养老服务发展水平具有显著正向的影响。$\beta=1.156>0$,$p=0.000$,差异在0.1%的水平下显著,证实本文假设H3-2。养老服务人员专业化水平对普惠性养老服务发展水平具有显著正向激励作用。$\beta=0.525>0$,$p=0.018<0.05$,差异在5%的水平下显著,证实了本文假设H3-3。养老服务人员专业化水平越高,所提供的养老服务水平就越高,老年人对养老服务水平的感知就越高。而基础设施建设未通过检验,与预期有所出入,本文假设H3-1无法得到验证。与此同时,数据结果显示社会力量支持度未通过检验,与假设有所出入,本文假设H4无法得到验证。可能是由于调查对象的局限,未来可通过增加调查对象做进一步的分析。

(3) 个人因素。

数据结果显示生活自理能力对普惠性养老服务发展水平具有显著的负向影响。$\beta=-0.274<0$,$p=0.030<0.05$,差异在5%的水平下显著,证实了本文假设H5-2。当老年人的生活自理能力下降时,对养老服务的评价显然比身体健康、自理能力强的老年人要低。老年人年龄与经济收入未通过检验,与假设H5-1、H5-3有所不符,未来应通过增加调查对象来进一步分析。

# 五、结论与对策建议

## (一) 主要结论

研究结果表明,当前我国普惠性养老服务发展水平不高,养老服务的供给水平较低,养老服务对象覆盖面较窄,服务内容单一。调研数据结果表明,老年人对普惠性养老服务发展水平评价总体偏低。对普惠性养老服务发展水平有显著正向影响的

---

① 温海红、王怡欢:《居家社区养老服务质量及其影响因素分析——基于陕西省三市调查数据》,《河北大学学报(哲学社会科学版)》2019年第2期。
② 石园、纪伟、张智勇等:《基于差异化服务内容的社区养老服务需求与供给协调机制研究》,《人口与发展》2019年第3期。

因素,包括政策支持、财政补贴、服务项目、服务技术、服务质量、养老服务对象覆盖面、养老服务人员专业化水平。对普惠性养老服务发展水平具有显著负向影响的因素,包括服务价格、生活自理能力。

(二)对策建议

1. 明确政府责任,建立健全相关法律政策

(1) 进行制度设计。

人口老龄化的日益严峻,要求进一步从战略层面进行制度设计,以保证制度正确发展。政策支持是普惠性养老服务发展的根本保障,目前我国有关老年社会福利的法规政策较欠缺,需不断完善相关法律法规、制度规定,注重其可操作性。相关政策的制定要具备操作性、衔接性、配套性及科学性。第一,遵循"政府引导,突出重点,市场导向,注重实效"的原则,深入研究养老服务行业的建设规划和标准,包括行业准入、服务设施、人员配备、考察监管等方面的现状和问题,明确未来普惠性养老服务发展方向与目标,分类引导。第二,做好统筹协调工作,寻求跨部门协作,加强如人力资源和社会保障、民政、医疗保障等部门的配合,强化各政策之间的衔接性。通过借鉴国家相关指标划分,进行第三方评估,设置专家智库,开展广泛市场调研等方式,对已有政策法规加大监督力度和执法力度。政策划定范围面对全体老年人,并使养老服务的提供符合相关规程。与此同时,定期对普惠性养老服务发展进行总结和分析,确保政策与实际发展相符,保证理论、实践一致性。

(2) 加大财政投入力度。

养老服务是社会福利的重要内容,政府财政是普惠性养老服务发展的主要资金来源,也是其持续发展的重要支撑。只有确保养老服务资金的持续与稳定,才能保证社区养老服务的不间断发展与服务质量的良好。第一,增加用于养老服务的财政划拨。根据实际合理规划养老服务资金的使用,提高对资金的监督管理能力,有效运用资金进行普惠性养老服务建设,促进其持续健康发展。第二,落实国家现有相关税费优惠政策。对从事社区养老服务业的民办企业减免部分税费,通过税收优惠,鼓励更多企业加入到养老服务行业中,同时不断完善融资政策,加大对企业有效信贷投入。第三,不断完善养老金保障机制。普惠性养老服务的发展需要通过提高老年人待遇水平,进而提高老年人的养老保障能力和购买能力,使老年人更多地享用养老服务项目。

2. 扩大养老服务覆盖面,大力推进智慧养老服务

(1) 国家支持将社会资本引入养老领域,投入到养老服务产业中。

养老企业在遵循市场选择的同时,要清楚自身优势及功能,通过高新技术提高养老服务运行效率。鼓励互联网及高科技企业、智能产品企业等依托现代技术发展

的企业建立合作关系，通过发展"互联网＋养老"、智能养老，将应用场景作为主要导向，广泛研发智能养老服务设备，如智能健康手环、智能家居设备，以适合具有不同层次需求的老年人，通过智能化产品为老年人享受便捷、高质量的养老服务奠定一定的硬件基础。

（2）实施养老服务连锁化经营。

普惠性养老服务致力于为全体老年人提供价廉质优的服务，这要求养老服务企业经营努力实现连锁化、品牌化。鼓励养老服务行业内各企业，积极实施连锁化经营，以实现资源的共享和成本的降低，从而降低养老服务价格，让不同收入水平的老年人均可以享受到适合自己的养老服务，形成良性循环。连锁规模经营要专注于服务品质，打造具有影响力的养老品牌，形成品牌效应，不仅可以提高老年人对普惠性养老服务的信任程度，而且能起到一定的宣传作用，推动普惠性养老服务良性发展。通过更好发挥市场作用，使企业成为普惠性养老服务发展的主要力量。

（3）供给多样化养老服务项目。

服务项目既要有横向多元化发展，也要有纵向层级化发展。除为老年人提供如日托服务、理发服务、助餐服务等解决其生活基本问题的照料类服务外，相关企业还要与社区合作，为老年人提供家庭康复护理、定期体检、上门诊断等医疗服务；通过老年大学、老年兴趣小组、心理辅导、普法宣传等，为老年人提供娱乐、消遣、学习等方面的服务。有针对性地提供某类服务的供给，真正实现养老项目综合多元发展。

（4）提高社区养老服务能力。

社区是联系家庭和社会的纽带，是整个养老模式的核心。首先应健全社区服务管理体系，提高物业、居委会、中介服务机构等多类型社区组织的服务能力和专业水平，进而承担更多其他的社区服务事项与功能，同时通过搭建相关平台，来构建完善的物业养老服务体系。其次要加强社区老年人宜居环境和设施建设，为老年人建设养老服务设施和活动场所，把老年福利设施作为社区公共服务设施的重要组成部分进行建设，让更多老年人可以方便使用社区养老服务设施，提高社区适老化设计水平。提高对社区内资源的整合效率，进行闲置资源的有效改造，为社区老年人改建适宜休闲娱乐的活动中心，配备必要的基础医疗和保健设施。

3. 提高养老服务人员专业化水平

（1）促进人力资源整合，丰富养老人力资本。

普惠性养老服务发展要重视人才队伍建设，不断提高社区管理人员的专业素养和能力。当前养老服务人员工作多针对的是生活照料类服务，但医疗、文娱等其他服务类型对工作人员提出了新要求，养老服务人员应为各年龄段的老年人提供不同的专业服务。因此需要重视全能型养老服务人员的引入，以专业化、优质化服务队伍来促进普惠性养老服务发展水平的提高。

(2) 建立长效培训和工资增长机制。

人员专业化水平的提高，需要通过建立长效培训机制，增强管理人员工作信心，接受养老培训，对相关工作人员进行分层、分类、全面、定期培训。建立、完善考核制度，定期考核，对未达要求的工作人员进行重新培训，确保工作人员掌握养老服务工作要领，不断学习管理专业知识及相关实践经验。同时建立工资长效增长机制，充分吸引人才，最大限度地提高养老服务人员的服务水平，使老年人享有高质量养老服务。

4. 更新养老服务理念

(1) 创新养老宣传方式，引导老年人转变观念。

政府应在相关政策出台后，通过定期讲座、知识问答、视频播放、政策解读等活动，在社区电子公告栏、社区公众号等平台对普惠性养老进行宣传，创造充分的宣传环境，使老年人能够全面了解普惠性养老服务是面向全体老年人，所有老年人均可享受价廉质优的养老服务。老年人通过参与这些宣传活动，熟悉各类活动项目举办的时间及频次、这一模式的意义与好处等，让老年人从尝试参加到积极参加。

(2) 引导家庭其他成员更新养老理念。

老年人的家庭成员是养老人力资源的重要补充，家庭养老服务理念的更新会促使家庭成员参与到养老服务之中，可以在一定程度上缓解养老人力资源短缺的压力。首先，通过社区新媒体平台为家庭成员提供全面的普惠性养老服务相关内容和政策方针解读，重塑家庭成员的养老观念。其次，鼓励家庭成员体验养老服务项目，接受工作人员基本培训，并对熟练掌握部分养老服务技术操作的家庭给予一定的奖励和优惠，吸引更多家庭成员参与到普惠性养老服务中，并以此调动更多老年人的参与积极性，充分体现养老领域的共建共享，推动普惠性养老服务水平的不断提高。

# Development Path of Universal Elderly Care Services Under the Concept of Shared Development
## ——Based on the Survey Data of Xi'an City

Wen Haihong, Zhai Yuwei

(School of Public Policy and Administration, Xi'an Jiaotong University, Xi'an, 710049, China)

**Abstract**: Since the 14th Five-Year Plan period, China's aging population has entered a period of rapid rise. How to achieve the aspirations of all the elderly through expanding the supply coverage of elderly care services has become a key task in the development of elderly care services. Universal elderly care is committed to providing free, low compensation and paid services for all the elderly to meet the elderly care service needs of different elderly people. Based on the existing research results, this paper takes the elderly in urban communities as the research object, adopts the ordered multi-classification logistic regression method, empirically analyzes the development level of universal elderly care services and its influencing factors based on the social ecosystem theory, and proposes a development path for universal elderly care services that clarify government responsibilities, expand the coverage of elderly care services, improve the professional level of elderly care service personnel, and update the concept of elderly care services.

**Keywords**: universal elderly care services; development for the benefit of all; social ecosystem; influence factor

# 职业养老金的发展及其对英国养老金制度的影响

丁建定

[摘　要]　英国多种形式职业养老金的出现早于国家养老金制度,并为国家养老金制度的出现奠定了基础,甚至深深地影响了英国当代国家养老金制度的内在机制。英国国家养老金制度出现后,职业养老金作为国家养老金制度的补充而发展,成为英国福利国家尤其是养老金体制国别特色的重要影响因素。在福利国家改革时代,职业养老金为英国国家养老金制度改革提供了实践经验,并成为英国多层次多支柱养老金体系的重要组成部分。

[关键词]　职业养老金;国家养老金制度;福利国家;养老保障改革

## 一、作为国家养老金制度渊源的职业养老金

职业养老金是一种与特定的职业相联系的养老金。当某人离开这一特定的职业时,也就相应地脱离了与该种职业相联系的职业养老金,并将其累计缴纳的养老金费用转移到与他所从事的新的职业相联系的职业养老金中。职业养老金在英国具有悠久的历史,并在英国养老金制度的发展进程中发挥着重要作用,也具有重要影响。

英国的职业养老金主要分为国家职业养老金和私人职业养老金两种。国家职业养老金主要是针对政府官员和公务员而实施的一种职业养老金。国家为其官员或雇员建立一种职业养老金的尝试在英国最早出现于1712年。这一年,英国财政部建立一种养老基金以便为其公务员退休时提供职业养老金,参加该种职业养老金的人从每英镑的工资中缴纳6便士作为养老基金,退休时就可以从该项基金中领取养老金。这种职业养老金的建立,改变了以前退休公务员的工资由接任的公务员从其工资中支付的惯例。

---

基金项目:国家社会科学基金重大项目"西方社会保障制度史(多卷本)"(项目编号:19ZDA234)。
作者简介:丁建定,华中科技大学社会学院教授、养老服务研究中心主任、博士生导师。

英国第一项综合性国家公务员职业养老金开始于1810年。这项综合性国家公务员职业养老金是一种免费养老金，其费用由公共基金承担。1810年的公务员职业养老金的突出特点是：① 该项职业养老金仅向超过退休年龄或因身体状况难以继续从事工作的公务员发放；② 申请领取该项职业养老金的最低工作期限是10年；③ 领取职业养老金的数量随着公务员工作时间的长短而增减，最高领取额不得超过其原来的工资数。① 按照这种规定，工作满40年的公务员退休时可以领取相当于其原来工资的3/4的职业养老金，工作满50年者可以领取相当于其原来的全额工资的职业养老金，但是，这种情况并不多见。

国家公务员职业养老金实施后不久，英国政府已经对其免费性所带来的财政支出感到一定的压力。1821年，财政部又做出规定，以后享受该项职业养老金的公务员应该缴纳费用，每年收入为100～200英镑者缴纳其工资数的2.5％，超过200英镑的收入按5％的比例缴费。这一缴费规定立即受到公务员们的反对。1824年，英国财政部不得不取消公务员职业养老金缴费性规定，将已经缴纳的费用全部退回。

1828年，英国成立一个有关公共收入和财政支出的委员会。该委员会认为，为了给公务员职业养老金提供充足的财政基础，必须重新实施缴费原则。但是，为了不致引起现任公务员的不满或反对，委员会建议现任公务员职业养老金所需费用由新任公务员缴纳。委员会的一些建议从1829年开始实施，缴费标准比1821年有了较大的提高，新的缴费标准为：收入在100英镑及以下者缴纳其工资的2.5％，超过100英镑者按5％的比例缴纳。1834年，英国对职业养老金进行了改革，降低了新加入公务员行列者的养老金标准，服务满45年者方可领取相当于其原来工资2/3的职业养老金。②

19世纪前半叶，英国公务员职业养老金制度仅仅处于建立时期，在许多方面还很不完善。但是，这种职业养老金制度已经包含了英国职业养老金制度未来发展的一些基本原则，这些基本原则主要是：① 最低退休年龄原则；② 按原工资比例计算养老金数量原则；③ 最低工作期限原则；④ 不损害原则，即一种职业养老金制度现在参加者的利益不能因为该制度的某项变化而受到损害。③

1857年，英国国家公务员职业养老金的缴费性规定再次被取消。从1857年到1972年间，英国一直实行非缴费性国家公务员职业养老金。1859年的国家公务员职业养老金法，基本上确立了英国国家公务员职业养老金的标准。该法把国家公务员职业养老金的领取标准定为最终工资的1/60，最低退休年龄定为60岁。

除了国家公务员职业养老金外，英国还建立了地方政府公务员职业养老金。地方政府公务员职业养老金施行的时间比国家公务员职业养老金施行的时间晚了许多。

---

① 丁建定、杨凤娟：《英国社会保障制度的发展》，中国劳动社会保障出版社2004年版。
② 丁建定：《英国社会保障制度史》，人民出版社2015年版。
③ Black D.，"Pension scheme and pension funds in the United Kingdom"，Oxford，1995.

1864年，英国政府通过了济贫法官员职业养老金法，对任职满20年的济贫法官员提供没有固定标准的职业养老金，最高数额不得超过其原来工资的2/3，享受该项职业养老金的济贫法官员的最低退休年龄为60岁，这种职业养老金是一种免费性职业养老金。1888年，英国济贫法官员职业养老金领取标准被规定为最终工资的1/60，但在实际执行过程中并没有严格按照这一标准。1896年，英国政府颁布新的法令，规定：济贫法官员的职业养老金实行缴费原则，缴费标准为工资的2.5%，济贫法官员领取职业养老金的最低退休年龄从60岁提高到65岁。实行缴费性职业养老金的目的是保证该项养老金的支出，但这一目的并没有达到。除了济贫法官员职业养老金外，英国一些地方政府还建立起其他官员的职业养老金。例如，利物浦在1882年、南安普敦在1900年、纽卡斯尔在1904年都为其政府雇员建立了职业养老金。①

英国还建立起特殊职业者养老金。1829年，英国已经开始为警察建立职业养老金，这是一种缴费性职业养老金，缴费标准为工资的2.5%，领取养老金的标准为原来工资的2/3。1898年，英国建立起初级学校教师职业养老金。这种职业养老金不同于其他职业养老金，因为初级学校教师职业养老金以教师缴纳费用的多少为基础，缴纳的费用越多，领取的职业养老金就越多，而其他各类职业养老金则主要以最终工资为基础。②

私人职业养老金是英国职业养老金的重要内容之一。私人职业养老金是企业主等向其雇员提供的职业养老金。私人职业养老金在英国出现在19世纪中期以后，主要集中在铁路、煤气、银行、保险、制造业等部门的大企业或大公司中。例如，煤气、灯具和焦炭公司在1842年、伦敦与西北铁路公司在1854年、万全保险公司在1866年、西门子公司在1872年、利弗兄弟公司在1904年、朗特里公司在1906年都为其雇员建立了职业养老金。私人职业养老金的主要特点是：① 私人职业养老金所需的费用由雇主和雇员共同承担；② 私人职业养老金的基金大都用于投资，以便获得收益，扩大该项职业养老金的财政基础；③ 私人职业养老金存在许多差异。③

除了上述国家公务员职业养老金、地方公务员职业养老金、特殊职业者职业养老金、私人职业养老金之外，英国还有工会提供的养老金。由于这些工会大多按照职业或行业组成，其所提供的养老金在具有鲜明的互助性的同时，也具有职业养老金属性。1895—1904年，英国100个工会的总支出为1606万英镑，其中86%用于工会会员的各类福利。④ 工会为工人提供的福利不仅数量大，而且种类比较全面：既有丧葬津贴，也有疾病津贴；既有养老性福利，也有工伤补偿性福利；既有失业津贴，也有罢工工资（见表1）。1912年，英国工会用于罢工方面的补贴约占总支出的

---

① 丁建定、杨凤娟：《英国社会保障制度的发展》，中国劳动社会保障出版社2004年版。
② 丁建定：《英国社会保障制度史》，人民出版社2015年版。
③ 丁建定、杨凤娟：《英国社会保障制度的发展》，中国劳动社会保障出版社2004年版。
④ 约·阿·兰·马里欧特：《现代英国（中卷）》，姚曾廙译，商务印书馆1973年版。

30%，用于失业方面的津贴约占总支出的 27%，用于疾病和工伤方面的津贴约占总支出的 18%，用于养老方面的津贴约占总支出的 14%，用于丧葬方面的津贴约占总支出的 10%。①

表 1　1889 年英国 14 个大工会的福利和罢工津贴表

| 工会名称 | 丧葬、疾病、养老及工伤津贴/英镑 | 失业及罢工津贴/英镑 | 工会会员数/人 | 年均福利数/英镑 | 人均福利数/英镑 |
| --- | --- | --- | --- | --- | --- |
| 铁匠工会 | 3600 | 3300 | 1600 | 110 | 0.7 |
| 气锅、铁船制造工会 | 41900 | 38200 | 7300 | 1820 | 2.5 |
| 砌砖工人工会 | 7000 | 900 | 1400 | 350 | 2.5 |
| 木工工会 | 33500 | 43700 | 10200 | 1120 | 1.1 |
| 车辆制造工人工会 | 9200 | 11400 | 5800 | 400 | 0.7 |
| 伦敦排字工人工会 | 2600 | 11500 | 3300 | 60 | 0.2 |
| 工程业工会 | 142500 | 157900 | 34700 | 3650 | 1.0 |
| 铸铁工人工会 | 41400 | 74000 | 9000 | 700 | 0.8 |
| 苏格兰铸铁工人工会 | 8300 | 24000 | 2800 | 170 | 0.6 |
| 灰泥工人工会 | 1000 | 1000 | 2500 | 40 | 0.2 |
| 蒸汽机制造工人工会 | 10900 | 9000 | 2800 | 290 | 1.0 |
| 石匠工会 | 32900 | 20700 | 14000 | 660 | 0.5 |
| 裁缝工会 | 17700 | 4600 | 4000 | 800 | 2.0 |
| 印刷工人工会 | 1900 | 6600 | 2400 | 70 | 0.3 |

资料来源：C. G. Hanson, "Craft unions, welfare benefits and the case for trade union law reform, 1867-1875," *The Economic History Review*, 1975, 28 (2).

特别需要指出的是，19 世纪末 20 世纪初，英国工会提供的养老金的运行机制，非常完美地将每周领取养老金津贴标准与会员资格年限即缴费资格年限、领取养老金的资格年龄结合起来（见表 2），这种养老金的运行机制实际上就是现行弹性退休年龄、延迟退休制度的雏形。

表 2　1864—1885 年机械工人工会养老金标准调整情况表

| 年份 | 每周领取养老金津贴额度/先令 | 会员资格年限/年 | 领取养老金的资格年龄/岁 |
| --- | --- | --- | --- |
| 1864 | 7 | 18 | 50 |
| | 8 | 25 | |
| | 9 | 30 | |

---

① 克拉潘：《现代英国经济史（下卷）》，姚曾廙译，商务印书馆 1975 年版。

续表

| 年份 | 每周领取养老金津贴额度/先令 | 会员资格年限/年 | 领取养老金的资格年龄/岁 |
| --- | --- | --- | --- |
| 1874 | 7 | 18 | 50 |
| | 8 | 25 | |
| | 9 | 30 | |
| | 10 | 40 | |
| 1885 | 7 | 25 | 55 |
| | 8 | 30 | |
| | 9 | 35 | |
| | 10 | 40 | |

资料来源：C. G. Hanson, "Craft unions, welfare benefits and the case for trade union law reform, 1867-1875", *The Economic History Review*, 1975, 28 (2).

例如，根据1992年英国的社会保障法，领取国家基本养老金的人必须具备两个重要资格。第一个重要资格是年龄资格，男子为65岁，妇女为60岁。第二个重要资格是缴费资格。任何人要想领取国家基本养老金，尤其是A、B两类国家基本养老金，必须按照法律规定的数额和期限缴纳国民保险费，国家基本养老金严格按照缴费资格年限发放。缴费资格年限以纳税年度为计算标准，每一个纳税年度中，参加国家基本养老金制度者必须缴纳规定数量的国民保险税。

缴费资格年限还与工作年限紧密相联。当时的工作年限是指16岁及以上的人直到退休或死亡时的工作时间，工作年限同样以纳税年度为标准计算。在某一工作年限中，国家基本养老金制度参加者的缴费资格年限必须达到规定的数量（见表3），方可在其退休时领取全额的国家基本养老金，否则，即被视为缴费资格年限不足，只能领取按规定比例降低后的国家基本养老金。缴费资格年限低于规定年限的1/4者，无权领取国家基本养老金。按照规定，缴费资格年限每差一年，国家基本养老金的领取标准降低2%~3%。当领取国家基本养老金的标准降低到24%时，不再向国家基本养老金制度参与者发放该种养老金。在这种情况下，可以发放收入补贴或住房补贴代替国家基本养老金。反之，缴费资格年限每增加一年，领取国家基本养老金的标准按照规定的比例相应提高。

表3 英国国家基本养老金制度中的工作年限与缴费资格年限表

| 养老金制度参加者工作年限/年 | 相对应的养老金缴费资格年限/年 |
| --- | --- |
| 10 | 9 |
| 11~20 | 18 |
| 21~30 | 27 |

续表

| 养老金制度参加者工作年限/年 | 相对应的养老金缴费资格年限/年 |
|---|---|
| 31~40 | 36 |
| 41年及以上 | 36年以上 |

资料来源：Black D., "Pension scheme and pension fund in the United Kingdom", Oxford, 1995.

可见，英国的职业养老金不仅包括国家公务员职业养老金、地方公务员职业养老金、特殊职业者职业养老金，还包括私人职业养老金以及工会提供的养老金。这些不同类型的职业养老金不仅为参加者提供一定的基本老年保障，更重要的是为现代社会养老保险制度在英国的出现奠定了基础。正是在此基础上，1908年，英国建立起国家养老金制度。

## 二、作为国家养老金制度补充和发展动力的职业养老金

国家养老金制度实施以后，已经具有长期发展历史的英国职业养老金并未消退，而是作为国家养老金制度的补充继续存在并发展，使得英国国家养老金制度从建立时起，就形成国家养老金制度与职业养老金并行的养老金体制。

1909年，英国国家公务员职业养老金法规定：向死亡公务员的家庭提供相当于亡者一年的工资作为补贴，并且规定养老金的一部分应该积累起来，以便为公务员退休时提供一笔较大数目的一次性支付的免税退休工资。按照该规定，国家公务员职业养老金领取标准从最终工资的1/60降低到1/80，服务满40年的公务员的职业养老金相当于其原来工资的一半加上一笔一次性支付的退休工资。1949年，英国政府又做出规定：国家公务员职业养老金也可以推广到公务员的遗孀及其依靠者。但是，国家公务员必须承担这种养老金的一半费用，或者缴纳某种特定的养老费用，或者减少其退休时领取的一次性退休工资。

1913年，英国济贫法官员的职业养老金支出为22万英镑，而济贫法官员所缴纳的费用仅为6.3万英镑，差额只能由地方政府税收来承担。在英国地方政府官员职业养老金发展过程中，1922年的地方政府官员和其他官员职业养老金法具有重要地位。它在英国第一次建立起关于地方政府官员的统一的职业养老金，这种职业养老金的标准为最终工资的1/60，并且规定了65岁的强制性退休年龄。法令规定：地方政府官员职业养老金实行缴费原则，缴费标准为工资的5%。1922年职业养老金法令的另一个重要意义是，地方政府官员职业养老金的基金可以用于投资，所得利润用于补充该项职业养老金支出。法令允许地方政府依法建立起自己的地方政府官员职业养老金制度，并规定，地方政府官员或雇员在任职地点发生变化时，其职业养老金随之转移。[1]

---

[1] 丁建定：《英国社会保障制度史》，人民出版社2015年版。

1918年，英国开始改变初级学校教师职业养老金，将初级学校教师职业养老金纳入国家公务员职业养老金，实行同样的职业养老金。1921年，警察职业养老金法开始建立一种统一的警察职业养老金，养老金领取标准为最终工资的1/60，工作满25年者可领取相当于原来工资的一半，满30年者可领取相当于原来工资的2/3。此后，英国警察职业养老金的历次改革都是在这一法令的基础上进行的。此外，1947—1948年，英国还建立起医生、护士及其他与国民健康相关人员的职业养老金。[1]

私人职业养老金制度可以补充国家养老金制度的不足，既有助于减少政府用于养老金方面的支出，又有助于为养老金领取者提供更多的养老金，这种养老金受到工人的欢迎，并得到英国政府的支持。20世纪30年代以来，英国私人职业养老金迅速发展。1936年，对私人职业养老金第一次调查时，大约有160万人参加了私人职业养老金；1956年第二次调查时，参加私人养老金者已经达到430万人；1967年第三次调查时，参加私人职业养老金者达800万人。

私人职业养老金因行业、企业的不同而存在差异。这种差异主要表现在雇主与雇员承担费用的比例、领取养老金的标准、养老金发放过程中是否区分脑力劳动者和体力劳动者以及这类职业养老金的管理等方面。根据统计，1958年，76%的拥有500名成员参加的私人职业养老金是自己管理的，其余24%是由人寿保险公司管理的。到1975年，50%的私人职业养老金是由人寿保险公司管理的。[2]

职业养老金为英国国家养老金制度的发展和完善发挥了积极的推动作用。20世纪50年代末，职业养老金的发展为英国实施与收入相联系的养老金制度提供了前提和条件。养老金支出的迅速扩大使英国政府在财政上难以承受，实行与收入相联系的养老金制度，让收入较多的人缴纳较高的养老费用，以便使其得到更加充足的养老金津贴，既可以增加养老基金的数量、减轻政府的财政负担，又可以提高一部分人的养老金水平。英国社会各阶层收入差距的存在，是促使政府实行与收入相联系的养老金制度的另一个因素。收入差距决定下的对养老金需求方面的差距，使得建立和实施与收入相联系的养老金制度成为一种现实需要。此外，各种各样的职业养老金的发展，对英国建立和实施与收入相联系的养老金制度也产生了重要影响。当时，英国的许多工业部门都建立了职业养老金，作为对国民保险计划下的养老金的补充。1958年，参加各种职业养老金的工人已经达到875万人，其中男性700万人，女性175万人，大约占英国成年劳工总数的一半以上。他们既可以从国民保险计划中领取根据同一标准发放的养老金，又可以从职业养老金制度中得到职业养老金，其生活水平得到一定的保障。这样，那些没有参加职业养老金的工人就要求增加国民保险计划下的养老金，并使其与他们的收入联系起来。[3]

---

[1] 丁建定、杨凤娟：《英国社会保障制度的发展》，中国劳动社会保障出版社2004年版。
[2] 丁建定、杨凤娟：《英国社会保障制度的发展》，中国劳动社会保障出版社2004年版。
[3] Halsey A. H., "British social trends since 1900", MacMillan, 1988.

1959年，英国颁布新的国民保险法，正式建立起与收入相联系的养老金制度。该法规定：必须建立一种与收入相联系的养老金制度，作为对同一标准的养老金制度的补充，这是一种平均收入类型的养老金，即一种与个人一生的平均工资相联系的养老金。与收入相联系的养老金制度缴费标准是，每周收入为9英镑者缴纳同一标准养老金制度的费用；超出9英镑到15英镑者按照工资超出额的8.5%累进缴纳费用，并由雇主和雇工平均分担；超出15英镑的收入仍然按照同一标准养老金的缴费标准缴纳。与收入相联系的养老金制度的津贴标准差距很大，从同一标准的养老金制度下的每周2英镑10先令到每周收入超过15英镑者领取的6英镑不等。国家每年用于养老金方面的补贴数不超过1.7亿英镑。法令还规定：只要职业养老金所提供的养老金达到政府规定的标准，这种职业养老金又具备稳定的财政基础，参加这种职业养老金的人们可以不参加与收入相联系的国家养老金制度。

1961年，与收入相联系的养老金制度正式开始运行，大约有450万受雇者由于参加了各种各样的职业养老金而不再参加与收入相联系的养老金。1963年，保守党政府再次提高与收入相联系的养老金的缴费标准，将决定与收入相联系的养老金缴费数额的收入标准提高到每周15～18英镑。同时，提高基本养老金津贴标准，将单身老人的基本养老金津贴从每周的2英镑17先令6便士提高到3英镑12先令6便士，将每对夫妇的津贴标准从每周的4英镑12先令6便士提高到5英镑9先令。与收入相联系的养老金制度的实施，使英国建立起两种性质三种形式的养老金制度，两种性质的养老金制度为国家养老金制度和职业养老金制度，三种形式为同一标准的养老金制度、与收入相联系的等级性养老金制度和职业养老金制度，英国的养老金制度逐步走向完善。①

20世纪60年代后期，英国工党政府对职业养老金制度非常关注，英国工党发表的《社会保障制度的新领域》指出，私人职业养老金在许多行业正在或已经建立起来，并且在一些地方具有重要的影响。不过，职业养老金还并不普遍，只有一半左右的被雇用者是这种私人职业养老金的成员，并且他们通常得到的职业养老金也比较少，只有小部分人从这项职业养老金中得到了比较适当的养老金。工党进一步指出："我们决不反对这些由雇主提供的私人性或公共性养老金，实际上，我们将其看作对国家养老金制度的有用补充。我们要强调的是，在公共社会服务、国有化企业以及少数公司之外，这种私人职业养老金通常只是与一小部分行政人员、白领工人以及工厂工人相联系，几百万的英国普通工人现在仍然属于国家养老金制度的参加者。"②

此外，职业养老金的基本特征和发展演变，还构成英国福利国家的重要特色。英国和德国都是具有悠久的职业养老金发展历史的国家，职业养老金也都构成这两

---

① 丁建定：《英国社会保障制度史》，人民出版社2015年版。
② Hay J. R.，"The development of the British welfare state，1880-1975"，Arnold，1978.

个国家福利国家的组成部分。但是，两个国家的职业养老金存在一些显著区别，这种区别既体现了两个国家养老金体系的国别特色，也体现出其对两个国家福利国家基本特征的直接和显著的影响（见表4）。

表4 英国和德国的职业福利与福利国家的关系

| 时期 | 德国 | | 英国 | |
|---|---|---|---|---|
| | 职业福利的方式 | 与福利国家的联系 | 职业福利的方式 | 与福利国家的联系 |
| 19世纪80年代至20世纪30年代 | 稳定和发展劳动关系的政治社会工程 | 福利机构的治理和劳资关系的新兴支柱 | 集体支持个人责任和改革主义者的做法 | 支持集体框架内的个人责任，同时填补国家一级的空白 |
| 第二次世界大战至20世纪70年代 | 作为集体的资本主义责任的社会管理 | 支持福利国家作为社会主义市场经济的一部分，但处于次要地位 | 大多数非正式的、地方的和有限的集体力量的平台 | 扩大基本福利国家和增加产业关系 |
| 20世纪90年代至2008年 | 个性化的基于绩效的福利是商业战略的一部分，但仍在一个多边的公司框架内 | 私人福利的提供来源和补充福利国家日益增长的细分 | 个性化、将绩效福利作为商业战略的一部分 | 重新占领撤退的福利国家留下的空间，这是另一个工作和个人福利能力的来源 |

资料来源：Felix Behling, "Welfare beyond the welfare state, the employment relationship in Britain and Germany", Palgrave Macmillan, 2018.

显然，英国国家养老金制度建立以后，职业养老金制度不但没有消退，反而有了进一步发展。职业养老金不仅是国家养老金制度的重要补充，而且是国家养老金制度发展和完善的重要推动力量。更重要的是，职业养老金构成了英国福利国家的重要组成部分，并深深地影响了英国福利国家的国别特色。

# 三、作为国家养老金制度改革重要措施的职业养老金

20世纪70年代以后，英国养老金制度开始进入改革时代，职业养老金不仅为养老金改革提供了基础，而且直接成为养老金制度改革的重要政策选择内容。职业养老金是保守党政府推行储蓄养老金计划的实现途径。1970年，保守党上台伊始，就开始寻求解决养老金问题的新办法，并很快提出一项新的养老金计划，这就是储蓄养老金计划。保守党在宣言中说："我们认为每个人都应该有机会得到与收入相联系的养老金，但是，与工党政府相反，我们的观点是，对于大多数民众来说，这种养老金能够而且应该通过改进和扩大职业养老金来实现。"宣言指出："我们的建议不仅

对于那些现在正处于老年的人们来说是公平的，而且对于那些现在正处于工作中的人们来说也是公平的。在工党的政策下，人们的养老金主要依靠下一代人愿意支付的养老金费用的程度，而在我们的建议中，养老金将来的大部分开支将通过真正的节约和储蓄来解决。"①

保守党认为，一旦建立起储蓄养老金制度，每个人不仅可以享受同一标准的基本养老金和与收入相联系的等级养老金，还可以从储蓄养老金制度中得到养老金，这种储蓄养老金在上述两种养老金出现问题时所发挥的作用更加明显。这种养老金制度还可以大大充实养老金的财政基础。保守党估计，如果储蓄养老金制度的参加者达到 700 万人的稳定数字，每年的储蓄养老基金将达到 3 亿英镑，到 20 世纪末将达到 70 亿英镑。② 但储蓄性养老金计划尚未实施，保守党政府就下台了。

20 世纪 70 年代，在工党政府的养老金制度发展变化中，职业养老金同样占有重要地位。工党政府所采取的与养老金制度有关的第一项措施，是在 1974 年的国民保险法中放宽了所谓的收入规则③，并对 1973 年的社会保障法做出修改，使长期养老金津贴的年度评定与收入的总体水平相联系，而不是与物价水平相联系。与此同时，法令还根据变化了的情况提高了国民保险的缴费与津贴标准。工党政府关于养老金制度的最重要的措施是 1975 年颁布的社会保障养老金法，建立和实施国家收入养老金制度。该法的大部分内容在 1978 年 4 月生效，其主要目的是提高由 1973 年社会保障法所建立的社会保障养老金制度的津贴水平。法令建立起一种综合性养老金制度，它由基本养老金制度和与收入相联系的附加养老金制度两部分构成，收入因素采用时段收入制，即较低收入和较高收入之间的年度收入。附加养老金的津贴标准为养老金领取者 20 年最高收入平均数的 1.25%，附加养老金的最高津贴额为收入的 25%，这种养老金不受所谓的收入规则的限制。

基本养老金与总体物价及收入水平相联系，附加养老金仅与物价水平相联系，已经达到领取养老金年龄的人不再缴纳费用。享受私人职业养老金者，如果该职业养老金可以为其提供相当于国家收入养老金制度下的附加养老金，便可以不参加国家收入养老金制度中的附加养老金制度，但是，这种职业养老金必须申请到由职业养老金管理部门颁发的资格证书。④

给予妇女参加职业养老金的权利是 20 世纪 70 年代工党政府养老金制度改革的重要内容。1975 年的社会保障养老金法规定：已婚或 1977 年 4 月以后开始工作的妇女，拥有与男子一样的缴纳同样水平的养老费用的权利，并因此领取与男子同样标

---

① 丁建定：《英国社会保障制度史》，人民出版社 2015 年版。
② Ellis B., "Pensions in Britain 1955-1975", London, 1989.
③ 收入规则是一种根据养老金领取人收入的增减而决定其领取养老金数量的规则，具体情况为：已经退休者的超出规定界限以上的工资收入每增加一英镑，即减少其一英镑的养老金津贴。
④ 丁建定：《英国社会保障制度史》，人民出版社 2015 年版。

准的养老金。从 1979 年 4 月开始，已婚妇女在其婚后到 60 岁之间不必工作满一半的时间，就可以具备领取养老金的资格，这主要是考虑到已婚妇女在这一时期要履行许多家庭义务。妇女如果具备与男子同样的收入水平，就可以得到与男子同样的附加养老金。由于家庭生活而中断就业的妇女，同样有权参加同一标准养老金制度。1978 年 4 月起，妇女开始拥有与男子一样的参加职业养老金的权利。妇女一旦成为职业养老金制度的参加者，在其领取职业养老金时，不能因为其性别而受到歧视或不公正对待。如果一名妇女在达到养老金领取年龄时变成寡妇，她就应该得到寡妇年金。年龄超过 50 岁的寡妇可以领取其最后一位丈夫全额的与收入相联系的养老金。[1]

职业养老金是 20 世纪 80 年代英国保守党政府养老金制度改革的重要措施。20 世纪 80 年代，英国开始了养老金制度的私有化与市场化改革。主要措施是鼓励和推行职业养老金与私人养老金。保守党政府要求，从 1988 年起，所有企业必须为其雇员建立职业养老金，政府对此予以一定的优惠措施，并鼓励个人通过银行储蓄、参加保险等方式，为自己准备养老费用。[2]

到 20 世纪 80 年代，英国养老金领取者收入来源中工资性收入所占比例与投资性收入所占比例均呈显著下降趋势，国家养老金与职业养老金收入所占的比例均呈现显著上升趋势。国家养老金制度所提供的养老金占养老金领取者收入的比例达到 60%，职业养老金占养老金领取者收入的比例达到 20% 以上（见表5），国家养老金与职业养老金合计高达养老金领取者收入比例的 80% 以上。

表5 1951—1981 年英国养老金领取者主要收入来源结构变化表

| 年份 | 工资/（%） | 国家养老金/（%） | 职业养老金/（%） | 投资收入/（%） | 家庭支持/（%） |
|---|---|---|---|---|---|
| 1951 | 28 | 42 | 15 | 15 | — |
| 1961 | 21 | 48 | 16 | 15 | — |
| 1971 | 20 | 48 | 21 | 11 | — |
| 1981 | 9 | 60 | 21 | 10 | — |

资料来源：Jefferys M., "Growing old in the twentieth century", Routledge, 1989.

建立职业年金补充制度是 20 世纪 90 年代英国保守党政府养老金制度改革的重要举措。1995 年，英国政府出台新的养老金法案，其主要内容包括以下几个方面。第一，适应欧盟关于养老金男女同等权利的要求，实行男女平等的公共养老金制度。2010 年至 2020 年，女性领取公共养老金的年龄从 60 岁提高到 65 岁，实现领取公共养老金年龄的男女平等，这实际上是延迟女性退休年龄，同时规定了公共养老金制度中男女享有同等参保权和同等待遇。第二，改革补充养老金计划，简化企业退出

---

[1] 丁建定、杨凤娟：《英国社会保障制度的发展》，中国劳动社会保障出版社 2004 年版。
[2] 丁建定：《英国社会保障制度史》，人民出版社 2015 年版。

与收入相关联的国家养老金计划程序,促进企业运行补充养老金,对选择了个人养老金和货币购买养老金方案者引入与年龄相关联的国民保险缴费折扣率,并为养老金投资收益转化为年金提供便利。第三,建立职业年金补充制度。从1997年开始建立职业年金补充制度,由养老金补偿委员会实施,从各种养老金方案中抽取一定比例的资金作为保险基金,用于在养老金入不敷出时予以补充,最高补充比例可以达到90%,但是养老金补偿委员会必须获得足够证据时方可予以补充。第四,规定与收入相关联的养老金的最低基金规模,以保障该制度参加者在雇主破产时的养老金权益,并帮助与收入相关联的养老金制度的参加者转向其他养老金方案或者购买个人养老金。①

职业养老金是20世纪90年代工党政府养老金改革的重要措施,工党政府一方面继续加强国家基本养老金和职业养老金制度建设,特别是鼓励更多有能力者参与职业养老金和个人储蓄年金,以便通过个人努力为自己提供更加充分的养老保障。另一方面,主张在改革与收入相联系的养老金制度的基础上,建立国家第二基本养老金制度。这种基本养老金主要是为那些需要帮助者提供的养老金,以保障他们实际生活的需要。②

1998年,英国社会保障部发布的《新的福利契约:养老金合作伙伴关系》指出,养老金制度改革的目标是废除与收入相关联的养老金以简化养老金制度,引入与全国平均收入增长相挂钩的退休收入最低保障制度,保障养老金领取者的收入。通过非积累型的公共制度帮助低收入者、护理人员、残疾人等无法进行养老储蓄者。通过安全、可承担的第二支柱养老金计划,鼓励有能力者进行养老储蓄,为那些低收入者提供第二国家基本养老金,为那些中高收入者提供缴费确定型养老金计划。③

这些主张最终成为1999年颁布的《福利改革和养老金法》的基本内容。该法指出,养老金制度改革的基本目标是人人都能够在退休时获得体面的收入。在公共养老金制度改革方面,主要是保留国家基础养老金,但是降低其在养老收入来源中的比例,以提倡和推动私人养老金计划;引进收入调查型最低退休收入保障,基本标准为每周75英镑;引入第二国家养老金并实行与收入相关联的原则;引入"视同缴费"原则,以实现就业不规律者的养老保障权益,如照看孩子的父母、残疾人等。④

进入21世纪,职业养老金仍然成为英国联合政府养老金制度改革的重要举措。养老金制度改革构成联合政府社会保障制度改革的重要方面。2011年4月,联合政府提出公共养老金制度改革的两个方案:方案一是在2020年前取消国家第二养老金中与收入相关联的部分,保留与收入相关联的养老金中的定额养老金部分,建立由

---

① 王雯:《英国养老金制度变迁:从撒切尔到特蕾莎·梅》,社会科学文献出版社2019年版。
② 丁建定:《英国社会保障制度史》,人民出版社2015年版。
③ 丁建定:《英国社会保障制度史》,人民出版社2015年版。
④ 王雯:《英国养老金制度变迁:从撒切尔到特蕾莎·梅》,社会科学文献出版社2019年版。

基本公共养老金与定额的国家第二养老金两部分组成的公共养老金；方案二是取消与收入相关联的养老金，建立一个高于最低养老金标准的统一待遇的养老金。2013年1月份，英国公布了酝酿已久的养老金改革法案，新的养老金制度取消了现有的国家基本养老金和第二国家养老金等类别，将其合并为统一的公共养老金，并从2017年4月开始实施。表6为2012年前后英国养老金制度结构变化表。

表6 2012年前后英国养老金制度结构变化表

| 养老金层次 | 2012年以前 | | | 2012年以后 | | |
| --- | --- | --- | --- | --- | --- | --- |
| | 公共养老金 | 职业养老金 | 个人养老金 | 公共养老金 | 职业养老金 | 个人养老金 |
| 第三层（缴费确定型） | | 缴费确定型养老金 | 个人储蓄养老金 | | 缴费确定型职业养老金 | 个人储蓄养老金 |
| 第二层（待遇确定型） | 国家第二养老金 | 待遇确定型养老金 | | | 待遇确定型职业养老金 | |
| 第一层（待遇均等型） | 国家基础养老金 | | | 公共养老金 | | |
| 零层 | 收入调查型养老金 | | | | | |

资料来源：王雯：《英国养老金制度变迁：从撒切尔到特蕾莎·梅》，社会科学文献出版社，2019年版。

2012年之后，英国职业养老金得到快速发展。2012—2016年，参加职业养老金者的比例从55%提高到78%，人数从1070万人增加到1620万人，职业养老金零缴费者的比例从17.9%（约100万人），下降到7.7%（约81万人）。私人部门职业养老金参与率从2012年的42%提高到2017年的81%。由于职业养老金参加者比例的提高与人数的增长，职业养老金缴费率开始下降。私人部门职业养老金中，雇员的平均缴费率从2012年的4.5%降低至2016年的2.4%。同期，雇主的平均缴费率从10%下降到4%。到2017年，公共部门职业养老金中，雇主缴费约245亿英镑，雇员缴费约122亿英镑，税收优惠约39亿英镑，共计约406亿英镑，比2016年增长约0.3%。私人部门职业养老金中，雇主缴费约293亿英镑，雇员缴费约153亿英镑，税收优惠约52亿英镑，共计约498亿英镑，比2016年增长约4%。[①]

可见，20世纪70年代以来，英国职业养老金制度在几乎任何一个时代的英国政府社会保障制度改革，特别是养老金制度改革中都具有重要的地位和影响，职业养老金的发展不仅为英国养老金制度改革提供了基础和经验，也为其提供了可供选择的政策举措，甚至逐渐成为英国养老金体制的基本组成部分。

综上所述，英国职业养老金的发展历史比国家实施的社会养老金制度的发展历史要悠久许多。在英国职业养老金发展过程中，逐渐出现了国家公务员职业养老金、

---

① 王雯：《英国养老金制度变迁：从撒切尔到特蕾莎·梅》，社会科学文献出版社2019年版。

地方政府官员职业养老金、特殊职业者职业养老金、私人职业养老金以及包含强烈职业养老金色彩的工会提供的养老金。这些职业养老金的出现和发展，不仅为参加者提供了一定的养老保障，还为英国国家养老金制度的建立奠定了基础。在英国国家养老金制度出现后，职业养老金不仅没有消退，反而有了进一步的发展。职业养老金发挥了对国家养老金制度的补充功能，构成英国福利国家尤其是养老金体系的重要组成部分，并且在一定程度上对英国福利国家的国别特色产生直接影响。在英国福利国家改革时代，职业养老金的发展不仅为英国福利国家改革提供了可资选择的实践基础，而且直接成为英国政府养老金制度改革的重要措施，并对英国多支柱、多层次养老保障体系的发展和完善产生了重要影响。

## The Development of Occupational Pensions and Their Impact on the Pension System in Britain

Ding Jianding

(School of Sociology, Huazhong University of Science and Technology, Wuhan, 430074, China)

**Abstract**: The emergence of various forms of occupational pensions in the United Kingdom preceded the national pension system, and laid the foundation for the emergence of the national pension system, and even deeply affected the internal mechanism of the contemporary national pension system in the United Kingdom. After the emergence of the national pension system in the United Kingdom, the occupational pension developed as a supplement to the national pension system, and became an important influencing factor for the national characteristics of the British welfare state, especially the pension system. During the era of welfare state reform, occupational pensions have provided practical experience for the reform of the national pension system in the United Kingdom, and have become an important part of the multi-level and multi-pillar pension system in the United Kingdom.

**Keywords**: occupational pension; national pension system; welfare state; pension reform

# 征 稿 启 事

养老理论和政策是社会保障及社会政策理论的主要范畴之一与我国民生制度体系建设的核心议题,也是多学科交叉研究的关键领域。为进一步推动关于养老问题的学术和政策研究,华中科技大学社会学院、养老服务研究中心(湖北省高校人文社会科学重点研究基地、中国老龄协会老龄科研基地)联合华中科技大学出版社创办了学术集刊《养老研究》。

《养老研究》坚持正确的政治方向,旨在搭建多学科交叉研究的理论平台,致力于促进养老学术研究繁荣,为我国养老制度的改革与发展提供理论支撑。

选题范围包括(但不限于)如下领域:中国特色的养老制度、人口老龄化、养老金、养老服务、养老文化、老年社会参与、老年优待、老年宜居环境、临终关怀、殡葬服务、养老科技中的人文和伦理、中国养老制度史、养老保障国际比较等。

《养老研究》于2024年6月出版创刊号,热忱欢迎海内外养老及相关领域的专家学者投稿。有关事项如下。

一、来稿应为原创或首发论文,不少于10000字,最多不超过30000字。

二、本刊实行同行专家匿名评审机制,对通过初审的文稿送相关领域或方向的专家匿名评审。

三、请勿一稿多投,本刊整个审稿周期最长为1个月。

四、稿件第1页应提供以下信息:

(1)文章标题;

(2)中英文摘要(300字以内);

(3)3~5个中英文关键词;

(4)文章的英文标题、作者姓名的汉语拼音(或英文)、所在单位的准确英译。

五、引文及数据必须明确出处,采用每页重新编号脚注格式。文中引文结尾或需加以解释、说明的语句之后,以数字加圆框上标,如"①",统一放在标点符号之后。所引用文献的规范采用国家标准《信息与文献 参考文献著录规则》(GB/T 7714—2015)。

六、本刊不以任何形式收取版面费。为体现对作者劳动成果的尊重,对刊用文稿支付优厚稿酬。

七、投稿办法

请将稿件通过电子邮件发至《养老研究》唯一邮箱:yanglaoyanjiu@126.com。邮件标题格式为:作者-单位-论文题目。